तंत्र एक ऐसा कल्पवृक्ष है, जिससे छोटी-से-छोटी और बड़ी-से-बड़ी कामनाओं की पूर्ति संभव है। श्रद्धा और विश्वास के बल पर लक्ष्य की ओर बढ़ने वाला तंत्र साधक अतिशीघ्र निश्चित लक्ष्य प्राप्त कर लेता है। भावों को प्रकट करने के साधनों का आदिस्त्रोत यंत्र-तंत्र ही है। यंत्र-तंत्र के विकास से ही अंक और अक्षरों की सृष्टि हुई। अतः रेखा, अंक एवं अक्षरों का मिला-जुला रूप तंत्रों में व्याप्त हो गया। साधकों ने इष्टदेव की अनुकम्पा से बीज मंत्र तथा अन्य मंत्रों को प्राप्त किया और उनके जप से सिद्धियां पायीं तो यंत्र-तंत्र में उन्हें भी अंकित कर लिया। तंत्र का विशाल प्राचीन साहित्य इसकी वैज्ञानिक सत्यता का प्रमाण है।

AF520114

मातंगी एवं कमला तांत्रिक साधनाएं

पं. राधाकृष्ण श्रीमाली

डायमंड बुक्स

© प्रकाशकाधीन

प्रकाशक : **डायमंड पॉकेट बुक्स (प्रा.) लि.**
X-30 ओखला इंडस्ट्रियल एरिया, फेज-II
नई दिल्ली-110020
फोन : 011-40712200
ई-मेल : sales@dpb.in
वेबसाइट : www.diamondbook.in
मुद्रक : रेप्रो (इंडिया)

Matangi Evam Kamla Tantrik Sadhanayen
By : Pt. Radha Krishna Shrimali

अनुक्रमणिका

प्रस्तावना

मानव बुद्धि के विकास का इतिहास चार अलग युगों से होता हुआ पूर्णता तक पहुंचता है। हमारे तांत्रिकों ने वह पूर्णता प्राप्त की थी। दर्शन और तंत्र का संबंध बुद्धि विकास के अंतिम स्तर से है। वह साधक के उपलब्ध वैज्ञानिक ज्ञान से बहुत आगे है। बात से अनभिज्ञ होने के कारण मनुष्य ने तंत्र को पिछड़ा हुआ और समय से बहुत पीछे कहकर उसका उपहास किया। परिणामतः मानव विकास की गति कुंठित्त हो गई और आज वह अवरुद्ध होकर हंसी की वस्तु बनी दिखाई दे रही है।

भारत की प्राचीनतम व गूढ़ विद्या है तंत्र शास्त्र। भारतीय विद्वानों, देवज्ञों, ऋषि–महाऋषियों का मानना है कि तंत्र शारीरिक, दैहिक, भौतिक कृत–कर्तव्यों का पालन करते हुए आध्यात्मिक क्षेत्र में प्रगति कर सकने का एक सर्वोत्तम साधन है। धीरे–धीरे लोग कालांतर में इस शक्ति का, इस देव विद्या का, आध्यात्मिक शक्ति का दुरुपयोग करने लग गए, फलस्वरूप तंत्र बदनामी की डगर पर बढ़ने लगा। व्यक्ति दोष हावी हो गया। आज तंत्र के क्षेत्र में दो नाम प्रायः सुनने में आते हैं (1) कौल (2) वाम मार्ग। सर्वसाधारण में यह धारणा फैलती चली गई कि तंत्र का मंतव्य मांस– मदिरा–मैथुन, आदि पंचमकार के उपयोग में लिप्त रहकर जीवन व्यतीत करना है। उन तथाकथित तांत्रिकों के व्याभिचार व कामुकतापूर्ण क्रिया–कलापों के अनेकानेक सच्चे–झूठे किस्से सुनने में आते हैं।

विकास के प्रारंभ में मनुष्य बुद्धि और ज्ञान की अपेक्षा प्रवृत्तियों और भावनाओं से संचालित होता था। वह वर्षा और बिजली से डरता था, जीवन और मृत्यु आदि प्रकृति क़े विविध रूपों का वह केवल दर्शक मात्र था। उसका यह देखना पशुओं जैसा ही था, क्योंकि दोनों की ही बुद्धि बाहरी संसार से कोई प्रतिक्रिया न करती थी। जब पर्यावरण और वस्तुएं सुखद और अनुकूल होती थीं तो वह उनका आनंद लेता था, किंतु उनके दुखद और प्रतिकूल होने पर उन्हें मौन रहकर सहन करता था। वह जो कुछ देखता था, उसमें कोई सुधार करने का प्रश्न ही उसके मन में न उठता था। 'यह जैसा है; ठीक है।' उसके दिमाग में यही था।

इसके पश्चात् मानवता आगे बढ़कर 'निरीक्षण के युग' में पहुंची। मनुष्य अब देखने मात्रा से ही संतुष्ट न रहा। वह विचार करने लगा कि हमारे आसपास की प्रकृति की घटनाएं क्यों और कैसे घटित होती हैं? इस प्रकार उसकी बुद्धि क्यों और कैसे खोज़ने लगी।

तंत्र का वास्तविक अर्थ तो यह है कि तंत्र में जीवन संबंधी अत्यंत गंभीर और तथ्यपरक

स्वस्थ विचारों का समावेश होता है। जिस प्रकार हम अपने भौतिक शरीर में गुर्दे की उपयोगिता और उसकी वास्तविकता को तब तक नहीं समझ सकते, जब तक सजीव शरीर की संचालन क्रिया में अन्य भागों के साथ उसके संबंध का अर्थ न समझ लें, उसी प्रकार मानव जीवन के संपूर्ण क्रिया–कलापों का विचार किए बिना हम तंत्र की वास्तविकता को नहीं समझ सकते। तंत्र वास्तव में कोई काल्पनिक गल्प नहीं है अथवा सच्चे–झूठे किस्सों का नाम तंत्र नहीं है। वास्तव में संपूर्ण व्यावहारिक और जीवन की समस्याओं पर वास्तविकता का दिग्दर्शन कराने वाला साहित्य ही तंत्र है।

वैज्ञानिक युग अब भी समाज के कल्याण के लिए प्रकृति की शक्तियों का खोज कर रहा है। सभी लोग इसी दिशा में प्रयत्न कर रहे हैं और प्रकृति के नियमों की अनंत खोज में निमग्न हैं। संक्षेप में, यही युग है जिसमें हम लोग आज हैं। जब वैज्ञानिक अपने–अपने क्षेत्र में खोज करने में लगे हों, तो एक समय ऐसा आता है, जब वे अपनी परिपक्वता में पहुंचकर देखते हैं कि प्रकृति के सभी नियमों में एक विचित्र सामंजस्य है। वे इस प्रश्न पर विचार करने के लिए विवश हो जाते हैं कि इन शाश्वत नियमों का निर्माता कौन है, इन नियमों को ठीक–ठाक कार्य करने का आदेश कौन देता है। इस प्रकार उनका वस्तुगत परीक्षण आत्मा के चिंतन में बदल जाता है और वे उन सब वस्तुओं का मूल कारण खोजने लगते हैं, जो प्रकृति में विद्यमान होते हैं। इस खोज और चिंतन के युग में मनुष्य का प्रवेश है।

तंत्र व्यक्ति को, निश्चित रूप से मनुष्य जीवन को अथवा प्राणिमात्र को अपनी ओर तो आकर्षित करता ही है, परंतु कालांतर में कुछ स्वार्थी साधकों ने अपने स्वार्थ के लिए इसमें कुछ वीभत्स साधनाओं का भी समावेश कर लिया, जिससे जन–साधारण में इसके प्रति धीरे–धीरे घृणा का भाव पनपता चला गया और वास्तविकता से तंत्र दूर होता चला गया। धीरे–धीरे इन स्वार्थी साधकों ने ऐसे साहित्य का निर्माण कर लिया जिससे वास्तविक साहित्य में सड़ांध पैदा हो गई। वास्तविकता से दूर मिलावटी साहित्य समाज में आने लगा। ऐसे साहित्य और ऐसे श्लोकों का निर्माण हो गया जो भ्रष्ट साधनाओं का समर्थन करते थे। कुलार्णव तंत्र में इन तथ्यों को स्वीकार किया गया है।

पारस्परिक ज्ञान से शून्य और झूठे ज्ञान का ढोंग रचने वालों ने धीरे–धीरे कौल धर्म में अपनी बुद्धि की कल्पनाएं समाविष्ट कर दीं। आज के परिप्रेक्ष्य में भी कुछ लोग तंत्रवेत्ता होने का ढोंग रचकर कुशलतापूर्वक सत्साहित्य के विपरीत अर्थ करते दिखाई देते हैं। अनेक धूर्तों ने इधर–उधर से झूठा–सच्चा, सत्य–असत्य, कूड़ा–करकट एकत्रित करके अपने तंत्र को प्रकाशित करा लिया। यही कारण है कि आज बाजार में इंद्रजाल जैसे रूप में भी तंत्र की पुस्तकें दिखाई देती हैं।

मूल रूप से तंत्र के दो भेद माने गए हैं, एक वैदिक और दूसरा अवैदिक। वेदानुकूल और वेद बाह्य प्रामाणिक और अप्रामाणिक है। श्रुति के भी दो भेद हैं। एक वैदिक श्रुति और दूसरी तांत्रिक श्रुति। इसमें वेदों के अनुकूल सिद्धांतों के प्रतिपादन करने वाले तंत्रों

की ओर ध्यान आकृष्ट किया गया है और उन्हें वेद के अनुकूल मान्यता प्रदान की गई है। पांचरात्र और वैशानक जैसे तंत्र और पशुपति, शैव सिद्धांत आदि जैसे तंत्र वेद के अनुकूल माने गये हैं। फिर भी इनमें कुछ अवैदिक विचार होने के कारण अवैदिक कहा जाता है। शाक्त तंत्रों पर तो विशेष प्रकार से अवैदिक होने के आरोप या आक्षेप लगाए जाते हैं। सात प्रकार के आचारों में से एक वामाचार ही ऐसा है जो उन्हें अवैदिक ठहराता है। वैसे इनमें अनेक वेदानुकूल तंत्र उपलब्ध हैं। परंतु भ्रष्ट आचार का निर्देशन करने वाले तंत्रों की भी कमी नहीं है। शाक्त मत में भी दो प्रकार के आचार हैं, एक कौलिक और दूसरा समंयी। कौलिक पंचमकारों का प्रत्यक्ष प्रयोग करते हैं, परंतु समयी उनके प्रतीकों की उपासना करते हैं और प्रत्यक्ष आराधना को शास्त्रविरुद्ध मानते हैं।

तंत्र शास्त्रों के अध्ययन करने से प्रतीत होता है कि उनके उद्देश्य विकृत नहीं हैं। कालक्रम से जिस प्रकार अन्य शास्त्रों और जाति संप्रदायों में अनेक प्रकार के दोष उत्पन्न हो गये, उसी प्रकार तंत्रों में स्वार्थी व्यक्तियों ने मिलावट करके अपने मतों का समर्थ करने के लिए ऐसे सिद्धांतों का प्रचलन किया जिन्हें घृणित समझा जाता है। तंत्र का उद्देश्य कभी भी साधक को निम्नगामी प्रवृत्तियों में उलझाना नहीं है, अपितु उसे एक ऐसा व्यवस्थित मार्ग सुझाना है जिससे वह जीवन में कुछ आदर्श कार्य कर सके।

धीरे–धीरे तंत्र मार्ग का भी अधिकांशतः रूपांतर हो गया है और सामान्य लोगों ने उसे मारण, मोहन, वशीकरण जैसे निकृष्ट और दूषित कार्यों का ही साधन मान लिया है, परंतु मूल रूप से यही इसका उद्देश्य जान पड़ता है कि जो लोग घर–गृहस्थी को त्याग कर तप और वैराग्य द्वारा आत्मसाक्षात्कार करने में असमर्थ हैं, वे अपने सामाजिक और सांसारिक जीवन का निर्वाह करते हुए भी आध्यात्मिक दृष्टि से उन्नति कर सके।

श्रद्धा और विवेक के साथ तंत्र शास्त्र का अध्ययन किया जाए तो पता चलता है कि तंत्र और साक्त धर्म का ध्येय जीवात्मा की परमात्मा के साथ, व्यष्टि की समष्टि के साथ अभेद सिद्धि ही है और तांत्रिक उपासना का भी यदि आलोचनात्मक अध्ययन किया जाए तो सही अवगत होता है कि इसके भिन्न–भिन्न विधानों की सृष्टि भी इसी उद्देश्य को सिद्ध करने के लिए हुई है। कुछ विद्वानों की यही धारणा कि तंत्रों ने व्याभिचार को बढ़ावा दिया है, सत्य नहीं है। इनके उद्देश्य तो उच्च हैं।

क्या है तांत्रिक साधना?

तंत्र की साधना करना तलवार की धार पर चलने के समान है। कुलार्वण तंत्र का कथन है कि 'कृपाण की तीक्ष्ण धार पर तो चला जा सकता है, व्याघ्र को गले लगाया जा सकता है, फणिधर नाग के फन पर वार किया जा सकता है, किन्तु तंत्र की साधना इन सबसे कठिन है'–

कृपाणधरागमनादू व्याघ्रकण्ठावलम्बनात्।
भुजंग धारणान्नूममशक्यं कुलसाधनाम्।।

फिर इतनी दुष्कर साधना की ओर प्रवृत्त होने में कौन–सा आकर्षण है, इस जिज्ञासा का समाधान करते हुए रुद्रयामल तंत्र कहता है कि 'तंत्र' की साधना करने से साधक को भोग और मोक्ष दोनों करतलगत हो जाते हैं'– भोगश्च मोक्षश्च करस्थ एव।

तांत्रिक साधना में वैराग्य या संन्यास लेकर घर–गृहस्थी छोड़ने की आवश्यकता नहीं है। गृहस्थाश्रम में रहते हुए साधक साधना का चरम लक्ष्य–मोक्ष प्राप्त कर सकता है। तांत्रिक साधना का पथ बहुत ही अगम, दुरूह और कण्टकाकीर्ण है। इस अगम पथ को सुगम बनाने के लिए तंत्र–साधना में सद्‌गुरु की प्रधानता स्वीकार की गई है। तंत्र की साधना अमृत का अनुसंधान करती है। सद्‌गुरु साधक को अनुसंधान की प्रक्रिया बताता है, उसका निर्देशन प्राप्त कर साधक स्वयं 'शिव' बना जाता है।

तांत्रिक–साधना में वर्ण भेद, आदि कुछ भी नहीं है। सभी मनुष्य एक परमशक्ति माँ की सन्तान हैं, न कोई ऊँचा है, न कोई नीच है। प्रत्येक व्यक्ति को तंत्रशास्त्र का अध्ययन करने और तांत्रिक साधना करने की पूरी स्वतन्त्रता है। इतनी उदारता और इतना अधिकार प्राप्त होने पर भी तांत्रिक साधना में दक्ष साधकों की बहुत कमी रहती है। इसका कारण यह है कि तंत्रशास्त्र का सिद्धान्त है 'देवता' बन कर देवता की उपासना करनी चाहिए अदेव बनकर नहीं।

देव एव यजेद्देवं नादेवो देवमर्चयेत्

तात्पर्य यह है कि साधक को पहले अन्तबाह्य शुद्धि करके दिव्य भाव, दिव्य गुण सम्पन्न बनना पड़ता है। यह सर्वसाधारण के लिए सम्भव नहीं होता है।

जीवन के प्रत्येक क्षेत्र में तांत्रिक साधना की अभिव्याप्ति है। यह केवल व्यक्तिगत लाभ के लिए नहीं, बल्कि समाज, राष्ट्र और पूरे विश्व के लिए लक्ष्य रखती है। तांत्रिक साधना के अंतर्गत रासायनिक क्रियाओं द्वारा धातुओं को बदल देने, नवीन कल्पित रत्नों का निर्माण करने, अमूल्य यन्त्रों के निर्माण करने और अन्नवृद्धि कारक, पुरुषार्थ वृद्धि तथा आयु वृद्धि के अनेक प्रयोग हैं। शत्रु राष्ट्र पर विजय प्राप्त कराने तथा अतिवृष्टि,

अनावृष्टि, उत्पात, महामारी, महर्घता आदि के निवारण के लिए तांत्रिक साधनाएँ अमोघ सिद्ध हुई हैं।

साधना के चार योग होते हैं–मंत्रयोग, हठयोग, राजयोग और लययोग। तांत्रिक साधना में इन चारों योगों का उपयोग किया जाता है। मंत्रयोग में किसी देव प्रतिमा का, हठयोग में ज्योति का, राजयोग में अद्वैत ब्रह्म का और लययोग में बिन्दु का ध्यान किया जाता है। अपने इष्टदेव में लीन हो जाना ही तांत्रिक साधना का चरम लक्ष्य है। इस लक्ष्य की सिद्धि उक्त चार योगों द्वारा की जा सकती है, किन्तु लययोग से सुगमतापूर्वक लक्ष्य सिद्धि प्राप्त होती है। राजयोग की कोई साधना नहीं होती, वह एक अवस्था विशेष है, लययोग की साधना के द्वारा जब साधक अपने इष्टदेव में लीन हो जाता है, तब वह अद्वैत ब्रह्म में रमण करता है। राजयोग की यही सिद्धावस्था है। साधक जिस देवता की साधना करता है, साधना सिद्ध होने पर वह उसी देवता का स्वरूप बन जाता है।

शाक्त–तंत्र दर्शन के अनुसार साधनावस्था को द्वैत और सिद्धावस्था को अद्वैत माना गया है। द्वैत (शिव और शक्ति) को अद्वैत रूप में अनुभव का तद्रूप हो जाना ही तांत्रिक साधना का उद्देश्य है।

तन्त्र मुख्यतया तीन भागों में विभक्त है– कादि, हादि और कहादि। इन्हें तांत्रिक भाषा में कूटलय कहते हैं। जो तंत्र आदि महाशक्ति आद्या–महाकाली के विषय का प्रतिपादन करता है वह कादि है, जो श्री विद्या के रहस्य का प्रतिपादन करता है वह हादि है और जो तंत्र द्वितीया महाविद्या तारा का रहस्य प्रतिपादित करता है वह कहादि है।

कादि, हादि और कहादि तंत्र–साधना के क्षेत्र में मत मान लिए गए हैं, तदनुसार कादिमत, हादिमत और कहादिमत के अलग–अलग मंत्र और यंत्र विभक्त कर दिए गए हैं, इन मंत्रों और यंत्रों की साधनाएँ भी अपने–अपने मत के अनुसार भिन्न–भिन्न हैं। जैसे कादिमत (महाकाली) के संबंधित यंत्र केवल शक्ति त्रिकोणों से बनते हैं, हादिमत (श्री विद्या) से संबंधित यंत्र शिव–शक्ति त्रिकोणों से बनते हैं और कहादिमत (तारा) से संबंधित यंत्र उभयात्मक होते है अर्थात् शक्ति–त्रिकोणों और शिव शक्ति त्रिकोण का मिश्रण इन यंत्रों की रचना में होता है।

संप्रदाय भेद से तांत्रिक साधना 'शैव, शाक्त, वैष्णव, सौर और गाणपत्य' भेद से पाँच प्रकार की है। शिव की साधना करने वाला संप्रदाय शैव, सूर्य की साधना करने वाला संप्रदाय सौर और गणपति की साधना करने वाला सम्प्रदाय गाणपत्य कहलाता है।

तंत्रों में संप्रदाय भेद, आम्नाय भेद, महाविद्या भेद होने से विभिन्न तंत्र शास्त्र और विभिन्न तांत्रिक साधनाएं हैं। इन शास्त्रों, ग्रंथों की गणना संभव नहीं है। शाक्त सम्प्रदाय में ही ज्ञात ग्रंथ, उपलब्ध तांत्रिक सामग्री सैकड़ों–हजारों की संख्या से अधिक हैं। काल पर्यय मार्ग से शाक्त तंत्र 64 हैं, उपतंत्र 321 हैं, संहिताएँ 30 हैं, चूड़ामणि 100 हैं, अर्णव 9 हैं, यामल 8 हैं। इनके अतिरिक्त डामरतंत्र, उड्डामर तंत्र कक्षपुटी तंत्र, विभीषणी तंत्र, उद्यालाप तंत्र आदि हजारों, लाखों की संख्या में हैं। यदि यह कहा जाए कि तंत्र शास्त्र किनारा रहित सागर है तो अत्युक्ति न होगी।

विविध प्रकार के ये तंत्र अधिकारी भेद से भिन्न–भिन्न कोटि में नियोजित होते हैं। 'यान', 'काल' आदि भिन्न–भिन्न पर्यायों से इनकी गणना अलग–अलग होती है, इसलिए कोई भी यह कहने का दावा नहीं कर सकता कि तंत्र विद्या केवल इतनी ही है।

तांत्रिक साधना में मंत्र–यंत्र–अन्तर्योग बाह्य पूजन की जो साधनाएँ हैं, इन सबमें परस्पर विलक्षण सामंजस्य है। यह सामन्जस्य तभी समझा जा सकता है जब तंत्र के चारों महावाक्यों का पूर्ण रूप से चिन्तन किया जाए। चारों महाकाव्य निम्नांकित रूप से मंत्र का सामंजस्य प्रकट करते हैं।

1. परा–पश्न्ती–मध्यमा–बैखरी।
2. स्पन्दन–मात्रा–कम्प–अक्षर
3. विश्व–तेजस्–प्राज्ञ–पुरुष
4. जाग्रत–स्वप्न–सुषुप्ति–तुरीय
5. चतुरस्र–वृत्त–त्रिकोण–बिन्दु
6. कामरूप–जालन्धर–पूर्णशैल–उड्याण
7. स्थूल–सूक्ष्म–कारण–महाकरण
8. अग्नि मंडल–सूर्य–सोम–परतत्व

तांत्रिक साधना में मुख्य रूप से यही भूमिकाएँ महत्त्व रखती हैं और इन भूमिकाओं का रहस्य समझने के लिए पूर्ण महादीक्षा के महाकाव्य सहायक होते हैं। तांत्रिक–साधना में दीक्षा की आवश्यकता साधक को विशुद्ध, अम्लान बनाने के लिए है। दीक्षा रूपी अग्नि कुंडलिनी के जाग्रत होने से साधक का आर्णवमल, मायामल विनष्ट हो जाता है, कर्ममल समाप्त हो जाता है और वह शिवतत्वमय बन जाता है। इसलिए तंत्र साधना में दीक्षा और अभिषेक अनिवार्य संस्कार माने गए हैं।

दीक्षा, अभिषेक, भूत शुद्धि, तत्व शुद्धि प्रत्येक तांत्रिक साधना के प्रारम्भ का ऐसा विधान है, जो विज्ञान–सम्मत है। भावना और क्रिया द्वारा साधक का अन्तबाह्य निर्मल हो जाना ही इन विधानों का मुख्य उद्देश्य है। निर्मलता प्राप्त होने पर साधक को सहज अवस्था प्राप्त होती है और सहज अवस्था प्राप्त होने पर शक्ति–बोध होता है। जो वेदान्तियों का परब्रह्म है, शैवों का शिव है, वैष्णवों का विष्णु है, इस्लाम का अल्लाह है, ईसाईयों का स्वर्ग–पिता है, बौद्धों का निर्वाण है, जो सभी धर्मों का सर्वशक्तिमान ईश्वर है वही पराशक्ति महाशक्ति है, वही महाकाली, महालक्ष्मी, महासरस्वती है, वही दुर्गा है, त्रिपुर सुन्दरी है, ललिता है और वही मूल–प्रकृति, चित्त शक्ति है।

तांत्रिक साधना अत्यधिक सिद्धियों को देने वाली है, इसमें तनिक भी सन्देह नहीं, किन्तु यह साधना तभी सिद्धि, सफलता प्रदान करती है जब साधक पवित्रता, नम्रता, उदारता, श्रद्धा आदि गुणों से सम्पन्न होकर किसी गुरु के निर्देशन में अभ्यास करें। यदि ये गुण साधक में न हों तो वह प्राप्त सिद्धि, शक्ति का दुरुपयोग करता है। इन्द्रजालिक चमत्कार, जादूगरी तंत्र–साधना के अन्तर्गत नहीं है। तन्त्र एक गुप्त विद्या है, जो पुस्तकें पढ़कर नहीं आचार्यों और गुरुओं के समीप जाने पर प्राप्त होती है।

तंत्र, योग और ध्यान

महाश्री गायत्री की कृपा से इस पुस्तक में हमने महाकाली एवं तारा की तांत्रिक साधनाओं के ध्यानों, स्तोत्रों, कवचों और मंत्रों को प्रस्तुत किया है, जो स्वयंसिद्ध है। अतः इनके साधन हेतु न्यास, विनियोग, देश–काल, जाति–धर्म, शुद्ध–अशुद्ध आदि का विशेष विचार करने की आवश्यकता नहीं है। यहाँ दिये मंत्रों के प्रयोग हेतु दीक्षा भी अति आवश्यक नहीं है, क्योंकि ये मंत्र कीलित और अभिशप्त नहीं है। श्रद्धा और भक्तिपूर्वक इनके प्रयोग से महाश्रीयों की कृपा शीघ्र होती है।

यह ध्यान देने योग्य है कि किसी भी जाति अथवा देश की उन्नति महाविद्या (ज्ञान–विज्ञान), महाशक्ति (बल–पौरुष), महाश्री (धन–ऐश्वर्य) और योग के आधार पर होती है। प्राचीन काल में हम साधनाओं, महाशक्तियों और महाश्रीयों और योगबल से ही जगद्‌गुरु बने थे और इक्किसवीं शताब्दी में हम महाविद्याओं, महाश्रीयों और योगबल का अवलम्बन कर पुनः जगद्‌गुरु बन जाएंगे।

यह आश्चर्यजनक तथ्य है कि इन साधनाओं का विषद् वर्णन शाक्तप्रमोद, रुद्रयामल तंत्र आदि ग्रंथों में दिया गया है, परन्तु उनका पूजन–अर्जन लुप्त प्राय हो गया है। उससे भी आश्चर्यजनक तथ्य यह है कि श्री महाशक्ति नौ दुर्गाओं का पूजन–अर्चन हम बिना उनके स्तोत्र, कवच, मंत्र यंत्रों आदि के कर रहे हैं। परन्तु सबसे अधिक आश्चर्यजनक तथ्य यह है कि महाश्री गायत्री विद्या तंत्र के साथ साथ दस महाश्री गायत्रियों का पूजन–अर्चन भी लुप्त हो गया है।

श्री दस महाविद्याओं से समबद्ध श्री दस महाशक्तियों, महाश्रीयों, ग्रहों और ध्यान चक्रों की तालिका दी जा रही है :–

महाविद्या महाशक्ति महाश्री ग्रह ध्यान चक्र
काली आदिदुर्गा श्वेता शनी सहस्रार
तारा शैलीपुत्री नीला गुरु मूलाधार
षोडषी ब्रह्मचारिणी गौरा अग्नि वायु स्वाधिष्ठान
भुवनेश्वरी चन्द्रघण्टा अरुणा शुक्र मणिपूर
भैरव कूश्माण्डा सिंदूरा रवि अनाहत
छिन्नमस्ता स्कन्दमाता छिन्ना राहू केतू विशूद्ध
धूमावती कात्यायनी धूमा चन्द्र आज्ञा
बगलामुखी कालरात्रि पीता मंगल भानु
मातंगी महागौरी श्यामा बुध सोम
कमला सिद्धिदात्री कंचना करुण निर्वाण

प्राचीन भारत के अनेक श्री दस महाविद्या शक्तिपीठों में श्री दस महाविद्याओं के साथ श्री दस महाशक्तियों, दस महाश्रीयों और नवग्रहों को स्थापना श्री शिवलिंग को मध्य में स्थापित करके की गई थी। क्योंकि शिवत्व की रक्षा बिना महाविद्याओं (ज्ञान–विज्ञान), महाशक्तियों (बल–शौर्य), महाश्रीयों (धन–ऐश्वर्य) और नव ग्रहों के समन्वय के बिना नहीं हो सकती है।

तंत्र, योग और ध्यान भारतीय दर्शन के प्रमुख अंग हैं।

'तंत्र' संस्कृत के दो शब्द 'तनोति' (विस्तार) और 'त्रायति' (मुक्ति) से बना हैं अतः तंत्र वह विज्ञान है, जिसके द्वारा साधक के त्राण हेतु ज्ञान का विस्तार किया जाता है, इस विज्ञान को आगम भी कहा जाता है। तंत्र का सहज अर्थ तकनीक, प्रविधि, प्रणाली, प्रक्रिया अथवा विद्या होता है। प्रायः कर्म, उपासना और ज्ञान के स्वरूप को 'निगम' (वेद) कहते हैं, और उसके साधनभूत उपायों को 'अगम' कहते हैं।

'योग' संस्कृत की 'युज' धातु से उद्भूत है, जिसका अर्थ 'मिलन' है। अर्थात् 'योग' आत्मा और परमात्मा के मिलन का विधान है।

श्री गायत्रीसहस्रनाभ के अनुसार गायत्री के 365वें से 370 वें नाम क्रमशः डामरी (तंत्र शास्त्र की अधिष्ठात्री), डाकिनी, डिम्बा (बाल रूपा), डुण्डुमारैकानिर्जिता (डुण्डुमार नामक राक्षस को परास्त करने वाली), डमरी तंत्र मार्गस्थिता (डामर तंत्र के साधन में स्थिता) और डमड्मडृ डमरू नादिनी (डमड्–डमड् ध्वनि से डमरू बजाने वाली) हैं। तथा–

डामरी डाकिनी डिम्बा डुण्डुमारैनिर्जिता।
डामरीतन्त्रमार्गस्था डमड्डमरूनादिनी।।

तांत्रिक साधनाओं का मुख्य उद्देश्य कुंडलिनी शक्ति को जाग्रत कर सहस्रार में पहुँचाना है। इसलिए इन साधनाओं की सिद्धि से धर्म, अर्थ, काम और मोक्ष अर्थात् चारों पुरुषार्थों की प्राप्ति होती है, जबकि अन्य तंत्रों से केवल धर्म, अर्थ और काम अर्थात् तीन पुरुषार्थों की प्राप्ति होती है।

कुंडलिनी जागरण से ब्रह्माण्ड के सभी रहस्यों का ज्ञान संभव है। परा, पश्यन्ती, मध्यमा और बैखरी वाणी के रूप में उसके प्रकट होने पर मंत्रात्मक जगत् की सृष्टि होती है। योगचूड़ामण्युपनिषद् के अनुसार–

कुण्डलिन्यां समुद्‌भूता गायत्री प्राणधारिणी।
प्राणविद्या महाविद्या यस्तांवेत्त स वेदवित्।

भावार्थ

प्राणधारिणी, गायत्री का उद्‌भव कुण्डलिनी है। गायत्री को प्राणविद्या (महाशक्ति) और महाविद्या भी कहते हैं। जो इन साधनाओं को जानते हैं, वे वेदज्ञ हो जाते हैं।

साधना शक्ति के रूप में ब्रह्म की उपासना विद्या है, अतः साधना विद्या ब्रह्मविद्या है।

सनातन धर्म में शक्ति की उपासना परब्रह्म और परब्रह्म से तत्व की उपासना मानी जाती है। वृन्दावन वासिनी राधारानी, चित्रकूटनिवासिनी सीता, शैवों की उमा, शाक्तों की (दस दुर्गा), ब्रह्म योगियों और तांत्रिकों की दस साधनाओं और श्रीविद्या उपासकों की षोडषी (त्रिपुरसुन्दरी) शक्ति उपासना की प्रमुखता के प्रमाण हैं। आचार्य शंकर ने सौन्दर्य–लहरी में भगवती उमा के इस शक्ति उपासना की साधना की विषद व्याख्या की है, जो श्रीविद्या के ब्रह्म तत्व को निरूपित करता है।

महाश्री गायत्रीविद्या की उपासना तंत्रों की आधारभूत है, जो महाश्री रूपा कुण्डलिनी के जागरण द्वारा अर्थात् सुभगोदय (सुभग–कुंडलिनी, उदय–जागरण) द्वारा सि़द्ध की जा सकती है। यह उपासना वैदिक से चली आ रही है। परन्तु अब लुप्तप्राय है।

यह बात प्रसिद्ध है कि महर्षियों ने भी अपने गोपनीय महाधन (गायत्री तंत्र) का बखान नहीं किया। यदि करते तो क्या अनेक तंत्रों की तरह गायत्री विषयक विद्या किसी स्वतन्त्र ग्रन्थ (गायत्री तंत्र) की रचना न हुई होती? परन्तु जब मूर्ख मनुष्य भी माया के वशीभूत अपने धन को गुप्त रखना जानते हैं, तो फिर महर्षिजन महामाया के वशीभूत अपने अत्यन्त कष्ट से उपार्जित, मोक्षैकसाधनभूत महाधन को कैसे प्रकाशित कर सकते थे?

हमारे अनेक योग, ध्यान और तंत्र के ग्रंथ हमारी अकर्मण्यता और विदेशियों के कुचक्र से नष्ट हो गये हैं। जो ग्रन्थ बचे–खुचे हैं, वे हमारे ऋषियों द्वारा कीलित और अभिशप्त हैं। जिनके अनेकों बार पारायण से भी कोई सिद्धि प्राप्त नहीं होती है, इसी कारण साधकों में धर्म ग्रन्थों में वर्णित पूजा–पाठ के प्रति शनैः शनैः श्रद्धा कम हो रही है। हमें अपनी इस भूल का परिमार्जन करना है, तभी हम अगली शताब्दी में पुनः जगद्गुरु बन सकेंगे। कहा जाता है कि–

मृत और जीवित जाति का साहित्य जीवन चित्र है।
वह नष्ट–भ्रष्ट है, तो जान लो वह जाति भी अपवित्र है।।

गोस्वामी तुलसीदासजी भी लिखते हैं–

हरित भूमि तृण संकुलित, समुझि परय नहि पंथ।
जिमि पाख़ण्ड विवाद से, लुप्त होय सद् ग्रन्थ।

श्री गायत्री सहस्रनाम से श्री गायत्री का 99वाँ नाम 'लुप्तधर्मप्रवर्तनी' है। यथा–

ऋग्वेदनिलया ऋज्वी लुप्तधर्मप्रवर्तिनी।
लूतारिवरसम्भूता लूतादिविषहारिणी।।

महाश्री गायत्री ने लुप्त गायत्री तंत्र को प्रकट करने की मुझे आज्ञा प्रदान की है। अतः मैं उनकी आज्ञा को शिरोधार्य करके, प्रसाद स्वरूप लोक कल्याण हेतु महाश्री गायत्री तंत्र प्रकट कर रहा हूँ।

महाश्री गायत्रीविद्या तंत्र की लुप्त देवी रुद्राणी गायत्री हैं जिनके सतरूप का वर्णन इस प्रकार है–

मध्याह्ने सरस्वती, रविमण्डलमध्यस्था, शुक्लवर्णा, चतुर्भुजा, त्रिशूलडमरूषपात्रकरा,

वृषासनमारूढ़ा, युवती, रुद्राणी, रुद्रदैवस्था, सामवेदोदाहृता ध्येया।

अर्थात् मध्य काल में गायत्री का युवती, सामवेद स्वरूपणी, रुद्ररूपा, वृषभासना, शुक्लवर्णा, चतुर्भुजा, त्रिशुल, डमरुख, पाष ओर पात्रधारिणी तथा रविमण्डलमध्यस्थाके रूप में ध्यान करें।

श्रीमद् देवीभागवत के दकादश स्कन्ध के अनुसार गायत्री के निम्नलिखित तीन स्वरूपों का वर्णन है–

प्रातर्बाला च मध्याह्ने यौवनस्था भवेत्पुनः।
वृद्धा सां भगवती चिन्त्यते मुनिभिः सदा।
हंसस्था वृषमवाहिनी तथा गरुड़ारूढा,
ऋग्वेदाध्यायिनी भूर्मा दृष्यते या तपस्विभिः।।

अर्थात् प्रातः सन्ध्या के समय कुमारी हंसारूढ़ा, मध्याह्न काल में युवती वृषभारूढ़ा और सायंकाल में वृद्धा गरुड़वाहना के ध्यान का वर्णन आया है। वे ऋग्वेद का पारायण करती हैं, ऐसी मुद्रा में तपस्वीगण भूमण्डल पर उनका दर्शन करते हैं। यद्यपि श्रीमद् देवीभागवत के द्वादश स्कन्ध में गायत्री को प्रातः हंसारूढ़ा, मध्याह्न में गरुड़वाहना और संध्याकाल में वृषभारूढ़ा माना गया है। कल्याण के शक्ति अंक में 'गायत्री तत्व' विवेचन करते हुए परिव्राजक ब्रह्मचारी श्री गोपाल चैतन्य देव लिखते हैं–

साधक त्रिसंध्या के समय गायत्री के इन्हीं तीन रूपों की साधना करते–करते धीरे–धीरे साधन मार्ग के उच्चतर सोपान में अग्रसर होने पर चतुर्थवा निशा संध्या का अधिकार पाते हैं। यही निवृत्ति–मार्ग का परम धर्म है। इस निशा सन्ध्या की बात आज ब्रह्मज समाज एकदम ही भूल गया है। साधन मार्ग के गुप्त रहस्य सम्पूर्ण रूप से शिक्षा के अभाव के कारण एकदम लुप्त हो गये हैं। यह बात कहने में भी कोई अत्युक्ति न होगी। कर्म मार्ग ब्रह्म–शक्ति की पृथक्–पृथक् आराधना करने से जब चित्त सुसंयत तथा एकनिष्ठ हो जायेगा तभी तुरीया या निशा संध्या की व्यवस्था की जा सकेगी। वेदान्त–शास्त्र में उसी तुरीया संध्या की विधि का वर्णन है। अतः वेद में कर्म काण्ड एवं वेदान्त में ज्ञानकाण्ड प्रकाशित किया गया है।

साधक पहले कर्म मार्ग में दृढ़ रहकर गायत्री देवी की त्रिशक्ति उपासना भिन्न–भिन्न भावों से करें। ऐसा करते–करते जब गुणों का क्षय हो जायेगा तभी गुणातीत निशा संध्या के समय उस त्रिशक्ति का समन्वय (एकता) करके एकाधार में पूर्ण 'महाश्री गायत्रीविद्या' की आराधना करें।

अ–कार को सत्वगुणात्मिका वैष्णवी, उ–कार को रजोगुणात्मिका ब्रह्मी, म–कार को तमोगुणात्मिका रुद्राणी और इन तीनों की समष्टि को ओंकार वा प्रणव–स्वरूपिणी परमा–प्रकृति दक्षिण कालिका कहते हैं। यही तुरीयावस्था है–महाप्रलय की प्रतिकृति है। अतः निबिड़ जलदावृत महा अमा–निषा की घोर सान्द्रान्धकार–परिपूरित महानिशा में, नर–कंकाल–शम–मुण्ड–परिवृता शिवा की वापदसंकुल भीषण मशान–भूमि में आराधना करने की व्यवस्था है। सर्वसाधारण के क्षुद्र हृदयागार में अनन्त–ब्रह्म–महासमुद्र

को धारण करने का स्थान बिल्कुल ही नहीं हो सकता, इसी कारण साधक गुणातीत तुरीयशक्ति की आराधना करने के लिए गुणमयी त्रिगुणात्मिका महाशक्ति ही आराधना करते हैं। साधना की उच्च समाधि अवस्था में जब साधक जल–कण (बिन्दु) के रूप में महासमुद्र में विलीन हो जाता है, तभी अचिन्त्य तथा अनिर्वचनीय तुरीयभाव से उसे तुरीयावस्था प्राप्त होती है और सच्चिदानन्द लाभ होता है। यही जीव की जीवनमुक्ति अवस्था है।

निशा–संध्या के समय त्रिशक्ति का समन्वय एक ही आधार में करके पूर्ण गायत्री शक्ति की साधना ही साधकों के लिए एकमात्र काम्य विषय है। इसीलिए वह साधक मण्डली में अब तक पूर्णतः गुप्तरूप में संरक्षित रहा है। आसक्ति–विरक्ति–रहित निष्काम योगी महाश्री गायत्री देवी की तुरीयावस्था की साधना करते हैं। अतः ब्रह्मज्ञ का श्रेष्ठ धर्म ही योग है। एक दिन ऐसा था जब सागर धरा का राजदण्ड भी ब्रह्मज्ञ के सम्मुख हेय हो गया था। ऐसे ब्रह्मज्ञ व्यक्ति के लिए समझ कर्म का अनुष्ठान तथा विसर्जन दोनों ही एक समान हैं केवल महाश्री गायत्री देवी की आराधना करके ही पुराकाल में ब्रह्मज्ञों ने 'एकमेवाद्वितियम्', 'अयमात्मा ब्रह्म', 'सर्व खल्विदं ब्रह्म', 'सोऽहम्', 'तत्वमसि' आदि महावाक्यों की सृष्टि की थी, जिनकी अमृतधारा पाकर आज भी हम तृप्त और कृतार्थ हो रहे हैं।

श्रीमद् देवीभागवत के बारहवें स्कन्ध में कहा गया है–शिव–शक्ति के हाथ, नेत्र, अश्रु और स्वेद से प्रकट हुयीं दस दुर्गा भी गायत्री हैं।

श्री गायत्री सहस्त्रनाम के अनुसार श्री गायत्री का 133वाँ नाम कुण्डली (कुण्डलिनी शक्ति के रूप में विराजमान देवी) हैं।

महाश्री गायत्री विद्या मन्त्र के जप से कुण्डलिनी शक्ति का जागरण होता है, शक्ति के जागरण से आत्मज्ञान का उदय होता है, इसलिए मंत्र को देवता का अधिष्ठान कहा गया है। शक्ति–दीक्षा से शक्ति का जागरण होने पर मंत्रयोग, लययोग, हठयोग और राजयोग–चारों का विकास होते देखा गया है। इसलिए शक्ति–जागरण को ही महायोग कहते हैं।

सौन्दर्य लहरी में आचार्य शंकर ने भगवती उमा के ध्यान पर अत्यधिक बल दिया हैं इसका कारण यह है कि यद्यपि कुण्डलिनी का जागरण योग और उपासना की अन्यान्य पद्धतियों से हो सकता है, परन्तु उनमें भी ध्यान का कुछ न कुछ समावेश अवश्य रहता है। इसलिए ब्रह्म अथवा आत्मसाक्षात्कार की उपलब्धि हेतु ध्यान सर्वोपरि होता है यथा–

पूजा कोटि सम स्तोंत्रं, स्तोत्र कोटि सयोजपः।
जप कोटि सम ध्यानं, ध्यान कोटि समोलयः।।

भावार्थ

करोड़ों पूजनों के समान स्तोत्र, करोड़ों स्तोत्रों के समान जप, करोड़ों जपों के समान ध्यान तथा करोड़ों ध्यानों के समान लय (समाधि) होती है।

श्री गायत्रीविद्या साधना

महाश्री गायत्रीविद्या की साधना वैदिक, पौराणिक, तांत्रिक, दक्षिणामार्ग, वाममार्ग, ब्रह्मतंत्र आदि अनेक विधियों से की जाती है। जैसे कि वैदिक विधानों में तांत्रिक–पद्धति का आश्रय लेने पर ही उनकी व्यवस्थित पद्धति बनती है, उसी प्रकार तांत्रिक विधानों में वैदिक मंत्रों का प्रयोग और विहित है। महाश्री गायत्रीविद्या का साधन मिश्रित पद्धति अर्थात् वैदिक, तांत्रिक और पौराणिक विधियों के मिश्रण से भी किया जा सकता है। अन्य देवताओं की साधना के समान महाश्री गायत्रीविद्या साधना में भी मंत्र जाप के साथ–साथ ध्यान, स्त्रोत व कवच आदि के पाठ से तत्काल सिद्धि प्राप्त होती है।

महाश्री गायत्रीविद्या की वाममार्गी तांत्रिक साधना और ब्रह्मयोगिक तांत्रिक साधना के अधिकारी वही साधक हो सकते हैं, जिन्होंने शक्ति मार्ग से, तांत्रिक सिद्धि प्राप्त कर ली हो अर्थात् जो मन और इन्द्रियों के नियंत्रण द्वारा संभोग में समाधि लगाने में समर्थ हों दूसरे शब्दों में जिन्हें शुक्रस्तंभन और दीर्घ संभोग तंत्र में सिद्धि प्राप्त हो गयी हो। यद्यपि महाश्री गायत्रीविद्या साधन हेतु, अनेक मंत्र, ध्यान, स्तोत्र और कवच हैं, परन्तु इस पुस्तक में हम उन्हीं सिद्ध मंत्रों, स्तोत्रों और कवचों आदि को दे रहे हैं, जिन्हें तत्काल सिद्धि हेतु महाश्री गायत्रीविद्या ने हमें अधिकृत किया है।

उपासना के दो भेद बहिरंग और अंतरंग होते हैं। जब तक कुंडलिनी का जागरण नहीं होता है, तब तक बहिरंग पूजा की आवश्यकता होती है। जब कुंडलिनी का जागरण हो जाता है, तब अंतर्पूजा का प्रारंभ हो जाता है। महाश्री गायत्रीविद्या की बहिरूपासना गायत्रीविद्या यंत्र पर अथवा विग्रह अथवा चित्र पर की जाती है, तथा अंतरूपासना के लिए साधक को अपनी देह ने ही महाश्री गायत्रीविद्या के किसी विग्रह का आवाहन करना चाहिए। ब्रह्म–योग में ब्रह्मयोगी शक्ति–संगम (संभोग) के समय स्वयं में शिव का आवाहन करता है, और अपनी पत्नी में शक्ति का आवाहन करता है तत्पश्चात संभोग अवस्था में दोनों (पति–पत्नी) के एकाकार स्वरूप में महाश्री गायत्री यंत्र की अवधारणा की जाती है। तंत्र–योग में भी भैरव और भैरव के एकत्व (संभोग अवस्था) रूप पर महाश्री गायत्री यंत्र की परिकल्पना की जाती है। ब्रह्म–योग और तंत्र–योग में शक्ति–संगम के समय बाह्य भाव अथवा अंतर्भाव अथवा मिश्रभाव (बाह्य और अंतर) से उपासना की जा सकती है।

महाश्री गायत्रीविद्या का सूक्ष्म महाश्री गायत्रीविद्या के मंत्र और स्थूल शरीर महाश्री गायत्रीविद्या यंत्र अथवा विग्रह हैं, महाश्री रुद्राणी अथवा गायत्री निवास करती हैं। इसलिए गायत्रीविद्या यंत्र ब्रह्मांड का प्रतीक है। चूंकि ब्रह्मांड और पिण्ड (मानव शरीर) की रचना तात्विक रूप से एक है। इसलिए मानव शरीर को महाश्री गायत्रीविद्या का रूप माना जाता है। शक्ति–संगम के समय ब्रह्म–योग और तंत्र–योग द्वारा ब्रह्म एकत्व की अनुभूति होती है। अतः शिव–शक्ति अथवा भैरव–भैरवी के इस संयोग (एक पिण्ड, एक प्राण, एक मन) से भी महाश्री गायत्रीविद्या यंत्र की आवधारणा की जाती है।

टिप्पणी– यह ध्यान देने योग्य है कि श्री महाश्री रुद्राणी, नीलश्री, गौरश्री, अरुणश्री, सिन्दूरश्री, छिन्नश्री, धूमश्री, पीतश्री, यामश्री और कंचनश्री के यंत्र क्रमशः महाविद्या दक्षिण कालिका, तारा, षोडषी, भुवनेश्वरी, भैरवी, छिन्नमस्ता, बगलामुखी, मातंगी और कमला के यंत्रों के समान होते हैं।

समय (शिव–शक्ति का साम्य) और समयाचार

'समय' शब्द अनेक अर्थवाची है। 'समय' का पर्यायवाची शब्द 'साम्य' है, तदनुसार शिव और शक्ति का साम्य ही 'समय' कहलाता है। इस सिद्धांत के अनुसार शक्ति समया और शिव समयः है शिव–शक्ति का साम्य अधिष्ठान (यंत्र का पूजन–अर्चन), अनुष्ठान, अवस्थान (भजन, कीर्तन, नृत्य आदि), नाम, रूप, ध्यान आदि के द्वारा किया जाता है।

ग्यारहवीं सदी में आचार्य भास्कर राय ने ललिता सहस्त्रानाम के भाष्य में उल्लेख किया है कि दहराकश (चक्रों पर) में जो ध्यान साधना की जाती है, उसे समयपदवादी (समयाचारी) कहा जाता है। समयाचार के प्रतिपादक शुक, सनक, सनन्दन, सनतकुमार, विश्वामित्र और वशिष्ठ हैं, जिनके द्वारा समयाचार पर विरचित ग्रन्थ 'पंच शुभागम' है, जो वैदिक मार्ग का अनुसरण करता है। आचार्य शंकर ने श्रीविद्या की साधना समयाचार पद्वति से की थी।

संक्षेप में साधक जब दहराकाश में महाश्री गायत्रीविद्या यंत्र अथवा शिव–शक्ति का मानसी पूजन ओर ध्यान करता है, वह समयाचार पूजन कहलाता है। दहाराकाश की यह मानसी पूजा यद्यपि साधक की रुचि के अनुसार किसी भी चक्र की जा सकती है, तथापि हमारे विचार से यह मानसिक पूजन, अनाहतचक्र, आज्ञाचक्र और व्योमचक्र पर अत्यधिक फलदायी होती है।

कौलाचार, वामाचार, दक्षिणाचार व मिश्राचार

कौलाचार पद्धति में बाह्याकाश पूजन को महत्त्व दिया जाता है। भोजपत्र, स्वर्णपत्र, रजतपत्र अथवा ताम्र पत्र पर यंत्र का निर्माण कर उसमें सावरण देवता का पूजन बाह्याकाश पूजन कहलाता है।

कौलाचार मार्ग में महाश्री गायत्रीविद्या यंत्र के केन्द्र बिन्दु में महाश्री रुद्राणी गायत्री का पूजन किया जाता है, इस प्रकार का पूजन 'पूर्व कौलाचार' अथवा दक्षिण मार्ग कहलाता है। 'उत्तर कौलाचार' अथवा 'वाम मार्ग' में स्त्री (भैरवी अथवा शैवेशी) को शक्ति का स्वरूप मानकर उसकी योनि की पूजा की जाती है। इस प्रकार की साधना में पंचमकार अर्थात् मद्य, मांस, मत्स्य, मैथुन और मुद्रा का प्रत्यक्ष प्रयोग किया जाता है। 'समयाचार' से पराशक्ति का मानसी पूजन किया जाता है। इस मार्ग में मद्यपान साधक के सहस्त्रदल कमल से निःसृत अमृत बिन्दु का पान है। काम, क्रोध आदि पशुओं का ज्ञान खड्ग से विनाश ही मांस भक्षण है। इन्द्रियों का निग्रह ही मत्स्य है। सात्विक आहार ही मुद्रा है। **सहस्त्रार चक्र में कुंडलिनी का शिव से मिलन ही मैथुन है।**

यह ध्यान देने योग्य है कि जिस प्रकार वाममार्ग में मद्य, मांस, मत्स्य, मैथुन और मुद्रा प्रत्यक्ष सेवन पंचमकार हैं, उसी प्रकार दक्षिणमार्ग में मनन, मंत्र, मन, मौन और मुद्रा का अवलम्बन पंचमाकार हैं। यद्यपि वाममार्ग और दक्षिणमार्ग की प्रारंभिक साधना बाह्यांतर होती है, परंतु जैसे–जैसे साधक अपनी साधना में उन्नति करता है, वैसे–वैसे उसकी साधना अभ्यांतरिक होती जाती है और धीरे–धीरे वह बाह्यांतरिक साधना को कम करता जाता है, और अंत में पूर्णरूपेण अभ्यांतरिक साधना का अवलम्बन कर वह साक्षात्कार करने में सफल हो जाता है। कुछ साधक प्रारंभ से ही बाह्यांतरिक और अभ्यांतरिक साधनों का अवलम्बन साथ–साथ करते हैं, ऐसी साधना को मिश्राचार अथवा बाह्याभंयातर कहते हैं।

महाश्री गायत्रीविद्या यंत्र की आराधना में संलग्न वाममार्गी साधक पंचमाकार की महती उपयोगिता स्वीकार करते हैं। कल्पसूत्र में पंचमाकार को ब्रह्मानन्द का अभिव्यंजक माना गया है। यथासंभव पंचमाकार से महाश्री गायत्रीविद्या का पूजन गुप्त रूप से करना चाहिए। परन्तु कुछ अवसरों (चक्र पूजा) पर प्रकट रूप से भी पंचमाकार से महाश्री गायत्रीविद्या के पूजन का विधान है।

वेदमार्गी आचार्य, वाममार्गी साधना को अत्यन्त निकृष्ट मानकर उसकी निन्दा करते हैं। वाममार्गी कौलों और वेदमार्गियों का यह विरोध ऋग्वेद में भी दृष्टिगोचर होता है।

महाश्री गायत्रीविद्या साधना का अधिकार

महाश्री गायत्रीविद्या साधना में प्रयोजन के अनुसार साधना हेतु किसी विशेष ऋतु, तिथि, मुहूर्त आदि की विशेष अपेक्षा नहीं होती है। महाश्री गायत्रीविद्या की साधना कौलाचार (कर्मकाण्ड सहित) और समयाचार (कर्मकाण्ड रहित) भी की जा सकती है। हमारे अनुभवानुसार महाश्री गायत्रीविद्या की साधना, मंत्रों तथा महाश्री गायत्री यंत्रों द्वारा भी बना कर्मकाण्ड के पूर्ण सफल होती है।

यह ध्यान देने योग्य है कि तंत्र साधना में जाति, धर्म, देश आदि का कोई बन्धन नहीं है। चाण्डाल से लेकर ब्राह्मध तक सभी भगवती गायत्रीविद्या की सन्तान हैं, अतः उनकी उपासना का अधिकार सबको है। इस शाश्वत तथ्य की पुष्टि आचार्य शंकर के जीवन की निम्नलिखित घटना से होती है।

वर्ण–व्यवस्था निरर्थकता

एक दिन आचार्य शंकर गंगास्नान के लिए चले और जब वे मणिकर्णिका घाट के निकट आए, तब उन्होंने देखा कि सामने से एक कुरूप चांडाल चला आ रहा है। शंकर ने चांडाल को सम्बोधित करते हुए कहा– 'अरे चाण्डाल! कुत्तों के साथ तुम एक ओर खड़े हो जाओ और हमें निकल जाने दो।'

चांडाल को अपनी बात अनसुनी कर आगे बढ़ते देखकर आचार्य शंकर ने किंचित उत्तेजित होकर कहा– 'अरे रूको! रोको अपने कुत्तों को, और हमारा मार्ग छोड़ दो।'

आचार्य शंकर की बात को पुनः अनसुनी कर उस चाण्डाल ने एक विकट अट्टहास के साथ आचार्य शंकर को सम्बोधित करके लोकबद्ध संस्कृत भाषा में कहा– 'तुम किसे हट जाने को कह रहे हो? आत्मा को या देह को? आत्मा तो सर्वव्यापी और सतत् शुद्धस्वभाव है। यदि देह को एक ओर हटने को कह रहे हो देह तो जड़ है, वह कैसे हट सकता है? और तुम्हारी देह से मेरी देह किस अंश में भिन्न है? तुम "एकमेवाद्वितीयम्" इस ब्रह्मतत्व में प्रतिष्ठित होने का मिथ्या अभिमान करते हो। सत्वदृष्टि से ब्राह्मण और चाण्डाल में कोई भेद नहीं है। गंगा जल में प्रतिबिम्बित सूर्य और सुरा में प्रतिबिम्बित सूर्य में क्या भेद है? क्या ये ही तुम्हारा ब्रह्मज्ञान है?

चाण्डाल के इन ज्ञानयुक्त वचनों को सुनकर शंकर स्तम्भित और लज्जित हो गए उनके मन में आया कि निश्चय ही यह दैवी लीला है। वहां पर उन्होंने हाथ जोड़कर स्तुति प्रारम्भ कर दी– 'जो सब भूतों के प्रति सम्यज्ञानी है, तदनुरूप ही जिनका व्यवहार है, वही मेरे गुरु हैं। उनके चरणों में कोटि–कोटि प्रणाम करता हूँ।'

सहसा चाण्डाल और कुत्ते अन्तर्हित हो गये।

उपर्युक्त आख्यान से सिद्ध होता है कि भगवान शंकर ने आचार्य शंकर को सनातन धर्म में व्याप्त जाति–पाति के कृत्रिम आवरण को नष्ट करने का आदेश दिया था। परन्तु ब्राह्मणों के भय से आचार्य शंकर जाति–पाँति की प्रथा का विरोध करने का नैतिक साहस नहीं जुटा पाये, जो हिन्दू धर्म के लिए बड़ा दुर्भाग्यपूर्ण रहा। हमारे विचार से यदि आचार्य शंकर अपनी शक्ति बौद्ध धर्म के विरोध में न लगाकर जाति–पाँति की प्रथा के समूल उन्मूलन में लगाते तो वे वैदिक धर्म के सच्चे उद्धारक होते। बौद्धधर्म, जैनधर्म, कौलधर्म आदि तो वैदिक धर्म के ही रूप हैं। उनके उद्‌गम और विकास का कारण वैदिक धर्म में आई कुरीतियों और विकृतियां थीं। बौद्धधर्म, जैनधर्म, कौलधर्म आदि तो सदैव वर्ण व्यवस्था का विरोध करते रहे हैं। अतः वे साधुवाद के पात्र हैं।

वैदिक धर्मों का समन्वय

गंभीरता से विचार करने पर यह तथ्य स्पष्ट होता है कि हिन्दू धर्म के अतिरिक्त बौद्धधर्म, जैनधर्म, कौलधर्म आदि का आधार भी वैदिक दर्शन है, और उनकी संस्कृति भी वैदिक संस्कृति से मिलती–जुलती है। आचार्य शंकर ने जिस प्रकार वैष्णव, गाणपत्य, शैव, शाक्त और सौर सम्प्रदायों का समन्वय किया था, यदि वे उसी प्रकार वैदिक दर्शन पर आधारित सभी धर्मों अर्थात् हिन्दू, बौद्ध, जैन आदि के समन्वय करने का प्रयत्न करते, तो यह उनकी महान उपलब्धि होती।

भारतीय संस्कृति का संयोजन

भारतीय संस्कृति सप्त–संस्कृतियों का महान संयोजन है। भारत में विश्व के 7 महान धर्म (हिन्दू, मुस्लिम, बौद्ध, ईसाई, जैन, पारसी और सिख) विद्यमान हैं। जिस प्रकार विश्व के सप्त खण्ड (एशिया, यूरोप, अफ्रीका, उ. अमेरिका, आस्ट्रेलिया, ग्रीनलैण्ड

आदि) सप्त सिंधुओं (उ. प्रशांत, द. प्रशांत, उ. अटलांटिक, द. अटलांटिक, पू. आर्कटिक, प. आर्कटिक, हिन्द महासागर आदि) पर आधारित हैं, उसी प्रकार भारतीय संस्कृति भी सप्त धर्मों पर आधारित है। हमारी संस्कृति सप्त सरिताओं का संगम है। सप्त पदों का दिव्य गीत है। विश्व को इस संगम में स्नान करके पवित्र होने दो और दिव्य गीत का आनन्द लेने दो। भारत में प्रचलित सप्त धर्म भारतीय संस्कृति के सप्त स्वर एवं सप्त आयाम हैं जिस प्रकार आकाश में सप्त ऋषियों का बड़ा महत्व है, उसी प्रकार भारत में सप्त संस्कृतियों का बड़ा महत्व है और ये संस्कृति भारत की सनातन संस्कृति में इस प्रकार घुलमिल गई हैं कि इनके बिना भारतीय संस्कृति की परिकल्पना अधूरी होगी। हम बड़े भाग्यवान हैं, क्योंकि हमारी संस्कृति विश्व की एक महान संस्कृति है। हमारा कर्त्तव्य है कि हम हमारी महान संस्कृति का विश्व में प्रचार–प्रसार कर मानव जाति को सत्य–अहिंसा और सुख–शांति का दर्शन देकर कृतार्थ करें।

तंत्र योग विषय भ्रांतियाँ

उत्तर कौलाचार (वाममार्ग) अर्थात् तंत्र योग में काम ऊर्जा का विकास कर ब्रह्म से एकत्व (शिव–शक्ति का साम्य) स्थापित किया जाता है, इसमें काम शक्ति को योजनाबद्ध रूप से आध्यात्मिक रूप से आध्यात्मिक शक्ति में रूपान्तरित कर शिव–शक्ति (ब्रह्म) के एकत्व का साक्षात्कार किया जाता है। इसमें संभोग उद्देश्य न होते हुए शिव–शक्ति के एकत्व की अनुभूति का साधन मात्र होता है।

इस योग के संबंध में अनेक भ्रांतियाँ है, इनमें से प्रमुख भ्रांतियाँ निम्नलिखित है–

1. साम्प्रदायिक मतभेद।
2. कुछ वाममार्गियों का पथ भ्रष्ट होकर असंयमित और उन्मुक्त यौनाचार में लिप्त हो जाना।

वाम मार्ग (तंत्र योग), शैवमार्ग और शक्ति मार्ग कोई नये मार्ग नहीं है। इनकी आयु वैदिक काल (3500 ईसा पूर्व) से अधिक है। ऋग्वेद काल में बहुत से ऐसे समृद्ध नगर थे, जिनके निवासी लिंग की पूजा करते थे और वेदज्ञ आर्य उनसे द्वेष करते थे। श्रीमद्भागवत आदि ग्रंथों में शिव और दक्ष के वैर कथा का वर्णन है। शिव को शाप देते हुए, दक्ष ने जिस मार्ग का उल्लेख किया है, वह वाममार्ग पर घटित होता है। धीरे–धीरे आर्यो ने तंत्र मार्ग की महत्ता और शिव–शक्ति की आराधना और महत्व को स्वीकार कर लिया था। परन्तु आज भी अनेक विद्वान बिना तंत्रयोग के ज्ञान को समझे हठधर्मिता और साम्प्रदायिक द्वेष के कारण तंत्रयोग की निन्दा करते रहते हैं।

कुछ वाममार्गी पथ भ्रष्ट होकर उन्मुक्त यौनाचार में लिप्त हो जाते हैं। जिसके कारण विरोधियों को तंत्रयोग के विषय में भ्रांतियाँ फैलाकर उसकी निन्दा करने का सुअवसर प्राप्त हो जाता है, जो सर्वथा अनुचित है। क्योंकि यदि किसी सम्प्रदाय कुछ संत अपनी काम कुंठाओं के कारण यौनाचार में लिप्त हो जाते हैं, तो हमें बिना सोचे समझे उस सम्प्रदाय की निन्दा करने का नैतिक अधिकार नहीं होता है। यहां पर हम

स्वर्गीय कवि मैथलीशरण गुप्त की प्रसिद्ध पुस्तक 'भारत–भारती' की निम्नलिखित पंक्तियां प्रस्तुत कर रहे हैं–

तन मन तथा धन भक्त जन अर्पण किया करत जहाँ।
भण्ड साधु सुकर्म का तर्पण किया करत वहाँ।।
चीर हरणादिक वहां प्रत्यक्ष लीला जाल हैं।
भक्त स्त्रियाँ हैं गोपियाँ, गोस्वामी ही गोपाल हैं।।
श्री कृष्ण की आड़ में करते अनंगोपासना।
धन्य ऐसे भक्तजनों को धन्य उनकी वासना।।

उपर्युक्त पंक्तियों से सनातन धर्मावलम्बियों को शिक्षा लेनी चाहिए, परन्तु अन्य धर्मालम्बियों को हमारे धर्म का पूर्ण अध्ययन किए बिना पूरे सनातन धर्म की निन्दा करने को नैतिक अधिकार प्राप्त नहीं होना चाहिए।

खेद का विषय है कि हमने महाभारत और गीता के कृष्ण को भुलाकर विदेशियों के कुचक्र से कुछ पौराणिक कथाओं को आधार बनाकर श्री कृष्ण–भक्ति को श्रृंगारिक बनाकर अपने मनोरंजन का सस्ता साधन बना लिया है। सनातन धर्म की रक्षा के लिए हमे अपनी इस भूल का परिमार्जन करना चाहिए और गीता और महाभारत के श्री कृष्ण की छवि को पुनः प्रतिष्ठित करना चाहिए।

आगम-निगम-रहस्य

विचार–कक्षा के अन्तरतल पर पहुँचे हुए विदितवेदितव्य महामहिमाशाली महामहर्षियों ने सम्पूर्ण शब्दराशि को आगम–निगम भेद से दो भागों में विभक्त किया है। कारण इसका यही है कि प्रकृति सिद्ध नित्य–शब्द ब्रह्म इन्हीं दो भागों में विभक्त है। यद्यपि 'अथो वागेवेदं सर्वम्' (ऐ0 आ0 3/1/6) 'याचीमा विश्वाभुवनान्यर्पिता' (र्त0 ब्रा0 2/7/7/4/5) इत्यादि श्रौत–सिद्धांत के अनुसार वाक्–तत्व से प्रादुर्भूत होने वाले शब्द–प्रपंज से कोई भी स्थान खाली नहीं है, तथापित स्तम्बरूप तमोविशालसर्ग; यक्ष, राक्षस, पिशाच, गन्धर्व, पिंय, ऐन्द्र, प्रजापत्य, ब्राह्म भेद भिन्न अष्टविध सत्वविशालसर्ग नाम से प्रसिद्ध 14 प्रकार के भूत सर्ग के साथ प्रधानरूप से अग्निवाक् और इन्द्रवाक् का ही सम्बन्ध है। 'यथाग्निगर्भा पृथ्वी तथा द्यौरिन्द्रेण गर्भिणी' (शत0 14/9/7/20) के अनुसार पृथ्वी अग्निमयी है। द्युलोकोपलक्षित सूर्य इन्द्रमय है। यद्यपि इन दोनों लोकों से अतिरिक्त तीसरा अन्तरिक्ष (भुवः) लोक और है। भूः (पृथ्वी), भुवः (अंतरिक्ष), स्वः (द्यौः–सूर्य)। इन तीनों लोकों से प्रजा–निर्माण होता है। पृथ्वी में अग्नि की सत्ता है। इससे मनुष्य लोक कहा जाता है। अंतरिक्ष में चन्द्रमा की सत्ता है। इससे पितर–प्रजा का संबंध है। इसी आधार पर 'विधूर्ध्वभागे पितरो वसन्ति' (सिद्धांत–शिरोमणि) यह कहा जाता है। यही दूसरा पितृलोक है। द्युलोक में सूर्य की सत्ता है। इससे देव–प्रजा का संबंध है। इसी आधार पर 'चित्रं देवानामुदगात्' यह कहा जाता है। यही तीसरा देवलोक है। तीनो ही 'वागिति पृथ्वी' (जै0 उ0 4/22/11) 'वाग्ध चन्द्रमा भूत्वोपरिष्टत्तिस्थौ' (शत0 10/5/1/4) के अनुसार वाङ्मय है, तथापि प्रधानता पृथ्वी और सूर्य–वाक्क्री ही मानी जाती है। कारण इसका यह है कि पार्थिव एवं सौर अग्नि अन्नाद (अन्न खाने वाले) है। मध्यपतित चन्द्रसो– 'एष वै सोमो राजा देवानामत्रं य चन्द्रमाः' (श0 1/6/4/5) के अनुसार इन अग्नियों का अन्न बन रहा है। अन्न जल अन्नाद के उदर में चला जाता है तो केवल अन्नाद सत्ता ही रह जाती है। अन्न की स्वतंत्रता हट जाती है। जैसा कि श्रुति कहती है–

'द्वयं वा इदम्–अत्ता चैवाद्यञच।
तद्यदोभयं समा गच्छति–अतैवाख्यायते नाद्यम्।
स वै यः सो'त्ताग्गिरेव सः।।

(शत0 10/6/3/1) इति।

इसीलिए त्रैलोक्य के लिये 'द्यावापृथ्वी' व्यवहार ही होता है। इस प्रकार प्रधान रूप से पृथ्वी लोक, सूर्य लोक, दो ही लोक रह जाते हैं। दोनों अग्निमय हैं। पार्थिकवाग्नि गायत्राग्नि हैं। सौर–अग्नि सावित्राग्नि हैं। 'तस्य वा एतस्याग्नेवार्गवोपनिषत्' (श0

10/51/1) के अनुसार दोनों ही अग्नियों को हम 'वाक्' कहने के लिए तैयार हैं। वैज्ञानिक परिभाषानुसार पृथ्वी की 'वाक्' 'अनुष्टुप्' कहलाती है। सूर्य की वाक् से क–च–ट–त–प आदिरूपा वर्णवाक् का प्रादुर्भाव होता है। बृहतीवाक् से अ–आ–इ आदिरूपा स्वरवाक् का विकास होता है। दूसरे शब्दों में वर्णवाक् का अनुष्टुप है। स्वरवाक् बहती है। 'स्वरो'क्षरम्' (प्रातिशाख्य) के अनुसार स्वर अक्षर है। अविनाशी है। वर्णक्षर है। विनाशी है। अर्थ–सृष्टि में भौतिक क्षरकूट की प्रतिष्ठा जैसे अक्षर तत्व है, एवमेव–

शाब्दे ब्रह्मणि निष्णातः परं ब्रह्माधिगच्छति।

के अनुसार अर्थ–ब्रह्म की समान धारा में प्रवाहित होने वाले शब्द–ब्रह्म में भी क्षर रूप वर्ण की प्रतिष्ठा अक्षर रूप स्वरतत्व ही है। अर्थ–ब्रह्म में जैसे अक्षर रूप सूर्य–सत्ता को छोड़कर क्षररूपा पृथ्वी स्व–स्वरूप प्रतिष्ठित नहीं रह सकती, एवमेव सूर्यवाङ्मूलक स्वरतत्व के बिना पृथ्वी मूलिका वर्णराशि भी स्व–स्वरूप में प्रतिष्ठित नहीं रह सकती। बिना स्वर के सहारे आप कदापि व्यंजन का उच्चारण नहीं कर सकते। बस, स्वर मूलक इस सूर्य विद्या का ही नाम त्रयी विद्या है, सूर्यबिम्ब ऋग्वेद है। सूर्य का अर्चिमण्डल (रश्मि मण्डल) सामवेद है। सूर्य में रहने वाला अग्निपुरूष यजुर्वेद है। सूर्य क्या तप रहा है, त्रयीविद्या तप रही है। इसी आधार पर 'सैषा त्रय्येव विद्या तपति' (शत0 10/5/2/2) यह कहा जाता है। 'त्रयीमयाय त्रिगुणात्मने नमः' का भी यही रहस्य है। यह वेदतत्व नियतत्व है। स्वयं प्रादुभूर्त है। स्वयं ब्रह्मा के मुख से विनिर्गत है। अतएव ऋषियों ने इसे 'निगम' नाम से व्यवहृत किया है। निर्गत ही परोक्ष भाव से निगम कहा जाता है। निष्कर्ष यही हुआ, कि त्रयी विद्या नाम से प्रसिद्ध सूर्य विद्या का नाम ही 'निगम–विद्या' है। दूसरी है, आगम विद्या। शनि, मंगल, बृहस्पति, शुक्र, बुध, पृथ्वी आदि सूर्य के उपग्रह हैं। सूर्य का ही प्रवर्ग्य भाग (अलग निकला हुआ भाग) शनि आदि रूप में परिणत होकर सूर्य–विद्या का अंश भूत पृथ्वी–लोक सूर्य के चारों ओर घूम रहा है। पृथ्वी विद्या सूर्य विद्या से आयी है। इसी रहस्य को समझाने के लिए ऋषियों ने पृथ्वी विद्या का नाम 'आगम' रखा है। सूर्य–विद्यावत् पृथ्वी विद्या स्वयं निर्गत नहीं है, अपितु निगम से आयी है, अतएव 'निगमात् आगतः' इस व्युत्पत्ति से पृथ्वी विद्या 'आगम' नाम से प्रसिद्ध हुई। हम बतला आए हैं, कि पृथ्वी की वाक् वर्णवाक् है। स्वर से भिन्न है। अतएव आगमशास्त्रोक्त प्रयोगों का उदात्तादि स्वरों से विशेष संबंध नहीं माना जाता। वहाँ केवल शब्द की आवृत्ति (जप) से ही सिद्धि हो जाती है, परन्तु निगम विद्या (वेदविद्या) में यह बात नहीं है। वहाँ स्वर वाक् की प्रधानता है। अतएव निगमोक्त (वैदिक) प्रयोगों में उदात्त अनुदात्तादि स्वरों पर पूरा ध्यान रखना पड़ता है।

दुष्टः शब्दः स्वरतो वर्णतो वा
मिथ्याप्रयुक्तो न तमर्थमाह।
स वाग्वज्रो यजमानं हिनस्ति
यथेन्द्रशत्रुः स्वरतो'पराधात्।।

के अनुसार बिना स्वर के निगम काण्ड निरर्थक है। अनिष्टकर है। क्योंकि स्वरवाक् ही

उसका मूल है। सूर्य विद्या निगम विद्या है, पृथ्वीविद्या आगमविद्या है, इसका यह तात्पर्य नहीं है कि निगम में केवल सूर्य का ही निरूपण है, आगमविद्या में केवल पृथ्वी का ही निरूपण है, अपितु दोनों में सारे विश्व का निरूपण है। लक्ष्यभेदमात्र है। निगमशास्त्र सूर्य को प्रधान मानकर सारे विश्व का निरूपण करता है एवं आगमशास्त्र पृथ्वी को मूल मानकर आगे चलता है। 'द्यूलोकोपलक्षित सूर्य पिता है। पृथ्वी माता है। पिता पुरुष है। माता प्रकृति है। पुरुष रेतोधा है। प्रकृति योनि है। पुरुष शास्त्र निगम है। अतएव निगम को वेद–पुरुष कहा जाता है। प्रकृतिशास्त्र आगम है। अतएव आगम को आगमविद्या कहा जाता है। बिना आगम के निगम अप्रतिष्ठित है। जैसा कि अनुपद में ही स्पष्ट होने वाला है। निगम में भी आगम का साम्राज्य है। अतएव पुरुष–वेद को वेदविद्या भी कहा जाता है। सूर्य साक्षात् रुद्र है एवं सूर्य की अनन्त रश्मियाँ अनन्त रुद्र हैं। अनन्तर रुद्र विट्रुद्र (प्रजारुद्र) है। सूर्य रुद्र क्षेत्ररुद्र है। जहाँ वैज्ञानिक रश्मिगत त्रैलोक्यव्यापक अनन्त रुद्रों का 'असंख्याताः सहस्त्राणि ये रुद्राः' 'ये चैनं रुद्रा अभितो दिक्षुश्रिताः' –इत्यादि रूप से निरूपण करते हैं, वहाँ उस सूर्यरूप एकाकी क्षत्ररुद्र को लक्ष्य में रखकर–

एको हि रुद्रो न द्वितीयाय तस्थु
र्य इमाँल्लोकानीशत ईशनीभिः।।

(श्रेवता0 3/2)

यह कहते हैं, इस रुद्ररूप सौर–अग्नि के–'अग्निर्वारुद्रः। तस्यैते द्वौ तन्वे घोरान्या च शिवान्या च।' के अनुसार घोर–शिव भेद से दो शरीर है। आप अपने अध्यात्म जगत् में दोनों मूर्तियों का साक्षात्कार कर सकते हैं। प्रारम्भ में अग्नि को अन्नाद बतलाया गया है। अन्न खाना अग्नि का स्वाभाविक धर्म है। अग्नि प्रज्वलित हो रहा है। जब तक प्रतिष्ठित रहेगा अग्नि का इन्धन (प्रज्वलन) काष्ठाहुति पर निर्भर है। अतएव काष्ट को इन्धर (ईंधन) कहा जाता है। यही अवस्था शरीराग्नि की है। लोम, केश, नखों के अग्रभाग को छोड़कर सर्वांग शरीर में वैश्वानर–अग्नि धधक रहा है। जहाँ स्पर्श करते हैं, वहीं उष्मा पाते हैं। यही इस अग्नि का प्रत्यक्ष दर्शन है। नाक, कान बंद कर लेने पर जो नाद सुनायी पड़ती है, वही इसकी श्रुति है। इस अन्नाद–अग्नि की सत्ता के लिये सायं–प्रातः अन्न खाना पड़ता है। बस, जब तक इस अन्नाद में अन्न की आहुति रहती है, तब तक शरीर स्वस्थ रहता है। कारण इसका यही है कि अन्न सोमतत्व हैं। सोमशान्ततत्व हैं। इसकी आहुति से रुद्राग्नि शान्त होता हुआ शिव बन जाता है। यदि अन्नाहुति बंद कर दी जाती है तो वह रुद्र घोर रूप में परिणत होकर पहले रसासृगमांसमेदादि शरीर–धातुओं को खाने लगता है, एवं उनके नष्ट हो ज़ाने पर स्वयं भी उत्क्रान्त हो जाता है। निष्कर्ष यही हुआ, कि अन्नाहुति से रुद्र–तनू शिवभाव में परिणत होकर पालन करती है, एवं अन्नाभाव में वही घोर–तनू बनकर नाश का कारण बनती है। हम जो प्रतिदिन अन्न खाते हैं, उससे उग्र रुद्र शान्त होते हैं, इसीलिए वैज्ञानिकों ने इस अन्न का नाम 'शान्तदेवत्य' किंवा शान्तरुद्रिय (जिस अन्न से रुद्र–देवता शान्त होते हैं वह अन्न) रखा है। परोक्षप्रिय देवताओं की परोक्ष भाषा में वह शान्तरुद्रिय अन्न 'शतमद्रिय' नाम से प्रसिद्ध है, इसी

पूर्व–विज्ञान को लक्ष्य में रखकर याज्ञवल्क्य कहते हैं–

अन्नैष सर्वोऽग्निः संस्कृतः। स एशोऽत्र रुद्रो देवता।
स दीप्यमानोऽतिष्ठदन्नमिच्छमानः।
तस्मादेवा अबिभयु:द्वै नोऽयं न हिंस्यात् इति।
तस्मै एनदन्नं समभरत् शान्तदेवत्यम्। तेनैनमशयन्।
शान्तदेवत्यं ह वै शतरुद्रियमित्याचक्षते परोक्षम्। परोक्षकामा हि देवाः।

(श0 9/1/1/1)

माता के गर्भाशय में अग्नि की क्रमिक चिति से क्रमशः प्रवृद्ध होने वाला गर्भ नौ माह के अनन्तर जब पूर्णभाव को प्राप्त होता है तो सर्वात्मना संस्कृत रुद्राग्नि के आघात से, एवयामरुत् की प्रेरणा से गर्भ गर्भाशय से जननेन्द्रिय द्वारा डरने लगते हैं। अपनी रक्षा के लिए वे उसमें अन्नाहुति डालते है। अन्न के आहुत होते ही रुद्राग्नि संताप से रोता संबंध से शिव बनकर संसार की रक्षा करते है। अन्नाभाव में वही नाश के कारण बन जाते हैं। यही दोनों भाव सूर्य में समझिए। सूर्य साक्षात् रुद्र है। प्राणियों को संतप्त करने वाला है। परन्तु पार्थिव औषधि, वनस्पत्यादि अन्न इसमें निरन्तर आहुत होते रहते हैं। पार्थिव रस को सूर्य रश्मियों द्वारा लिया करता है, अतएव वह शिव बन रहा है। पूर्वकथनानुसार पृथ्वी माता है, शक्ति है। सूर्य पिता है, शिव है, परन्तु इस शिव का शिवत्व शक्ति–समन्वय पर ही निर्भर है। जिस दिन पार्थिवान्न–संबंध हट जाएगा सूर्य रुद्र घोर रूप में परिणत होता हुआ सम्पूर्ण विश्व को भस्मसात् कर डालेगा। सौर–तेज हिरण्मय है। इसकी सत्ता सोमवार (अन्न पर) निर्भर हैं। इसमें प्रविष्ट महदक्ष रूपा चित्–शक्ति ही हेमवती उमा है। वल्लभ इसे ही भगवच्छिक्ति कहते हैं। यही अद्वैतवादियों की माया है। उपासकों की राधा हैं। रामानुजियों की लक्ष्मी हैं। वैज्ञानिकों की हैमवती उमा है। 'मम योनिर्महद् ब्रह्म' के अनुसार पारमेष्ठय महत् सोम ही चिदात्मा (अव्यय पुरुष) की प्रतिष्ठा है। वह सोम सौर–मण्डल में आकर हैमवती चिच्छक्ति से युक्त हो जाता है। अतएव 'उमासहितस्त्त्वः' के अनुसार वह पारमेष्ठय तत्त्व 'सोम' कहलाने लगता है। यही उमा ब्रह्माण ग्रन्थों में विषय भेद से अम्बिका, अम्बा, माता, जनि, धारा, जाया, आप आदि नामों से व्यवहृत हुई हैं। सौर इन्द्र शिव हैं। इसकी शक्ति पार्थिव प्राज्ञ–सोमरूपा हेमवती उमा हैं। सोम स्वस्वरूप से कृष्ण हैं। परन्तु सौर विज्ञान मण्डल में आकर अग्निदाहकता से वही चमकीला बन जाता है, आप सूर्य में जो प्रकाश देख रहे हैं, वह इसी सोमाहुति का प्रभाव है। इसी आधार पर 'त्वं ज्योतिषा वि तमो ववर्थ' (ऋक्0 1/91/22) कहा जाता है। 'त्वमा ततन्थोर्वान्तरिक्षम्' (ऋक् 1/91/22) के अनुसार वह सोम विशाल आकाश में सर्वत्र व्याप्त हो रहा है। यह सोममयी शक्ति उसी चिद्घन अव्यय पुरुष की प्रकृति है। इन्द्रादि देवताओं को उसका ज्ञान आकाशस्थ इसी महामाया की कृपा से होता है। बिना शक्ति को आगे किये ब्रह्मज्ञान असम्भव है। इसी शक्ति–विज्ञान को लक्ष्य में रखकर उपनिषच्छ्रुति कहती है–

स तस्मिन्नेवाकाशे स्त्रियमाजगाम बहुशोभमानामुमां हैमवतीम्। ताँ्होवाच किमेतद्यक्षमिति।। सा ब्रह्मेति होवाच। ब्रह्मणो वा एतद्विजये महीयध्वमिति।

ततो हैव विदांचकार ब्रह्मेति।।

(केन0 3/12/;4/1)

उपनिषद्–विद्या का सारभूत गीताशास्त्र भी ब्रह्मज्ञान के लिए शक्ति की आराधना को ही प्रधान बतलाता है।

दैवी ह्येषा गुणमयी मम माया दुरत्यया।
मामेव ये प्रपद्यन्ते मायामेतां तरन्तिते।।

(7/14)

–से स्पष्ट ही शक्तिवाद की प्रधानता सिद्ध है। युद्धकाल में विजय–प्राप्त्यर्थ अर्जुन भगवान् श्रीकृष्ण के आदेश से पहले उसी शक्ति की आराधना करता है। यह है कि शिव–शक्ति का मौलिक रहस्य। सौर प्राण की प्रधानता से पुरुष–सृष्टि होती है। सम्पूर्ण स्त्रियाँ शक्तिरूपा हैं। सम्पूर्ण पुरुष शिवरूप है। सारा विश्व शिव–शक्तिमय है, दोनों अविनाभूत हैं, चूँकि आगमशास्त्र माता पृथ्वी से संबंध रखता है, अतएव उसमें शक्ति की ही प्रधानता है। आज इसी आगमविद्या की ओर आपका ध्यान आकर्षित किया जाता है।

❑❑❑

साधना-शब्द-रहस्य

हम पहले ही स्पष्ट कर चुके हैं कि आगम का आगमन निगम से हुआ है। यही कारण है कि आगम के सारे सिद्धांत निगम–सिद्धांतों पर ही प्रतिष्ठित है। जैसे निगमशास्त्र के लिए निगमाचार्यो ने 'सैषा त्रयी विद्या' इत्यादि रूप से विद्या–शब्द प्रयुक्त किया है, एवमेव आगमाचार्यो ने 'विद्यासि सा भगवती' इत्यादि रूप से आगम के लिए भी विद्या–शब्द का प्रयोग किया है। इस प्रकरण में विद्या–शब्द ही निर्वचन किया जायेगा।

निगम में 'त्रयं ब्रह्म', 'त्रयी विद्या', 'त्रयो वेदाः' इत्यादि रूप से ब्रह्म, विद्या, वेद तीनों को अभिन्नार्थक माना है। परमार्थ–दृष्टि से तीनों अभिन्न हैं। विश्वदृष्टया तीनों भिन्न हैं। शक्तितत्व 'विद्या' किंवा 'महाविद्या' शब्द से क्यों व्यवहृत हुआ? इसका उत्तर इन्हीं तीनों के स्वरूप ज्ञान पर निर्भर है। अनन्त ज्ञान धन, क्रियाधन, अर्थधन तत्त्वविशेष का नाम ही अक्षर ब्रह्म हैं। वह सर्वज्ञानमय है, सर्वक्रियामय है, सर्वार्थमय है। दूसरे शब्दों में वह अक्षरतत्व मनः प्राण–वाङ्मय है। जैसे क्षर पुरुष का आलम्बन अक्षर पुरुष है, एवमेव सबका आलम्बन पुरुषोत्तम–नाम से प्रसिद्ध अव्यय पुरुष है। वह स्वयं ज्ञान–क्रिया–अर्थशक्तिरूप है। अव्यय की ज्ञान–शक्ति का (प्रभाव) मन है। क्रिया शक्ति का उक्त प्राण है। अर्थ–शक्ति का उक्त वाक् है। इन तीन कलाओं के अतिरिक्त आनन्द–विज्ञान–नाम की दो कलाएँ और हैं। इन पाँचों कलाओं में पांचवीं वाक्कला उपनिषदों में 'अन्नब्रह्म' नाम से प्रसिद्ध है। तैत्तिरीय उपनिषद् में इन पाँचों (आनन्द, विज्ञान, मन, प्राण, अन्न) ब्रह्मकोषों का विस्तार से निरूपण किया गया है। सुप्रसिद्ध आनन्दादि अव्यय पुरुष की पाँच कलाएं है। दूसरे शब्दों में वह अव्यय पंचकल है। पंचकलात्मक वह अव्यय पुरुष स्वयं शक्तिरूप है। 'सामान्ये सामान्याभावः' के अनुसार आनन्द में आनन्द नहीं। विज्ञान में विज्ञान नहीं। मन में मन नहीं। प्राण में प्राण नहीं। वाक् में वाक् नहीं। अतएव अक्षर से भी परे रहने–वाले इस तत्त्व का–

दिव्यो ह्यमूर्तः पुरुषः स बाह्याभ्यन्तरो ह्यजः।
अप्राणो ह्यमनाः शुभ्रो ह्यक्षरात्परतः परः।।

–इत्यादि रूप से निरूपण किया जाता है। अप्राण एवं अमन में क्रिया नहीं, अतएव वह अव्यय पुरुष कर्तृत्वकरणत्वादि धर्मो से रहित होता हुआ सृष्टि विद्या के बहिर्भूत है। न वह करता है, न लिप्त होता है। इसी भाव का निरूपण करती हुई श्रुति कहती है–

न तस्य कार्य करणं च विद्यते
न तत्समश्र्चाभ्यधिकश्र्च दृश्यते।

परास्य शक्तिर्विविधैव श्रूयते।
स्वाभाविकी ज्ञानबलक्रिया च।।

(श्वेता० 6/7)

इन्हीं कारणों से हम अव्यय पुरुष को निधर्मक मानने के लिए तैयार है। अव्यय पुरुष है पुरुष चेतन है। चिदात्मा है। ज्ञानमूर्ति है। अतएव निष्क्रिय है। अतएव च क्रियासापेक्ष सक्रिय विश्व की निर्माण–प्रक्रिया विश्व की निर्माण–प्रक्रिया से बहिर्भूत है। सृष्टि संसृष्टि है। योषा, वृषा नाम से प्रसिद्ध रयि, प्राण नाम के दो तत्वों का रासायनिक संयोग ही संसृष्टि है। संसर्ग व्यापार है। व्यापार क्रिया है। इसका उसमें अभाव है। अतएव वह अकर्ता है। यद्यपि पंचकलाव्यय पुरुष प्राणरूप होने से क्रिया शून्य नहीं कहा जा सकता, परन्तु कोरी क्रिया कुछ नहीं कर सकती। क्रिया क्रियावान कर सकता है। अव्यय क्रियावान् नहीं, क्रियारूप है। क्रियावान् है वही पूर्वोक्त अक्षर पुरुष। यह अक्षर पुरुष ही अव्यक्त, परा प्रकृति, परमब्रह्म आदि नामों से प्रसिद्ध है। वह पुरुष इस प्रकृति के साथ समन्वित होता है। 'तत्तु समन्वयात्' (शारीरिक दर्शन व्याससूत्र) के अनुसार इस प्रकृति–पुरुष के समन्वय से ही विश्व रचना होती है। इस समन्वय से अव्यय की शक्तियाँ अक्षर में संक्रान्त हो जाती है। उसकी शक्तियों से अक्षर शक्तिमान् बन जाता है। अतएव हम अक्षर को आनन्दवान्, विज्ञानवान्, मनस्वी, क्रियावान, अर्थवान मानने के लिए तैयार हैं। अक्षर शक्तिमान है, सक्रिय है। एक बात और पूर्वोक्त अव्यय–कलाओं में आनन्द प्रसिद्ध है। विज्ञान चित् है। मन, प्राण, वाक् की समष्टि सत् है। सत्, चित्, आनन्द की समष्टि ही सच्चिदानन्द ब्रह्म है। अक्षर तीनों से युक्त है। अतएव हम इसे अवश्य ही आनन्दवान्, विज्ञानवान् कह सकते है। आनन्द विज्ञान मुक्ति साक्षी अव्यय है। प्राणवाक् सृष्टि–साक्षी अव्यय है। मध्यपतित मन 'उभयात्मकं मनः' के अनुसार दोनों ओर जाता है। मुक्ति का संबंधन आनन्द, विज्ञान, मन से है; सृष्टि–साक्षी आत्मा को 'स वा एष आत्मा वाङ्मयः प्राणमयो मनोमयः' इत्यादि रूप से मनः प्राणवाङ्मय ही बतलाया जाता है। सृष्टि–साक्षी अव्यय में हमने ज्ञानघन मन, क्रियाघन प्राण, अर्थघना वाक् की सत्ता बतलायी है। इन तीनों में ज्ञानकला का विकास स्वयं अव्यय पुरूष है। इसमें इसी कला की प्रधानता है। क्रिया का विकास अक्षर–पुरुष है। अर्थ का विकास क्षर–पुरूष है। अर्थप्रधान क्षर–पुरुष है। अर्थ प्रधान क्षर–पुरुष भी निष्क्रिय है। ज्ञानप्रधान अव्यय पुरुष भी निष्क्रिय है। सक्रिय है मध्यपतित क्रियाप्रधान एकमात्र अक्षर का ही धर्म है। अतः हम तीनों पुरुषों में से एक मात्र अक्षर को ही सृष्टिकर्ता मानने के लिये तैयार है। अव्यक्त अक्षर प्रकृति ही विश्व का प्रभव, प्रतिष्ठा, परायण है। इसी विज्ञान को लक्ष्य में रखकर श्रुति कहती है–

यथा सुदीप्तात् पावकाद्विस्फुलिंगः
सहस्त्रशः प्रभवन्ते सरूपाः।
तथाक्षराद्विविधाः सौम्य भावाः

प्रजायन्ते तत्र चैवापि यन्ति।। *(मुण्डक0 2/1/1)*

अव्यक्ताद्व्यक्तयः सर्वाः प्रभवन्त्यहरागमे।
रांयागमे प्रलीयन्ते तत्रैवाव्यक्तसंज्ञके।। *(गीता 8/18)*

अव्यक्तादीनि भूतानि व्यक्तमध्यानि भारत।
अव्यक्तनिधानान्येव तत्र का परिदेवना।। *(गीता 2/28)*

—आदि स्मार्त—वचन भी इसी भाव को प्रकट करते हैं। जैसे— प्रजापति (कुंभकार) भूपृष्ठ पर बैठकर समुदाय रूप से सर्वथा गतिशून्य अवयव रूप से सर्वथा गतिशील चक्रपर मिट्टी रखकर घट निर्माण किया करता है, एवमेव अक्षरप्रजापति रूप कुम्हार आनन्द विज्ञानमनोघन मुक्तिसाक्षी अव्ययरूप धरातल पर बैठकर मनःप्राणवाग्घन सृष्टि साक्षी अव्यय रूप चक्र पर क्षररूप मिट्टी से उख्य चिलोकीरूप घट का निर्माण किया करता है। त्रिभुवन—विधाता उस अक्षर प्रजापति में और बुध (पेंदा), उदर, मुखरूप त्रैलोक्य भावापन्न घट निर्माण करने वाले मनुष्य प्रजापति में निरन्तर स्पर्धा होती रहती है। जो क्रम घट—सृष्टि है, वही उस ईश्वर प्रजापति का है। इसी विद्या को समझाने के लिए ऋषियों ने कुंभकार की 'प्रजापति' संज्ञा रखी है। पूर्वोक्त क्षर पुरुष उस अवरूय पुरुष की अपरा प्रकृति है। अक्षर पुरुष परा प्रकृति है। अव्यय आलम्बन कारण है। अक्षर असमवायि (निमित्त) कारण है। क्षर समवायि (उपादान) कारण है। तीनों में कर्ता अक्षर है। क्योंकि वही क्रियामय है। एक ओर से चिदात्मा अव्यय के ज्ञान भाग को लेकर वह सर्वज्ञ बन रहा है। क्षर उपादान होने से 'ब्रह्म' कहलाता है। इसी अभिप्राय से 'ब्रह्माक्षरसमुद्रवम्' यह कहा जाता है। अक्षर से ही क्षर ब्रह्म प्रादुर्भूत होता है। इसी को अवर—ब्रह्म भी कहा जाता है। अक्षर पुरुष क्षरापेक्षया पर, और अव्ययापेक्षया अवर होने से बराबर अक्षर में परसम्पत्ति (अव्यय सम्पत्ति) भी है, एवं ब्रह्मसम्पत्ति (क्षर सम्पत्ति) भी है। अतएव इसे हम 'पर' 'ब्रह्म'— दोनों कह सकते हैं। इसके ज्ञान से सब कुछ गतार्थ हो जाता है। इसी अभिप्राय से श्रुति कहती है—

एतद्ध्येवाक्षरं ब्रह्म ह्येतद्ध्येवाक्षरं परम्।
एतद्धयेवाक्षरं ज्ञात्वा यो यदिच्छति तस्य तत्।।

(कठ0 1/2/16)

भिद्यते हृदयग्रन्थिश्छिद्यन्ते सर्वसंशयाः।
क्षीयन्ते चास्य कर्माणि तस्मिन् दृष्टे परावरे।।

(मुण्डक0 2/2/8)

दस महाविद्याओं के द्वारा सृष्टि तत्त्व का निरूपण किया गया है। अतएव अप्रासंगिक होने पर भी प्रकरण—संगति के लिए सृष्टिकर्त्ता स्वरूप बतलाना पड़ा। अव्यय एवं क्षरानुगृहीत अक्षर ही सृष्टिकर्ता है— यह सिद्ध हो चुका। यद्यपि अक्षर ज्ञान, क्रिया, अर्थ तीनों से ही युक्त है, तथापि क्रिया और अर्थ का पूर्ण विकास क्रियार्थघन विश्व में ही होता

है। सृष्टि से पहले केवल ज्ञान की ही प्रधानता रहती है। इसीलिए अक्षर के तप को (क्रिया को) ज्ञानमय ही बतलाया जाता है। इसीलिए अक्षर 'चेतना' नाम से प्रसिद्ध है। अव्यय, क्षराविनाभूत अतएव सर्वज्ञ, सर्ववित् इस अक्षर के ज्ञानमय तप से उत्पन्न होने वाली सृष्टि का क्या स्वरूप है? इसका समाधान करती हुई श्रुति कहती है–

यः सर्वज्ञः सर्वविद्यस्य ज्ञानमयं तपः।
तस्मादेतब्रह्म नाम रूपमन्नंच जायते ।।

(मुण्डक0 1/1/9)

प्रतिष्ठा, ज्योति, यज्ञ का ही नाम क्रमशः ब्रह्म, नामरूप, अन्न है। इन तीनों में सम्पूर्ण सृष्टि का अन्तर्भाव है। अक्षर पुरुष सर्वप्रथम इन्हीं तीन रूपों में विकसित होता है। प्रतिष्ठा तत्त्व का नाम ब्रह्मा है। ज्योतितत्त्व का नाम इन्द्र है। यज्ञ तत्त्व का नाम विष्णु, अग्नि, सोम है। प्रत्येक पदार्थ में आप जो एक ठहराव देखते हैं, स्थिति देखते हैं, अस्तित्व देखते हैं, वही प्रतिष्ठा है। यही तत्त्व सृष्टि का मूलाधार है। स्थिर भाव में ही सृष्टि क्रिया हो सकती है। गति की प्रतिष्ठा (स्थिति) ही है। बीज को भूगर्भ में प्रतिष्ठित करो, तभी अंकुर सृष्टि होगी। शुक्र को गर्भाशय में प्रतिष्ठित करो, तभी प्रजा सृष्टि होगी। उत्पन्न होने वाली वस्तुओं में उत्पत्ति रूप क्रिया का आधारभूत यही तत्व है। इसी आधार पर वस्तु–सृष्टि होती है। 'ब्रह्म वै सर्वस्य प्रतिष्ठा', 'ब्रह्मा देवानां प्रथमः स्वयंभू विश्वस्य कर्त्ता भुवनस्य गोता।' आदि वचन इसी को मुख्य बतलाते हैं। यह ब्रह्मा किंवा प्रतिष्ठा है क्या? इसका उत्तर है गति समुच्चय। सर्वतोदिग्गति अथवा दिग्द्वयगति का समन्वय ही स्थिति है। अतएव समान बनाने वाले दो मल्लहों के विरुद्ध दिग्गतिबल से रस्सा स्थिर हो जाता है। यही पहली सृष्टि है। इसी के लिये 'तस्मादेतद् ब्रह्म' कहा है। दूसरी सृष्टि है नामरूपात्मिका। नामरूप को कर्म का उपलक्षण समझना चाहिये। प्रत्येक वस्तु में पहले उसकी प्रतिष्ठा का जन्म होता है। अनन्तर नाम–रूप–कर्म तीनों के संबंध से वस्तुस्वरूप सम्पन्न हो जाता है। नाम–रूप के बिना वस्तु अन्धकार में है। नाम–रूप ही वस्तु–भान (ज्ञान) का कारण है। यह भांति ही ज्योति है। यह ज्योति ('अयं घटः' इत्याकारक वस्तुस्वरूपप्रकाश) साक्षात् इन्द्र है। 'रूपं रूपं मघवा बोभवीति' (ऋक्संहिता), 'इन्द्रो रूपाणि करीकृदचरत्' (ऋक्संहिता) इत्यादि श्रुतियाँ इन्द्र को रूपज्योतिर्मय बतलाती है। अतएव इस नामरूपात्मिका ज्योतिःसृष्टि को हम अवश्य ही इन्द्र कहने के लिए तैयार हैं। वस्तुस्वरूप सम्पन्न हो गया। सम्पन्न होते ही उसमें अन्नादानविसर्गात्मक यज्ञ प्रारम्भ हो जाता है। जड़ हो या चेतन, सभी पदार्थ अन्न खाते हैं। सब में निरन्तर अन्न की आहुति होती रहती है। बस, जो सूत्र अन्न–यज्ञ विष्णु द्वारा होता है, अतएव 'यज्ञो वै विष्णुः' 'विष्णुवैं यज्ञः' इत्यादि रूप से यज्ञ और विष्णु का अभेद माना जाता है। अन्न खींचने वाला, अन्न, एवं जिसमें अन्न आहूति होता है वह इस प्रकार तीन शक्तियों के मेल से यज्ञस्वरूप सम्पन्न होता है। अन्न खींचने वाली शक्ति विष्णु है। अन्न सोम है। जिसमें

अन्नाहुति होती है वह अग्नि है। इस प्रकार अन्न रूप यज्ञ में विष्णु, अग्नि, सोम तीन देवता का अर्न्तभाव सिद्ध हो जाता है। यही तीसरी सृष्टि है। अक्षर को हमने क्रिया घन बतलाया है। क्रिया गति है। अतएव अक्षर को हम गति तत्त्व मानने के लिए तैयार हैं। वही गति पूर्वोक्त पांच रूप धारण कर लेती है। अक्षर रूप गति तत्व समुचित भाव में स्थिति है। वही ब्रह्मा है। विक्षेपण–भाव में (गति–भाव में) वही इन्द्र है। आकर्षण (आगति) भाव में वही विष्णु है। यदि गति, आगति स्वतंत्र है तब तो दोनों क्रमशः इन्द्र, विष्णु है। यदि दोनों स्थिति रूप ब्रह्म–तत्त्व के गर्भ में चली जाती है तो यही अग्नि सोम रूप में परिणत हो जाती है। स्थिति गर्भित गति (इन्द्र), अग्नि है। स्थिति गर्भित आगति (विष्णु) सोम है। इस प्रकार एक ही गत्यात्मक अक्षर तत्व गतिसमुच्चय, शुद्ध गति; शुद्ध आगति, स्थिति गर्भिता गति, स्थितिगर्भिता आगति, इन पांच भावों में परिणित होकर ब्रह्मा, इन्द्र, विष्णु, अग्नि, सोम नाम धारण कर लेता है। एक ही अक्षर गति तारतम्य से पंचाक्षर बन जाता है। जिस प्रकार शब्द–सृष्टि अ, इ, उ, ऋ, लृ इन पांच अक्षरों से होती है। उसी प्रकार अर्थ–सृष्टि पांच अक्षरों से होती है। जो क्रम शब्द सृष्टि का है, वही अर्थ–सृष्टि का है। शब्द–ब्रह्म को पहचान लो, अर्थ, ब्रह्म गतार्थ है। शब्दार्थ का अभिन्न संबंध है। उत्पन्न–सृष्ट नहीं अपितु उत्पत्ति–सृष्ट संबंध है। ब्रह्म सृष्टि–कर्त्ता है। इन्द्र (रूद्र) संहारक है। विष्णु पालक है। अग्नि–सोम उपादान है। जब तक इस त्रिमूर्त्ति के साथ अग्निषोमात्मक यज्ञ का संबंध रहता है। तब तक इन्द्र (रुद्र) शिव बने रहते हैं। अग्निषोमात्मक यज्ञ के उच्छिन्न होने पर वही इन्द्र घोर रूप में परिणित होकर विश्व का संहार कर डालते हैं। बारह प्रकार के आदित्य प्राणों में साथ शासक सर्वव्यापक, अमृत रूप अन्यतम प्राण का ही नाम इन्द्र है। अतएव द्वाद्वशादित्य–घन सूर्य को त्वष्टा, भग, पूषा आदि और–और आदित्यों के नाम से व्यवहृत न कर 'अथ यः स इन्द्रो'सो स आदित्यः' (शत0 8/5/3/2), 'एष वा इन्द्रो य एष तपति' (शत0 2/3/4/12) के अनुसार इन्द्र शब्द से ही व्यवहृत किया जाता है कि यह सूर्य रूप इन्द्र अग्नि, सोम (चन्द्रमा) तीनों ज्योर्तिमय पदार्थ है। तीनों से विश्व प्रकाशित है। इन तीनों की समष्टि ही शिव है। अन्य यज्ञ पर शिवस्वरूप प्रतिष्ठित है। अग्नि–सोम के समन्वय का ही नाम यज्ञ है। पुराण शास्त्र ब्रह्मा, विष्णु, शिव इस त्रित्य–विज्ञान को प्रध ाान मानता है एवं निगम शास्त्र ब्रह्मा भी पंचाक्षर–विज्ञान पर प्रतिष्ठित है। निरूपणी या शैलीमात्र में भेद है। बात एक ही है। पुराण–इन्द्र, अग्नि, सोम के भेद को उन्मुक्त मानकरप तीनों का शिव–शब्द से निरूपण करता है। वेद तीनों का उद्भूत रूप से निरूपण करता है। सारे प्रपंच का निष्कर्ष यही हुआ कि वह अक्षरतत्व सृष्टि–कामुक बन कर अपने ज्ञान मय तप से ब्रह्म, नाम–रूप, अन्न, दूसरे शब्दों में प्रतिष्ठा, ज्योति, यज्ञ, तीसरे शब्दों ब्रह्मादि पंचाक्षर रूप में परिणित होता है। इन पांचों अक्षरों में ब्रह्मा, विष्णु, इन्द्र तीनों वस्तु के हृदय (केन्द्र) में प्रतिष्ठित होकर उसका संचालन करते हुए अन्तरयामी नाम से प्रसिद्ध होते हैं एवं अग्नि सोम से वस्तु स्वरूप बनता है। इसी आधार पर

'अग्निषोमात्मक जगत्' यह कहा जाता है कि पांच अक्षरों में परिणित होना अक्षर की पहली सृष्टि है।

पंचाक्षरसृष्टि–

(ब्रह्म= प्रतिष्ठा= ब्रह्म)

(नामरूप= ज्योति= इन्द्र)

(अन्न= यज्ञ= विष्णु, अग्नि, सोम)

अक्षर की पहली सृष्टि

प्रजा–सृष्टि का अधिष्ठाता होने के कारण पूर्वोक्त अक्षर तत्त्व 'प्रजापति' कहलाता है। 'अर्द्ध ह वै प्रजापतेरात्मनो मर्त्यमासीदर्द्धममृतम्' (शत० 10/1/3/1) के अनुसार उस प्रजापति का आधा भाग अमृत है। वह कभी विकृत नहीं होता। वह सर्वथा अविपरिणामी है। आधा भाग अक्षर, क्षर है। प्रजापति का अमृत–भाग अक्षर है। मर्त्य भाग क्षर है। इसी से विश्व उत्पन्न होता है। यही उपादान है। जो ब्रह्मादि पांच कलाएँ अक्षर की हैं, वे ही इस क्षर की हैं। अक्षर के व्यापार से इन ब्रह्मादि पांचों क्षर कलाओं से क्रमशः प्राण, आप, वाक्, अन्नाद, अन्न इन पांच विकारों का जन्म होता है। वैकारिकी सृष्टि इन्हीं से होती है। अतएव इनको 'विश्वसृष्टी' कहा जाता है। इन पांचों के सर्वहुत–यज्ञ से (जो कि सर्वहुतयज्ञप्रक्रियादर्शन में 'पंचीकरण' नाम से प्रसिद्ध है) पंचजन उत्पन्न होते हैं। आधे में प्राण, आधे में शेष चारों, आधे में आप, आधे में शेष चारों इस क्रम से प्राणादि उत्पन्न होते हैं, वही पंचजन नाम से प्रसिद्ध हैं। 'वैशेष्यात्तु तद्वादस्तद्वादः' (व्याससूत्र– शा० द०) के अनुसार इनके नाम प्राण, आप, वाक् आदि ही रहते हैं। इन पांचों पंचजनों से आगे जाकर क्रमशः वेद, लोक, प्रजा, भूत, पशु ये पाँच पुरंजन उत्पन्न होते है। इन्हीं से ब्रह्मपुररूप विश्व का स्वरूप बनने वाला है, अतएव इन्हें 'पुरंजन' कहा जाता है। इन पांचों पुरंजनों में सबका मूलाधार प्रथमज वेद नाम का पुरंजन ही हैं। विश्व पुर का प्रथमाधार वेद ही है। इसी आधार पर 'वेद शब्देभ्य एवादौ पृथक् संस्थाश्च निर्ममे' (मनुः)– यह कहा जाता है। इन पूर्वोक्तपांचों पुरजन्नों से क्रमशः स्वयम्भू, परमेष्ठी, सूर्य, पृथ्वी, चन्द्रमा, इन पांच पुरों का प्रादुर्भाव होता है। अपने क्षरभाग से विश्वसृट्, पंचजन, परंजन, क्रम से इन पांचों पुरों को उत्पन्नकर 'तत् सृष्टा तदेवानु प्राविशत्' के अनुसार अव्ययक्षरानुगृहीत वह अक्षरात्मा इनमें प्रविष्ट हो जाता है, अतएव 'विशत्यस्मिन्नात्मा' इस व्युत्पत्ति के अनुसार पंचब्रह्मपुर–समष्टि का नाम 'विश्व' होता है। आनन्दविज्ञान मनः प्राणवाक्भेदभिन्न पंचकल अव्यय, अमृतब्रह्मादिभेदभिन्न पंचकल अक्षर, मर्त्यब्रह्मादिभेदभिन्न पंचकल आत्मक्षर, एवं विश्वातीत परात्पर– इन चारों की समष्टि ही षोडशकला प्रजापति है। इस षोडशी प्रजापति का क्षरभाग ही विश्व बना है। अतएव हम कह सकते हैं कि प्रजापति के अतिरिक्त विश्व में कुछ नहीं है। इसी प्रजापत्य विज्ञान का निरूपण करते हुए वेद–पुरुष कहते हैं:–

प्रजापते न त्वदेतान्यन्यो विश्वा जातानि परि ता वभूव।
यत्कामास्ते जुहुमस्तन्नो अस्तु वयँ स्याम पतयो रयीणाम्।।
(ऋ0 10/1214)

ज्ञानधन वह 'षोडशी' प्रजापति, विश्व में संसृष्ट होकर सोपाधिक बनता हुआ वेद, ब्रह्म, विद्या– इन तीन स्वरूपों में परिणत हो जाता है। एक ही सौर प्रकाश हरित, नील, रक्तवर्ण के आदर्श (कांच) भेद से सोपाधिक बनता हुआ जैसे भिन्न–भिन्न तीन वर्णों में परिणत हो जाता है, एवमेव यह ज्ञानधन अक्षरप्रधान प्रजापति वेदादि उपाधि भेद से तीन स्वरूप धारण कर लेता है। विश्व सृष्टि में वेद, ब्रह्म, विद्या– इन तीन तत्वों का ही साम्राज्य है। शब्द ब्रह्म वेदतत्व है। विषय ब्रह्म ब्रह्मतत्व है, एवं संस्कारब्रह्म विद्यातत्व है। उदाहरण रूप से प्रजापति के अंशभूत जीव प्रजापति को सामने रखिये। राम, कृष्ण, देवीदत्त, घट, पट, गृह आदि अनेक प्रकार के शब्द आप सुनते रहते हैं। साथ ही अश्व, गज, मनुष्य, वन, उपवन आदि अनेक प्रकार के पदार्थ भी देखते रहते हैं। शब्द सुनने से भी आपको ज्ञान होता है। पदार्थों को देखने से भी ज्ञान होता हैं। गो–शब्द के सुनने से आपका ज्ञान गो–शब्दाकाराकारित हो जाता है। गो–पशु देखने से भी ज्ञान तदाकाराकारित हो जाता है। इस प्रकार शब्द विषय यस्मान्न जातः परो अन्यो अस्ति य आविवेश भुवनानि विश्वा। प्रजापतिः प्रजया सँ रराणस्त्रीणि ज्योतिँषि सचते स षोडशी।
(यजु0 8/36)

पूर्वोक्त सारा विषय निम्नलिखित तालिका से स्पष्ट हो जाता है।

विश्वेश्वर प्रजापति की कलाएँ

	षोडशी प्रजापतिः			विश्वम्			
1	5 अव्यय	5 अक्षर	5 आत्मक्षर	विष्वसृट्	पंचनन	पुरंचन	पुर
1 विश्वातीत परात्पर	1 आनन्द	अमृत ब्रह्मा	मर्त्य ब्रह्मा	शुद्ध प्राण	पंचीकृत प्राण	वेद	स्वयंभू
	2 विज्ञान	अमृत विष्णु	मर्त्य विष्णु	शुद्ध आप	पंचीकृत आप	लोक	परमेष्ठी
	3 मन	अमृत इन्द्र	मर्त्य इन्द्र	शुद्ध वाक्	पंचीकृत वाक्	प्रजा	सूर्य
	4 प्राण	अमृत अग्नि	मर्त्य सोम	शुद्ध अन्नाद	पंचीकृत अन्नाद	भूत	पृथिवी
	5 वाक्	अमृत सोम	मर्त्य सोम	शुद्ध अन्न	पंचीकृत अन्न	पशु	चन्द्रमा

भेद से ज्ञान दो भागों में विभक्त है। बस, इन दोनों में से शब्दावच्छिन्न ज्ञान का ही नाम 'वेद' है एवं विषयावच्छिन्न ज्ञान का ही नाम ब्रह्म है। इन दोनों से अतिरिक्त एक तीसरा ज्ञान और है। शब्द सुनने से और विषय देखने से सामान्य ज्ञान होता है। यही सामान्य ज्ञान आगे जाकर विशेष रूप में परिणत हो जाता है। इसी का नाम संस्कार है। शब्द, विषय–दोनों ही सामान्य ज्ञान करवाके लीन हो जाते हैं। यही सामान्य ज्ञान अनुभव द्वारा आगे जाकर विशेष भाव को प्राप्त होता हुआ आत्मा में खर्चित हो जाता है। इसी को दार्शनिक परिभाषा में अनुभवाहित संस्कार कहते हैं। वैज्ञानिक परिभाषानुसार यही विद्या–नाम से प्रसिद्ध है। इसी से आगे का व्यवहार मार्ग चलता है। जब तक संस्कार है तभी तक आप स्वरूप में प्रतिष्ठित हैं। संस्काराभाव में आप विश्वातीत हैं। मुक्त है। विश्वसत्ता संस्कार सत्ता पर ही निर्भर है। अतएव शब्दरूप वेद, विषयरूप ब्रह्म की अपेक्षा हम संस्काररूपा विद्या को ही प्रधान रूप से विश्व की स्वरूप–सम्पादिका मानने के लिए तैयार हैं। उसी ज्ञान पर चितिक्रम से संस्कारपुट लगने से विश्व बन गया है। जैसे हमारा विश्व हमारा संस्कार है तथैव यह महाविश्व उसका संस्कार है, अतएव हम विश्व को अवश्य ही विद्यारूप कहने के लिये तैयार हैं। बस, संस्काराविच्छिन्न होता हुआ वह ज्ञान–मूर्ति विद्या है; शब्दावच्छिन्न होता हुआ वह ज्ञान–मूर्ति विद्या है; शब्दावच्छिन्न होता हुआ वही वेद है एवं विषयावच्छिन्न बनकर ही ब्रह्म है। सृष्टि का संबंध पूर्वकथनानुसार विद्या से है। निगम–आगम दोनों ही विश्व का निरूपण करते हैं। अतएव दोनों ही शास्त्र विद्या नाम से प्रसिद्ध हुए। सूर्य, चन्द्र, अग्नि, औषधि, वनस्पति, कृमि, कीट, पक्षी, पशु, मनुष्य, धातु, रस, विष आदि प्रत्येक पदार्थ एक–एक विद्या है। ये सब विश्वान्तर्गता क्षुद्र विद्याएँ हैं एवं सम्पूर्ण विश्व–विद्या महाविद्या है। उस महाविश्व–विद्या को सृष्टि–क्रम के अनुसार ऋषियों ने दस भागों में विभक्त माना है। निगम में वह दशावयवविद्या 'विराड्‌विद्या' नाम से प्रसिद्ध हैं एवं आगम में वही 'महाविद्या' नाम से प्रसिद्ध है, जैसा कि आगे जाक़र स्पष्ट हो जायेगा। विश्व कैसे उत्पन्न हुआ? उत्पन्न विश्व का क्या स्वरूप है? उस विश्व–विद्या को समझने से हमारा क्या लाभ है? बस, आगमाचार्यों ने दश महाविद्याओं के द्वारा इन्हीं प्रश्नों का समाधान किया है। आगमोक्त शक्तितत्व को 'महाविद्या' क्यों कहा जाता है? इसका उत्तर हो चुका। अब प्रकृति का अनुसरण किया जाता है।

□□□

तांत्रिक साधनाओं का वैज्ञानिक रहस्य

तंत्रशास्त्र में ये दस तांत्रिक साधनाएं परमोच्च स्थान तो रखती ही हैं, साथ ही सृष्टि, तत्व विज्ञान, पदार्थ विज्ञान भी इन विद्याओं में निहित है। दस तांत्रिक साधनाओं का रहस्य गहन, गंभीर और निगूढ़ है। देवियों के रूप में दस तांत्रिक साधनाओं को क्रमशः (1) काली (2) तारा (3) षोडशी (4) भुवनेश्वरी (5) भैरवी (6) छिन्नमस्ता (7) धूमावती (8) बगलामुखी (9) मातंगी और (10) कमलात्मिका प्रसिद्ध है और इनकी उत्पत्ति कथा भी नारद पाश्चरात्र, स्वतंत्र तंत्र, कालिका पुराण,देवी भागवत आदि तांत्रिक साधना पौराणिक ग्रंथों में मिलती है, किन्तु जब हम वैज्ञानिक सार्वभौम दृष्टिकोण से दस तांत्रिक साधनाओं के रहस्य पर विचार करते हैं तो वैदिक वाङ्मय के आधार पर विस्तृत व्यापक रहस्य बोध होता है।

विद्या– आगम का आगमन निगम से होने के कारण आगम के संपूर्ण सिंद्धांत निगम पर निर्भर है। निगम में 'त्रयी ब्रह्मा', 'त्रयी विद्या' और 'वेदत्रयी' रूप से ब्रह्मा, विद्या और वेद को परस्पर अभिन्न माना गया है। आध्यात्मिक दृष्टि से तीनों अभिन्न हैं, किन्तु भौतिक दृष्टि से तीनों भिन्न हैं। विश्वसृष्टि से वेद, ब्रह्मा और विद्या इन तीनों तत्वों का ही आधिपत्य है। शब्द ब्रह्मा वेद तत्व है, विषय ब्रह्मा ब्रह्म तत्व है और संस्कार ब्रह्म विद्या तत्व है। शब्द को सुनकर भी बोध हैाता है और पदार्थ को देखने पर भी ज्ञान होता है। शब्द सुनने से शब्दाकार का ज्ञान होता है, पदार्थ देखने से तदाकार ज्ञान होता है, इसलिए शब्द विषय भेद से ज्ञान दो प्रकार का होता है। जो ज्ञान शब्द पर निर्भर होता है, उसे वेद कहते हैं और जो ज्ञान विषयद्च्छित होता है, उसे ब्रह्म कहते हैं। येद और ब्रह्म के अतिरिक्त एक और ज्ञान होता है। शब्द सुनने से और विषय देखने से जो सामान्य ज्ञान होता है, यही आगे चलकर जब विशेष रूप से परिणत हो जाता है, तो उसे संस्कार कहते हैं। शब्द और विषय दोनों ही सामान्य उत्पन्न कर विलीन हो जाते हैं, किन्तु वही सामान्य ज्ञान आगे चलकर जब अनुभव द्वारा विशेष भाव को प्राप्त करता हुआ आत्मा में अंकित हो जाता है तो दार्शनिक भाषा में उसे 'अनुभवाहित संस्कार' कहते हैं। वैज्ञानिक परिभाषा में इसी को 'विद्या' या साधना कहा जाता है। इसी से भविष्य का व्यवहार मार्ग चलता है।

जब तक संस्कार है तभी तक कोई स्व–स्वरूप में प्रतिष्ठित है और संस्कार का अभाव होने पर वह विश्वातीत और मुक्त है। विश्व की संपूर्ण सत्ता संस्कार सत्ता पर टिकी हुई है। अतएव शब्द रूप वेद और विषय रूप ब्रह्मा की अपेक्षा संस्कार रूप विद्या ही

विश्व की विधायिका है। उसी विद्या ज्ञान पर चितिक्रम से संस्कार पुट लगने से विश्व बनता है। जैसे हमारा विश्व हमारा संस्कार है, वैसे ही यह महाविश्व उसका संस्कार है। अतएव विश्व विद्यारूप है। संस्कारावच्छित होता हुआ वह ज्ञान मूर्ति विद्या है, शब्दावच्छित होता हुआ वही वेद है और विषयावच्छित बनकर वही ब्रह्म है। उपर्युक्त विश्लेषण से सिद्ध है कि सृष्टि का संबंध विद्या से है। निगम और आगम दोनों विश्व का निरूपण करते हैं, इसलिए ये दोनों विद्या नाम से प्रसिद्ध हुए। सूर्य, चन्द्र, ग्रह–नक्षत्र, औषधि, वनस्पति, धातु, रस, विष, कृमि, कीट, पशु, पक्षी, मनुष्य आदि प्रत्येक पदार्थ एक–एक विद्या है, विश्व के अंतर्गत ये सब क्षुद्र विद्या है और संपूर्ण विश्वविद्या महाविद्या है। इसी को महाविश्वविद्या भी कहा जाता है। इस महाविद्या को ऋषियों ने दस भागों में बांटा है। निगम में दस अवयव वाली विद्या विराट विद्या के नाम से प्रख्यात है। आगमशास्त्र ने दसमहाविद्याओं के द्वारा विश्व कैसे उत्पन्न हुआ ? उत्पन्न विश्व का क्या स्वरूप है, उस विश्व विद्या को समझने से क्या लाभ हैं ? उनकी उपासना से क्या उपलब्धि होती है ? इत्यादि प्रश्नों का समाधान किया है।

दस तांत्रिक साधनाओं की दस संख्या का रहस्य – विश्व की सृष्टि पुरुष और प्रकृति के समन्वय से हुई है। दर्शनशास्त्र उस पुरुष के 'काल' एवं 'यज्ञ' भेद से दो विवर्त मानता है। कालपुरुष व्यापक है आदि है और यज्ञ पुरुषसादि से सीमित है। व्यापक काल पुरुष का ही थोड़ा सा प्रदेश सीमित होकर यज्ञ पुरुष कहलाता है। सृष्टि का प्रथम प्रवर्तक काल पुरुष है और काल पुरुष का आश्रय लेकर यज्ञ पुरुष विश्व रचना में समर्थ होता है। यजुर्वेद और उपनिषदों के अनुसार उस महाकाल के उदर में अनन्त विश्व–चक्र घूम रहे हैं। यजुर्वेद में जिस तत्व को 'काल' कहा गया है, उपनिषद् उसे परात्पर कहती है। शतपथ ब्राह्मण परात्पर को सर्वमृत्युधन अमृत्व कहता है। अमृत्व सत्य हैं और मृत्युतत्व असत् है–

अन्तरं मृत्योरमृतं मृत्यावमृतमाहितम्।

(–श.ब्रा. 10/5/2)

तदन्तरस्य सर्वस्य तदुसर्वस्याबाह्मतः।

(–शु. यजुर्वेद 40/6)

यजुर्वेद के इस कथन के अनुसार दोनों एक दूसरे में ओत–प्रोत हैं। एक निरंजन, निर्गुण, शांत, शाश्वत और अभय है, पूर्ण मृत्यु लक्षण है तो दूसरा सज्जन, सगुण, अशांत, अशाश्वत, समय और स्वलक्षण है। वस्तुतः दोनों में से एक सत् है, उसका कभी विनाश नहीं होता है। दूसरा असत् है और विनाश उसका स्वरूप है। तात्पर्य यह कि सत् असत् रूप अमृत–मृत्यु की समष्टि ही 'कालपुरुष' है। इसी असीम परात्पर में प्रतिक्षण विलक्षण धर्म वाली माया की शक्ति का उदय होता रहता है। वही माया बल उस असीम 'कालपुरुष' को ससीम बना देता है, जिसके प्रभाव से वह विश्वातीत, विश्वकार और विश्व बन जाता है। जो शक्ति काल को यज्ञ रूप में परिणत कर देती है, उसका नाम 'प्रकृति' है। इसी का

समन्वय प्राप्त कर वह 'कालपुरुष' अपने कुछ एक प्रदेश से सीमित बनकर कामनाओं के चक्कर में फंस जाता है। एक–एक माया से एक–एक विश्व चक्र उत्पन्न होता है। माया बल अनन्त है अतएव उसमें अनन्त विश्वचक्र है। उसके रोम–रोम में ब्रह्माण्ड समाए हुए हैं। अनन्त विश्वाधिष्ठाता कालपुरुष उन सब पर शासन करता है। सात लोक चौदह भुवन सब 'काल पुरुष' से उत्पन्न हुए हैं। समस्त विश्व चक्रों की उत्पत्ति उसी से हुई है।

अथर्व संहिता (19 |6 |53–54) का कथन है कि 'तम' के तीन भेद हैं–

अनुपारव्य, निरुक्त और अनिरुक्त

कालारंग, कोयला आदि पदार्थ निरुतम् है इसलिए कि इनका निर्वचन विश्लेषण भली–भांति किया जा सकता है। आंख मूंदने पर छा जाने वाला अंधकार और घोर अंधियारी रात का अंधकार 'अनिरुक्ततम' है, क्योंकि इसका प्रत्यक्षीकरण तो होता है किन्तु निर्वचन नहीं। 'निरुक्त' विश्वसत्ता है और 'अहः' काल है, सृष्टि है। 'अनिरुक्त' रात्रिकाल– प्रलय है। अहोरात्रि की समष्टि विश्व है– यह 'अनुपारव्य' तम है, जो प्रलय काल में अनिरुक्त तम से ढका रहता है। इसी को वेद 'पुरुष' कहते हैं।

तम आसितमसाग्रजहमग्रे'प्रकेतम्।
सलिलंसर्वमा इदम्।
तुच्छये नाम्ब पिहितं यदासीत्तपसस्तन्महिना जायतैकम्।।

(–ऋग्वेद 7–129–3)

जो विश्वात्तीत अनुपाख्यतम है, वही 'कालपुरुष' है। वह विश्वाभाव रूप है अतएव सत् रूप होने पर भी ज्ञान चक्षुओं से अतीत है, इसलिए ऋषियों ने उसे 'असत्' कहा है। यहां पर असत् का अर्थ अभाव नहीं बल्कि विश्व काल में वह इसमें विलक्षण किन्तु सत् है–

असदेवेदमग्र आसीत। तत् सदासीत्।
कथमसतः सज्जायेत्। तत्.समभवत्।।
तद् अण्डं निरवर्तत्।।

वहीं असत् किन्तु सत् कालपुरुष महामाया से घिर जाता है। वह अपरिमित है, वहां पर कोई अभाव नहीं, कोई कामना नहीं, वह आप्त काम है, किन्तु उसी का माया प्रदेश जब सीमित हो जाता है तो वह आप्त काम न रह कर कामनामय बन जाता है। उसकी कामना का 'एको'हं बहुस्याम' यही रूप है। माया बल के अव्यवह्रित उत्तर काल में उसका ह्रदय बल (केन्द्र शक्ति) उत्पन्न होता है। उसके उत्पन्न होने पर वही रसबलात्मक तत्व कामनामय होकर 'मन' यह नाम धारण कर लेता है। कामना या इच्छा मन का व्यापार है। 'हत्प्रतिष्ठंयदजिरं' (यजुर्वेद) के अनुसार मन ह्रदय में ही प्रतिष्ठित रहता है और कामस्तदग्रे समवर्त्तताधि मनसोरेतः प्रथमं यदासीत् (ऋग्वेद) के अनुसार सबसे पहले इस मन से विश्वरेत (शुक्ल) भूत कामना का उदय होता है। उसकी इस कामना से पच्चन् क्रम से पहले वेद नाम के 'पुरज्जन' का प्रादुर्भाव होता है। वेद चार प्रकार के है– ऋग, यजुः,

साम और अथर्व। त्रयीवेद अग्निवेद है और अथर्व सोमवेद है। त्रयीवेद स्वायम्भुव ब्रह्म है और अथर्व पारमेष्ठयसु ब्रह्म है। ब्रह्म आग्नेय होने से पुरुष है और सुब्रह्म सौभ्य होने से स्त्री है। त्रयी ब्रह्म के मध्य पतित यजुः भाग में 'यतच्जूदो' तत्व है। यत् गति तत्व है। यह प्राण और वायु नाम से प्रसिद्ध है। प्राण, वाक् – ब्रह्माकाश रूप स्थिति गति तत्व की समष्टि यजुर्वेद है। प्राण रूप 'यत्' से काम, तप से वाक्, ज् भाग से सर्वप्रथम जल उत्पन्न होता है। इसी की व्याख्या शतपथ ब्राह्मण (6।1।3) में मिलती है–

सो'पसृजत वाच एवं लोकात् वागेवमासृजत्।

त्रयी ब्रह्म के वाक् भाग से उत्पन्न इसी 'आप' तत्व का नाम अथर्ववेद है। यजुः रूप स्वायम्भुख का पसीना ही अथर्वरूप सुब्रह्म है (गोपथ ब्रह्मण 1।1।1) शतपथ (10।2।3।6।1) का वचन है, कि –

अयमेवाकाशे जूः यदिदमन्तरिक्षं तदेतद्यजुवद्धिश्चान्तरिक्षच्च यच्च जूश्च तस्माद्यजुः तदेतद्यजुः ऋक्सामयोः प्रतिष्ठज्ञ। ऋकस्तमेवहतः।।

इस प्रकार ऋक, यजुः, साम 'यत' 'जू' भेद से अग्निवेद चतुष्कल हो जाता है। दूसरा आपोमय सोम अथर्व है। यह भृंगु और अंगिरा भेद से दो भागों में विभक्त है। घन– तरल– विरल– इन तीन अवस्थाओं के कारण भृगु आप, वायु और सोम इन तीन अवस्थाओं में परिणत हो जाता है। इस प्रकार आपोवेद 'षट्कल' हो जाता है। भृगु–अंडिरा रूप आपोवेद के साथ चतुष्कल त्रयीवेद का समन्वय होता है–

आपो भृग्वंडिरो रूपमापो भृग्वंडिरो'यम्।
अन्तैरेते त्रयो वेदा भृगृरंडिरसः श्रिताः।।

उक्त ष्कल सुब्रह्म सौम्य होने से स्त्री है और आग्नेय चतुष्कल त्रयी ब्रह्म पुरुष है। दोनों के मिलन से ब्रह्म–सब्रह्मात्मक विराट् पुरुष का जन्म होता है। वह वेदमूर्ति पूर्ण पुरुष अपने आपको इन्हीं दो भागों में विभक्त कर विराट को उत्पन्न करता है–

द्विधा कृतात्मनो देहमर्द्धेन पुरुषो'भवत्।
अर्द्धेन नारी तस्यां स विराजमसृजत प्रभुः।।

दशाक्षर विराट् – शतपथ ब्राह्मण (1।1।2) में 'दशाक्षर वै विराट कह कर बताया गया है कि ऋक, साम, यत – जू, आप, वायु, सोम, यम, अग्नि और दशकल बन जाता है। अग्नि–सोम रूप ब्रह्म–सुब्रह्म के मिलन से उत्पन्न होने वाला यह विराट पुरुष 'यज्ञ पुरुष' है। इसी से सारी सृष्टि की उत्पत्ति होती है। इसलिए इसे 'प्रजापति' विश्व विद्या को निगम–आगम के आधार पर दशावयव माना जाना उपयुक्त है। इन्हीं को दशहोता, दशाह आदि नामों से भी पुकारा जाता है–

यज्ञो वै दश होता	**(तै. ब्रा. 2।2।1।6)**
दशाक्षरा वै विराट्	**(श. ब्रा. 1।1।1)**
यज्ञ उ वै प्रजापतिः	**(कौ. ब्रा. 10।1)**
प्रजापति वै दशहोता	**(तै. ब्रा. 3।2।6।1)**

अन्तो वा एष यज्ञस्य यद्दशममाह (तै. ब्रा. 2 |2 |6 |1)

प्रतिष्ठा दशमहः (को. ब्रा. 2 |9 |2)

एतद्वै कृत्स्नमन्नाद्यं यद् विराट् (को. ब्रा. 1413)

विराट् विरमणाद् विराजनाद् वा (3 |12)

'न्यूनाद् वा इमाः प्रजाः प्रजायनते'— शतपथ (11 |1 |2 |4) ब्राह्मण के इस वाक्य के अनुसार न्यून विराट् से ही सृष्टि की उत्पत्ति होती है। तात्पर्य यह कि पुरुष और स्त्री के संयोग से सृष्टि होती है, न कि पुरुष–पुरुष या नारी–नारी के मिलन से। पुरुष आग्नेय है और स्त्री सौम्य है, इसलिए सौम्य होने के कारण स्त्री आग्नेय पुरुष की भोग्या होती है। भोक्ता, भोग्या से प्रबल होता है, इसलिए स्त्री पुरुष की अपेक्षा न्यून होती है। इस न्यून संबंध से ही प्रजाओं की उत्पत्ति होती है। निष्कर्ष यह निकला कि दशाक्षर पूर्ण विराट से सृष्टि नहीं होती है, नवाक्षर के न्यून विराट से ही सृष्टि होती है। एक अक्षर कम हो जाने पर भी विराट का विराटत्व अक्षत बना रहता है–

न वै एकेनाक्षरेण छन्दांसि वियन्ति न द्वाभ्याम् ।।

सर्वप्रथम कुछ भी नहीं था, केवल शून्य बिन्दु मात्र था। बिन्दु का अर्थ पूर्ण है। यह बिन्दु उन ब्रह्मक्षरों का पहला रूप है, जिनसे नव अक्षर का विराट उत्पन्न होता है। पहले केवल शून्य था, उस शून्य से 1–2–3–4–5–6–7–8–9– ये नौ संख्याएं विकसित हुई है। नव पर संख्या समाप्त हो जाती है। 9 पर संख्या समाप्त होने पर शून्य के साथ 1 का संबंध जोड़ने से 10 संख्या बनती है। पुनः एक–एक संख्या का संबंध जोड़ने से क्रमशः 11,12 आदि संख्याएं बनती है। 9 पर संख्या समाप्त होने के कारण 9 का संकलन–फल समान आता है। 1–2–3 आदि किसी संख्या का संकलन फल समान नहीं आता, अन्ततः 9 ही शेष रह जाता है। दसवां वही महत्वपूर्ण है। वही महाकाल नाम का विश्वातीत परात्पर है। उस शून्य रूप पूर्ण पुरुष के उदर में नवां अक्षर विराट् रूप यज्ञ पुरुष समाया हुआ है। उसी पूर्ण रूप को दसवां प्रतिष्ठा नाम का अहः बतलाया गया है। इसी पूर्ण ब्रह्म का निरूपण श्रुति इस प्रकार करती है –

यस्मात् परं नापरमस्ति किंच्चित् ।

यस्मात्रणीयो न ज्यायो'स्तिकिंच्चित् ।।

वृक्ष इवस्तब्धो दिवि तिष्ठत्येकस्तेनेदं पूर्ण पुरुषेण सवंय् ।।

दस (10) संख्या में एक अंक स्वतंत्र विभाग है, वही बिन्दु है और 9 का जो विभाग है, वही विराट् है। यही दस संख्या का वैज्ञानिक रहस्य है।

इस वैज्ञानिक विवेचन से सिद्ध है, कि वेदोक्त सृष्टि विद्या दस भागों में विभक्त है। एक ही 'पुरुष' दस पुरुष बन रहा है। पुरुष प्रकृति से संबद्ध है, इसलिए निगम मूलक आगम शास्त्र सृष्टि विद्यारूपा इन दस शक्तियों का निरूपण करता है। वहीं शक्तिप्रपञ्च दसमहाविद्यानाम से प्रख्यात है।

❑❑❑

मातंग शिव की महाशक्ति मातंगी

तंत्र सार में मातंगी का जो स्वरूप प्रार्थना के संदर्भ में प्रस्तुत किया गया है। उसके अनुसार यह शक्ति साधक के सभी अभीष्टों को सिद्ध करती है, नील कमल की भांति श्यामल रंग वाली मातंगी शुभ्र अंशुमाला धारण करती है, वह त्रिनेत्रा है, रत्न सिंहासन पर बिराजती है, असुरों का नाश करने के लिए दावाग्नि रूप है, वह हाथों में पाश, खड्ग, अंकुश, खेटक कमल धारण करती है–

मातंगी के इस स्वरूप के तथा उसके अस्त्रों के प्रतीकों की व्याख्या पहले अन्य महाशक्तियों की प्रतीक व्याख्या में की जा चुकी है। यहां पुनरुक्ति की आवश्यकता नहीं है।

चौरासी लाख योनियों में भटकने के बाद मानव जीवन मिलता है और मानव जीवन वह नहीं होता है, जो जन्म ले करके समस्याओं, बाधाओं, अड़चनों, कठिनाइयों से जूझता हुआ समाप्त हो जाता है। मानव जीवन तो उसको कहते हैं, जो एक साधारण स्थान और घर में जन्म ले करके भी ऊँचाई पर पहुँचता है और सर्वोच्चता प्राप्त करता है, एक ऐसी स्थिति प्राप्त करता है, जहाँ पर उसके परिवार वाले भी गर्व के साथ कह सकते हैं, कि वह हमारे परिवार का ही एक सदस्य है, उसके मृत पूर्वज अपने आपमें सौभाग्य अनुभव करते हैं और पूरा देश उसकी तरफ देखने लगता है, उसके कार्यों की सराहना करता है और उसका यश चारों तरफ फैलता है। यदि उसने ऐसा किया है, तभी वह मनुष्य कहलाने के काबिल है।

परन्तु यह सब कुछ आसानी से प्राप्त नहीं हो पाता, इसमें रक्त की एक–एक बूंद जलानी पड़ती है, बहुत धैर्य रखना पड़ता है, प्रारम्भ में बहुत धीरे–धीरे आगे बढ़ना पड़ता है, मगर सौभाग्य से यदि उसे कोई मार्गदर्शक मिल जाय, कोई सहायक मिल जाय, गुरू मिल जाय, तो उसको सही मार्ग पर गतिशील करता हुआ इतनी ऊंचाई पर पहुंचा देता है, जो अपने आपमें श्रेष्ठतम स्थिति होती है: चाहे वह कोई भी श्रेत्र हो, आर्थिक हो, व्यापारिक हो, राजनीतिक हो, वैज्ञानिक हो, मेडिकल क्षेत्र हो– अपने आपमें कोई बहुत बड़ा मायने नहीं रखता, मायने यह रखता है, कि क्या वह पूरे भारतवर्ष में सम्मान प्राप्त कर सका है? क्या उसे इस ऊंचाई पर संतोष है? क्या उसने वह सब कुछ प्राप्त कर लिया है, जो उसके जीवन का आधारभूत लक्ष्य है? क्या वह भौतिक और आध्यात्मिक दोनों ही स्थितियों में पूर्णता प्राप्त कर सका है? और यदि ऐसा कर सका है, तभी उसका जीवन धन्य है, वह चाहे दस वर्ष की अवस्था में प्राप्त हो, चाहे चालीस वर्ष की अवस्था में प्राप्त हो।

लक्ष्य को प्राप्त करना एक क्षण, एक दिन या एक वर्ष की बात नहीं है। इसके लिए तो बराबर गतिशील होना पड़ता है, तब जाकर उसका निर्माण होता है, तब परिवार से हट करके एक अलग स्थिति बनती है, तब जीवन की सर्वोच्चता प्राप्त करने का सामर्थ्य मिल पाता है और जब सर्वोच्च स्थान प्राप्त होता है, तब आने वाली पीढ़ियां अपने आप ही ऊंचाई पर पहुंचने लग जाती हैं।

पर इस प्रकार की ऊंचाई प्राप्त करने में बाधायें भी कई हैं, स्वास्थ्य समस्या, आर्थिक विषमता, विवाह का बंधन और पग–पग पर पारिवारिक कठिनाइयां–ये तो आपके जीवन में रहेंगी ही, मनुष्य तो वह होता है, जो छलांग लगा करके इनको पार करता हुआ तीर की तरह अपने लक्ष्य की ओर निरन्तर बढ़ता रहता है। ये बाधायें तो आयेंगी और आती रहेंगी, आपके पूर्व जीवन में भी आती रही हैं, मगर एक सामान्य स्तर पर इन बाधाओं से जूझ करके जीवन बर्बाद कर देना जीवन नहीं कहलाता, जीवन तो वह कहलाता है, जहाँ लक्ष्य हो, कि हम जीवन की उस ऊँचाई पर पहुँचें जहाँ हम अपने आपको गौरवान्वित अनुभव कर सकें।

इसके लिए एकमात्र साधन 'साधना' है। यों तो शास्त्रों में हजारों प्रकार की साधनायें दी हुई हैं, मगर ऋषियों ने उनमें से भी चुन करके दस महत्त्वपूर्ण साधनायें दी हैं जिनको दस महाविद्या साधना कहा गया है। जो व्यक्ति इन दसों महाविद्याओं की साधना को पूर्णता के साथ सम्पन्न कर लेता है, वह निश्चय ही जीवन में ऊंचाई पर उठ जाता है, परन्तु मात्र पुस्तकों में पढ़ करके साधनायें सम्पन्न नहीं हो पाती, अधकचरे गुरूओं के माध्यम से भी साधनायें सम्पन्न नहीं हो पाती, क्योंकि जो पुस्तकों में वर्णित हैं, वे साधनायें अपने आप में अपूर्ण हैं।

भगवान शिव ने प्रत्येक मंत्र को कीलित कर रखा है और उसको उत्कीलित करना, उस ताले को खोलने की क्रिया उस गुरू को ही ज्ञात हो सकती है, जिसने उच्चकोटि की साधनायें स्वयं सम्पन्न की हों, या किसी गुरू से सीखी हों। वही जानता है, कि इस मंत्र का उत्कीलन शिष्य को प्राप्त नहीं हो पाता, तब तक शिष्य साधना में सफलता प्राप्त नहीं कर सकता।

प्रत्येक मंत्र अपने आपमें कीलित है और उसका उत्कीलन गुरू ही अपनी पुस्तक में या ग्रंथ में या अपने शिष्य को अपने पास बिठाकर सिखाता है, कि यह इस मंत्र का उत्कीलन है, जिसके माध्यम से तुम निश्चय ही सफलता प्राप्त कर सकते हो, परन्तु उसके लिए भी सबसे पहली शर्त यह है, कि वह शिष्य हो अर्थात् सबसे पहला नियम यह है, कि वह अपने आपको गुरू चरणों में समर्पित करे, वह पूर्ण संकल्प शक्ति युक्त हो, वह दृढ़ निश्चयी हो, उसका एकमात्र लक्ष्य यही हो, कि मैं सबकुछ प्राप्त कर लेना चाहता हूं, जीवन में सर्वोच्चता प्राप्त करना ही चाहता हूं, मेरा व्यक्तित्व, मेरा नाम, मेरी योग्यता, मेरी श्रेष्ठता, मेरी सफलता पूरे भारतवर्ष में गुंजरित हो, मैं कुत्ते की तरह मरना नहीं चाहता हूं, कि मरा और किसी को पता ही नहीं पड़ा। हम जीवन में यश और सम्मान, प्रतिष्ठा और कीर्ति, वैभव, श्रेष्ठता और सफलता सब कुछ प्राप्त करें।

दस महाविद्याओं के लिए भी आधारभूत सिद्धान्त यही है। उन दस महाविद्याओं में से भी 'मातंगी साधना' श्रेष्ठतम साधना कही गई है, अद्वितीय साधना कही गई है, सौभाग्य प्रदान करने वाली साधना कही गई है।

'विश्वामित्र' ने तो यहां तक कहा है–'बाकी नौ महाविद्याओं का भी समावेश मातंगी साधना में स्वतः ही हो गया है। चाहे हम बाकी नौ साधनायें नहीं भी करें और केवल मातंगी साधना को ही सम्पन्न कर ले, तो भी अपने आप में पूर्णता प्राप्त हो सकती है। इसलिए शास्त्रों में मातंगी साधना को सर्वोच्चता और श्रेष्ठता दी गई है।

मातंगी शब्द जीवन के प्रत्येक पक्ष को उजागर करने की क्रिया का नाम है और जीवन के सैकड़ों पक्ष हैं, जहां भौतिक पक्ष है–स्वास्थ्य, आय, धन, कुटुंब सुख, पत्नी, पुत्र, पुत्रियां, गृहस्थ सुख, पूर्णायु, भवन सुख, अकाल मृत्यु निवारण, शत्रु निवारण, भाग्योदय, राज्य सुख, यात्राएं और सैकड़ों प्रकार की इच्छाओं की पूर्ति। वैसे ही आध्यात्मिक पक्ष भी हैं–कुण्डलिनी जागरण, ध्यान, धारणा, समाधि, अपने इष्ट के दर्शन, आने वाले भविष्य को देख सकने की क्षमता, किसी भी व्यक्ति के भूतकाल को परखने की पहिचान और अंत में सिद्धाश्रम की प्राप्ति।

ये सभी क्रियायें, ये सभी स्थितियां केवल मातंगी साधना की सिद्धि से ही प्राप्त हो सकती हैं। यदि हम मातंगी साधना को भली प्रकार से सम्पन्न कर लें, तो निश्चय ही ये सारी स्थितियां स्वतः ही प्राप्त हो जाती हैं, फिर अन्य साधनाओं को सम्पन्न करने की जरूरत रहती ही नहीं है। इसलिए तो योगियों ने कहा है–

मातंगी मेवत्वं पूर्ण, मातंगी पूर्णत्व उच्चते

"मातंगी एकमात्र श्रेष्ठतम साधना है और एकमात्र मातंगी ही पूर्णता दे सकती है।"

परन्तु जैसा मैंने बताया, कि साधना से सम्बन्धित सैंकड़ों पुस्तकें बाजार में उपलब्ध हैं, परन्तु महत्त्वपूर्ण बात यह नहीं है, कि वह पुस्तक कितनी मोटी है, कितने पेजों की है उसमें कितने पृष्ठ हैं, कागज के कितने पन्ने लगाये गये हैं, देखना तो यह है, कि उसमें कौन से गोपनीय रहस्य को स्पष्ट किया गया है....और रहस्यों को वही स्पष्ट कर सकता है, जो सही अर्थों में गुरू या ज्ञानवान या चेतनावान होता है, जिन्होंने साधनायें सिद्ध की हों या साधना के मर्म को समझा हो, जो उच्चकोटि के योगियों के सम्पर्क में रहा हो, जो सिद्धाश्रम से संस्पर्शित हो, जो अपने आपमें श्रेष्ठ स्तर का व्यक्तित्व हो।

गुरू तो सैकड़ों–हजारों हैं और प्रत्येक गुरू अपने आपमें वन्दनीय है, विद्वान भी लाखों हैं, प्रत्येक विद्वान अपने स्थान पर वन्दनीय है, परन्तु जिनको साधना के मर्म का ज्ञान है, उसकी अन्तःक्रिया का ज्ञान है, उसकी अन्तश्चेतना का ज्ञान है, उसके गूढ़ रहस्यों का ज्ञान है, वही सही गुरू है और ऐसा गुरू यदि जीवन में मिल जाता है, तो उसको छोड़ देना मूर्खता है, जैसा कि बीच भंवर में आदमी खड़ा हो और नाव डगमगा रही हो, उस समय पतवार को या नाव चलाने वाले को छोड़ दे, तो नाव और व्यक्ति दोनों ही डूब जाते हैं।

पहला, तो ऐसा गुरू ही जीवन में मिलना मुश्किल है, कठिन है, मिल जाय, तो

उसकी कृपा मिलना अत्यंत कठिन है, क्योंकि बिना सेवा के उसकी कृपा प्राप्त नहीं हो सकती, गुरू को धन से नहीं खरीदा जा सकता, गुरू को तो प्रेम और सेवा से ही खरीदा जा सकता है और सेवा के लिए अपने रक्त की एक–एक बूँद की आहुति देनी पड़ती है, तभी वह मिल सकेगा, वह थोड़ा सा देकर सबकुछ प्राप्त हो सकता है। रक्त की बूंदें तो फिर भी बन जायेंगी, शरीर का मांस सूख जायेगा, तो कुछ दिनों के बाद वापस तैय्यार हो जायेगा, परन्तु गुरु बार–बार नहीं प्राप्त हो पायेगा, यदि गुरु की अकृपा हो गई, तो उस कृपा को दोबारा प्राप्त करना दुर्लभ और कठिन हो जायेगा। ऐसी स्थिति में यह आवश्यक है, कि वह अपने आप में दृढ़ निश्चय कर ले, कि मैं अद्वितीय बनूंगा ही।

और इस अद्वितीयता को प्राप्त करने के लिए "मातंगी साधना" श्रेष्ठतम उपाय है, अद्वितीय साधना है, क्योंकि यह भौतिक और आध्यात्मिक दोनों ही पक्षों को समृद्ध करती है। इस साधना को प्राप्त करने के लिए भी यह आवश्यक है, कि वह शिष्य हो, गुरु के चरणों में है, तो उसका सौभाग्य है, कि अपने जीवन के क्षण गुरु के चरणों में व्यतीत कर रहा है, सेवा के द्वारा, प्रेम के द्वारा, अपनत्व के द्वारा और उनको अपने हृदय में उतारने की क्रिया के द्वारा। गुरु अपनी तपस्या के अंश के माध्यम से उसको मातंगी साधना की सूक्ष्म विधियाँ समझा देता है, जिसको सम्पन्न कर वह सफलता प्राप्त कर सकता है– और यदि ऐसा नहीं होता, तो गुरु अपनी स्वयं की तपस्या का अंश देकर भी शिष्य को धन्य कर देता है।

इस लघु ग्रंथ में हमने 'मातंगी साधना विधि–विधान' को संक्षिप्त लेकिन पूर्ण रुप में समझाने का प्रयास किया है क्योंकि यदि विस्तृत रुप से इसकी प्रत्येक ऋचा का, प्रत्येक मंत्र का विवेचन किया जाय तो पाँच हजार पृष्ठ भी कम रहेंगे। परन्तु आवश्यकता तो यह है कि उसका मूल तत्व क्या है? हमारे लिये आवश्यक क्या है? कितना आवश्यक है? और जितना आवश्यक है वह इस ग्रंथ के माध्यम से आपको सौंपा जा रहा है, जिसको साधक अपने घर में बैठ कर भी सम्पन्न कर सकता है। ज्यादा अच्छा तो यह होता कि वह जब कभी भी समय मिले, तब गुरु के पास बैठे, मातंगी के सातों चरणों की दीक्षा ले, या क्रमशः एक–एक कर के ले या एक साथ ही ले और उसके पश्चात् साधना में प्रवृत हो।

यदि ऐसा सम्भव न हो तो आप सीधे ही मातंगी साधना में भाग ले सकते हैं, बैठ सकते हैं, लेकिन ज्यादा अच्छा होता है, कि एक योग्य गुरु से दीक्षा प्राप्त किया हुआ हो और यदि आपने किसी गुरु से दीक्षा ली है, तो आप किसी दूसरे गुरु से भी दीक्षा प्राप्त कर सकते हैं। हमारे जीवन में दस–बीस, पच्चास गुरु हो सकते हैं, जो भी आपको श्रेष्ठ ज्ञान दे, वहीं आपका गुरु हो सकता है, मगर जब एक बार पूर्णत्व प्राप्त हो गया, तो फिर भटकना अपने आप में समय को गंवाना होता है।

जो व्यक्ति इस मातंगी साधना को श्रेष्ठता के साथ, पूरे विश्वास श्रद्धा और सम्मान के साथ करता है, बताई हुई विधि के अनुसार साधना को सम्पन्न करता है, तो निश्चय ही उसके जीवन में मातंगी सम्पूर्णता प्रदान करती है और जिन स्थितियों को वह अपने आप प्राप्त नहीं कर सकता, उन स्थितियों को भी मातंगी साधना के माध्यम से प्राप्त कर

सकता है।

इस भौतिक युग में भी, जहाँ विज्ञान सत्य है, वहाँ ज्ञान भी सत्य है, आवश्यकता इस बात की है, कि योग्य शिष्य हो और योग्य गुरु हो, आवश्यकता इस बात की है कि दोनों के बीच में प्रेम का सम्बन्ध सेतु हो, आवश्यकता इस बात की है, कि शिष्य, शिष्य न रह करके सेवा की एक साक्षात् मूर्ति बन जाय, आवश्यकता इस बात की है, कि गुरु अंह, काम में चूर नहीं रहे, अपितु कृपा का एक समुद्र बन जाय– और जब ऐसी स्थिति प्राप्त हो जाती है, तो कोई भी साधना अपने आप में न्यून नहीं रह पाती।

यह ग्रंथ दिखने में छोटा अर्थात् लघु अवश्य लग रहा होगा, लेकिन यह आप में समुद्रवत् है। आवश्यकता मात्र इस बात की नहीं है, कि आप साधना करें, आवश्यकता इस बात की है, कि अपने दीपक से सैकड़ों दीपक भी जलायें, आपमें यही कमी है, यही न्यूनता है, आप इस प्रकार की एक पुस्तक नहीं, कम से कम दस, बीस या पच्चास प्रतियाँ लें और आस–पास के मित्रों और सम्बन्धियों को बांटें, उनको कहें, कि यदि आप कुछ अधिक नहीं कर सकें तो केवल मंत्र जाप ही करें, और उसके बाद आप स्वयं अनुभव करें, कि पहले की अपेक्षा अब कार्य कितने आसान होने लगे हैं, कितने सरल होने लगे हैं, हम समस्याओं पर कितनी सहजता से विजय प्राप्त करने लगे हैं, जो काम हमारे होते ही नहीं थे वे अब होने लग गये हैं– उनको भी यह विश्वास होने लगेगा।

यह उनको आपकी तरफ से एक उपहार होगा, उनके जन्म दिन का उपहार, उनके विवाह के समय दिया गया उपहार, उनके किसी भी उत्सव पर दिया गया श्रेष्ठतम उपहार, और ऐसा उपहार साधना–उपासना कैसेट के माध्यम से अथवा ऐसी पुस्तकों के माध्यम से तथा इस प्रकार की पुस्तकों के माध्यम से दिया जा सकता है। दूसरी भौतिक वस्तुएँ तो समाप्त हो जाती हैं, मगर यह तो अक्षुण्य ज्ञान है, जो उनके लिए तो सहायक सिद्ध होगा ही, उनकी आने वाली पीढ़ियों के लिए भी सहायक सिद्ध होगा।

इस पुस्तक में मातंगी के चिन्तन का सम्पूर्णता के साथ विवेचन किया है.... पर इसके साथ ही साथ किसी भी युद्ध को लड़ने के लिए आयुध की आवश्यकता होती है, शस्त्र की आवश्यकता होती है; मातंगी साधना में भी पूजन सामग्री की आवश्यकता होती ही है, जिसके माध्यम से श्रेष्ठता और पूर्णता प्राप्त होती है। मातंगी यंत्र, मातंगी माला, पूजन सामग्री, पूजा के बर्तन, आसन, धूप– दीप, अगरबत्ती, दीपक, गुरु यंत्र, गुरु चित्र आदि की आवश्यकता पड़ेगी।

यंत्र आदि के विषय में यदि शंका हो तो प्राण–प्रतिष्ठित, मंत्रतन्य, प्राण संजीवनी युक्त सामग्री के लिये जोधपुर केन्द्र में सम्पर्क कर प्राप्त कर सकते हैं।

ये साधना आप प्रातः काल या रात्रिकाल, किसी भी समय कर सकते हैं। मातंगी अत्यन्त सौम्य साधना है, इसमें भयभीत होने या डरने की आवश्यकता ही नहीं है और यदि किसी भी वजह से साधना काल में व्यवधान उपस्थित हो जाय या साधना सम्पन्न नहीं कर सकें या साधना में अपूर्णता रह जाय, तो चिन्ता करने की आवश्यकता नहीं। इससे किसी भी प्रकार का अहित नहीं होगा, आप इसे दूसरी बार भी कर सकते हैं।

यदि समय मिले, तो किसी श्रेष्ठ गुरू से मिल करके 'मातंगी दीक्षा' प्राप्त करें और मातंगी दीक्षा के सातों चरण प्राप्त करें; जिससे कि आपका रास्ता आसान बन सके, आप जल्दी अपनी मंजिल पर पहुंच सकें, आप स्वयं अनुभव करेंगे, कि जो काम आप पिछले कई साल में नहीं कर सके, वो आपने केवल एक या दो साल में कर दिया। मगर उसके लिए धैर्य, विश्वास, श्रद्धा और समर्पण आवश्यक है, गुरू को अपने हृदय से स्थापित करना आवश्यक है।

देवता, यंत्र, साधना और गुरू की आलोचना या निन्दा सुनना ही अपने आप में एक अपराध है; जीवन को दोषयुक्त बनाना है– और ऐसा व्यक्ति साधना में सफलता प्राप्त नहीं कर सकता।

यदि साधक खाली मंत्र जप ही कर लेता है, तब भी सफलता मिल सकती है; यदि साधक केवल सातों चरणों की दीक्षा प्राप्त कर लेता है, तब भी सफलता मिल जाती है; यदि साधक एकनिष्ठ हो करके पूर्ण साधना करता है, तब भी सफलता मिल जाती है और यदि मातंगी का एक माला मंत्र जप कर लेता है, तब भी उसके जीवन में सफलता प्राप्त होती है, मगर ज्यादा अच्छा होता है, कि वह अपने आपमें पूर्ण मनोयोग पूर्वक मातंगी साधना को पूर्णत के साथ सम्पन्न करें।

सवा लाख मंत्र जप करना अनिवार्य होता है, वह चाहे आप ग्यारह दिन में करें या इक्कीस दिन में करें, चाहे इकतालीस दिन में करें, चाहे इक्यावन दिन में करें।

इस पुस्तक के अलावा भी आपको अनेकों सुविधायें मिल सकती हैं, पत्र द्वारा, टेलीफोन द्वारा, पहुंचकर के, गुरू चरणों में बैठ करके इसके बारे में और बारीकियां प्राप्त कर सकते हैं, परन्तु यदि ऐसा सम्भव न भी हो, तो भी आप पुस्तक पढ़ करके साधना को सम्पन्न कर ही सकते है... और इसमें सफलता मिलती ही है, क्योंकि खेत में बोया हुआ कोई भी बीज अपने आपमें व्यर्थ नहीं होता; हो सकता है, दोदिन विलम्ब से उगे या दो दिन जल्दी, मगर उगता जरूर है और एक–एक गेहूं का बीज जमीन में गिर करके सौ–सौ बीजों से युक्त बाली बन करके बाहर निकलता है।

अब आप जीवन में उस ऊंचाई पर पहुंच सकते हैं, जो आपके जीवन का लक्ष्य है, जो आपके पूर्वजों के जीवन का लक्ष्य है...... और आप ऐस नहीं कर सके, तो आपके जीवन का कोई अर्थ ही नहीं है। इसीलिए एक मनुष्य को पूर्ण छलांग लगवाने के लिए, मनुष्य को पूर्णता प्रदान करने के लिए ही इस पुस्तक की रचना की गई है। यह पुस्तक अपने आप में ज्ञान का समग्र संग्रह है, गोपनीय ज्ञान का खजाना है, एक छोटी से बूंद में पूरा समुद्र समाया हुआ है। इसलिए प्रत्येक व्यक्ति के लिए यह पुस्तक महत्त्वपूर्ण है, आवश्यक है।

परन्तु यह पुस्तक मात्र घर में संजो कर रखने लायक नहीं है, इस पुस्तक को तो बांटने की आवश्यकता है, इसमें वर्णित साधना को करने की आवश्यकता है, इसमें जिस प्रकार से विधान बताया है, उसी प्रकार से करने की आवश्यकता है.... और ऐसा करने से जीवन अपने आप में अहोभाग्य बन जाता है, सौभाग्य दायक बन जाता है, पूर्णता युक्त बन

जाता है।

हमारा प्रयत्न रहा है, कि कम से कम मूल्य में श्रेष्ठतम ज्ञान दें, सही और गोपनीय ज्ञान दें; ऐसा ज्ञान दें, जिसके माध्यम से आप सफलता प्राप्त करें ही। मुझे विश्वास है कि इस पुस्तक के माध्यम से आप मातंगी जैसी महाविद्या को सिद्ध कर गृहस्थ योगी बन सकते हैं और श्रेष्ठतम व्यक्तित्व बन सकते हैं। जीवन में किसी भी क्षेत्र में चाहे वह आर्थिक हो, चाहे वह व्यापारिक हो, चाहे वह भौतिक हो, चाहे वह यौगिक हो, चाहे वह राजनीतिक हो, सभी क्षेत्रों में श्रेष्ठतम स्थिति प्राप्त कर सकेंगे– और आप करेंगे ही, ऐसा हमें भरोसा है।

आप जो भी सफलता प्राप्त करें, उसके अनुभवों के बारे में हमें लिखें, जिससे कि हम आगे उनको किसी पुस्तक में दे सकें।

एक बार पुनः इस साधना को प्राप्त करने के लिए मैं आपको साधुवाद देता हूँ।

□□□

सदाशिव पुरुष की महाशक्ति कमला

कमला लक्ष्मी का नाम है। धूमावती और लक्ष्मी परस्पर एक दूसरे से विरुद्व गुण, स्वभाव और कर्म की है। धूमावती और कमला में परस्पर प्रतिस्पर्द्धा रहती है। धूमावती ज्येष्ठा है, लक्ष्मी कनिष्ठा है। धूमावती अवरोहिणी है, कमला रोहिणी है, धूमावती आसुरी शक्ति है। कमला दिव्य शक्ति है। धूमावती दरिद्रा है, कमला लक्ष्मी है। जेष्ठा नक्षत्र में जिसका जन्म होता है, वह व्यक्ति धूमावती के निवास केन्द्र नक्षत्र में उत्पन्न होने के कारण जीवन भर दुःखी, दरिद्री बना रहता है। जेष्ठा से ठीक 180 अंश पर रोहिणी नक्षत्र है। रोहिणी नक्षत्र कमला का अधिष्ठान है। इस नक्षत्र में उत्पन्न व्यक्ति जीवन भर सुख, समृद्धि भोगता है।

धूमावती और कमला में प्रतिस्पर्धा है। वह ज्येष्ठा थी, यह कनिष्ठा है। वह अवरोहिणी थी, यह रोहिणी है। वह आसूरी थी, यह दिव्या है। वह दुरिद्रा थी, यह लक्ष्मी है। रोहिणी नक्षत्र के ठीक षड्भान्तर पर (180 अशं पर) ज्येष्ठा है। जिसका रोहिणी नक्षत्र में जन्म होता है, वह समृद्ध होता है। इसी का निरूपण करते हुए ऋषि कहते हैं–

कान्त्या काच्ञ्नसन्निभां हिमगिरिप्रख्यौश्चतुर्भिर्गजै
र्हस्तोत्क्षिप्तहिरण्यामृतघटैरासिच्यमानां श्रियम्।
बिभ्रणां वरमब्जयुग्ममभयं हस्तैः किरीटोज्ज्वलां
क्षौमाबद्धनितम्बबिम्बवलितां वन्देऽरविन्दस्थिताम्।।

□□□

भारत वर्ष के प्रधान शक्ति-पीठ

भारतीय शक्तिपीठों अथवा प्रधान देवी–मन्दिरों की उत्पत्ति के विषय में पौराणिक तथा तान्त्रिक विचार विस्तार–पूर्वक कई बार स्थानों पर सुने होंगे, कई ग्रंथों में पढ़े भी होंगे।

'तन्त्रचूड़ामणि' में पीठों की संख्या बावन दी है, 'शिवचरित्र' में इक्यावन और 'देवीभागवत' में एक सौ आठ। 'कालिकापुराण' में छब्बीस उपपीठों का वर्णन हैं, पर साधारणतया पीठों की संख्या इक्यावन मानी जाती हैं। इनमें से अनेक पीठ तो इस समय अज्ञात हैं। जिनका पता चलता है, तथा जो अन्य प्रसिद्ध देवीतीर्थ वर्तमान काल में पूंजे जाते हैं, उन्हें लेकर इस लेख के साथ एक मानचित्र को बनाया है, मानचित्र में दिये स्थानों के विषय में अकारादिक्रम से निम्नलिखित सूक्ष्म विवरण दिया जाता है।

1. अल्मोड़ा–

जिस पहाड़ी पर अल्मोड़े का नगर बसा हुआ है उसके विषय में लिखा है, कि 'कौशिकीशाल्मकली मध्ये पुण्यः काषायपर्वतः' (स्कन्दपुराण–मानसखण्ड, अध्याय 52)। कौशिकी और शाल्मली को इस समय कोसी तथा स्वाल कहते हैं। इस अल्मोड़े के काषाय पर्वत पर नगर से आठ मील पर कौशिकी देवी का स्थान है। भगवती कौशिकी की उत्पत्ति 'दुर्गासप्तशती' के पाँचवें अध्याय में दी हुई है। इस स्थान पर दूर–दूर से आकर

उपासक लोग पुरश्वरण इत्यादि करते हैं। काठगोदाम स्टेशन से अल्मोड़े को कोटर जाती है।

2. आबू–

यहाँ अर्बुदा देवी का मन्दिर 51 प्रधान पीठों में है। यह मन्दिर नगर के वायव्य कोण में एक ऊँची पहाड़ी पर स्थित है। ऊपर चढ़ने के लिए सीढ़ियाँ बनी हुई हैं। मन्दिर से नगर का दृश्य अत्यन्त नयनाभिराम प्रतीत होता है। दूर से मन्दिर दिखता है वह केवल आवरण सा है, क्योंकि मुख्य स्थान मन्दिर से लगी हुई एक गुफा में है। गुफा के भीतर निरन्तर दीपक जलता रहता है और इसी के प्रकाश से भगवती के दर्शन होते हैं। यहाँ चैत्री पूर्णिमा तथा विजयादशमी के अवसरों पर बड़े मेले लगते हैं। आबू–रोड स्टेशन बी. बी.सी.आई. की देहली–बम्बईवाली छोटी लाइन पर है। यहाँ से आबू पर्वत को मोटरें जाती हैं।

3. उज्जैन–

यह नगर सम्राट् विक्रमादित्य की राजधानी रह चुका है। यह भी प्रधान शक्तिपीठों में है। यहाँ का महाकालेश्वर शिवलिंग द्वादश ज्योतिर्लिंगों में से है। इसी शिवमन्दिर के समीप रुद्रासागर के उस पार महाराज विक्रमादित्य की कुलदेवी हरसिद्धि माता का प्राचीन मन्दिर है। यहाँ भी दूर–दूर से लोग पुरश्वरण के लिए आते हैं और इस सिद्धपीठ के सम्बन्ध में अनेकानेक चमत्कारिक कथाएँ कही जाती हैं। उज्जैन में क्षिप्रा तट का दृश्य बड़ा ही हृदयग्राही हैं।

4. ओंकारेश्वर–

पाठकगण 'शिवांग' में ओंकारेश्वर ज्योतिर्लिंग का विवरण पढ़ चुके होंगे। उस विवरण में मान्धाता पर्वत की परिक्रमा का भी उल्लेख मिलेगा। ओंकारेश्वर के मन्दिर से लगभग 3 मील पूर्व नर्मदा के तट पर एक महत्वपूर्ण शक्तिपीठ हैं यह स्थान 'सातमात्रा' के नाम से पुकारा जाता है। पर इसका शुद्ध नाम सप्तमातृ का है। सप्तमातृकाएँ ब्राह्मी, माहेश्वरी, कौमारी, वैष्णवी, वाराही, नारसिंही, ऐन्द्री हैं। (इनकी उत्पत्ति के विषय में दुर्गासप्तशती अध्याय 8 देखिए।) इस तीर्थ में इन सात मातृकाओं का मन्दिर हैं। यहाँ का दृश्य परम मनोहर तथा श्रद्धोत्पादक है।

5. कलकत्ता–

हावड़ा स्टेशन से पाँच मील दूर पर भागीरथी के आदि स्रोत पर कालीघाट नामक स्थान है इसी के ऊपर सुप्रसिद्ध काली जी का मन्दिर है। यह स्थान भी प्रधान शक्तिपीठों में है। मन्दिर में त्रिनयना माता रक्ताम्बरा, मुण्डमालिनी तथा मुक्तकेशी विराजमान हैं। सारा बंगाल प्रान्त बड़ी श्रद्धा से भगवती की पूजा तथा आराधना करता हैं, इस पीठ के

चमत्कार अगणित हैं और बराबर होते रहते हैं। परमहंस रामकृष्ण पर जैसी काली माता की असीम कृपा रही है, उससे पाठक अनभिज्ञ न होंगे। कलकत्ते में हजारभुजा काली, सर्वमंगला, तारासुन्दरी, सिंहवाहिनी आदि अन्य प्रसिद्ध शक्तिपीठ भी हैं।

6. काठमाण्डू–

नेपाल राज्य की अधिष्ठात्री भगवती गुह्येश्वरी का मन्दिर वागमती नदी के गुह्येश्वरीघाट पर श्रीपशुपतिनाथ के मन्दिर से दो फर्लांग की दूरी पर स्थित है। बीच में पक्का रास्ता बना हुआ है। सारा नेपाल राज्य इन गुह्या कलिका की अनन्य भक्ति से वन्दना करता है। नवरात्री के अवसरों पर स्वयं नेपाल सम्राट् सकुटुम्ब नित्यप्रति वागमती में स्नान कर भगवती के दर्शन करते हैं।

7. कालका–

देहली से जो लाइन शिमला को जाती है उस पर कालका नामक प्रसिद्ध जंक्शन है। यहाँ पर भगवती कालिका का एक प्राचीन मन्दिर है। दुर्गा–सप्तशती के पाँचवें अध्याय में लिखा है कि शुम्भ–निशुम्भ द्वारा सभी पीड़ित देवताओं ने हिमालय पर्वत पर जाकर विष्णु माया की स्तुति करना आरम्भ किया। इसी अवसर पर पार्वतीजी उधर से होकर निकलीं, उन्होंने स्तुति में लगे हुए देवगणों से पूछा कि, आप लोग किसकी स्तुति कर रहे हैं। इतना पूछते ही भगवती पार्वती के शरीर से शिवा माता निकल पड़ीं और उन्होंने पार्वती को उत्तर दिया कि ये देवगण मेरी स्तुति कर रहे हैं। भगवती पार्वती के शरीर कोश से प्रकट होने के कारण शिवा माता का नाम कौशिकी पड़ा (अल्मोड़े में कौशिकी के पीठ का विवरण ऊपर दिया जा चुका है) और–

तस्यां विनिर्गतायां तु कृष्णभत्सापि पार्वती।
कालिकेति समाख्याता हिमाचलकृताश्रया।।

अर्थात् निज शरीर कौशिकी के अलग हो जाने पर पार्वती श्यामवर्णा हो गयीं और उन्होंने हिमालय में निवास ग्रहण किया। यही श्यामवर्णा पार्वती कालका की देवी हैं।

8. काशी–

काशी में जो शक्ति त्रिकोण है, उसके कोनों पर क्रमशः दुर्गाजी 'महाकाली', महालक्ष्मी तथा वागीश्वरी 'महासरस्वती' विराजमान हैं। लक्ष्मीकुण्ड पर महालक्ष्मीजी की जो मूर्ति है, उसके साथ–साथ भी महाकाली तथा महासरस्वती की मूर्तियाँ हैं। वागीश्वरी की प्राचीन प्रतिमा मन्दिर के नीचे एक पक्की गुफा के भीतर हैं। इन तीन शक्तिपीठों के साथ एक–एक कुण्डकी स्थिति काशीखण्ड में उल्लिखित हैं, दुर्गाकुण्ड पचास–साठ वर्ष हुए पट गया, उसके स्थान पर अब एक उद्यान है। इन तीनों देवियों के आसपास (क्रमशः भदैनी, रामापुरा तथा जैतपुरा मुहल्लों में) काशी के प्राचीन ब्राह्मणों की बस्तियाँ हैं और समस्त नगर की पुरोहिती उन्हीं ब्राह्मणों की है।

इन प्रधान शक्तिपीठों के अतिरिक्त काशी में सुप्रसिद्ध नवदुर्गाओं के (शैलपुत्री, ब्रह्मचारिणी, चन्द्रघण्टा, कूष्माण्डा, स्कन्दमाता, कात्यायनी, कालरात्रि, महागौरी, सिद्धिदात्री) स्थान हैं, जहाँ नवरात्र में बराबर दिवस के अनुसार मेला लगता है और हजारों भक्तगण दर्शन को जाते हैं। कूष्माण्डा तथा स्कन्दमाता उपर्युक्त दुर्गाजी तथा वागीश्वरी ही हैं, और महागौरी काशी की अधिष्ठात्री केन्द्रस्थ भगवती अन्नपूर्णा हैं। यही इस महापीठ की देवी हैं।

इनके अतिक्ति चौंसठ्टी, काली, विशालाक्षी, वाराही, त्रिपुरा, मंगलागौरी, संकटा, पीताम्बरा इत्यादि अनेक और शक्तिपीठ हैं। इनमें वाराही तथा संकटा के स्थान बड़े सिद्धिप्रद हैं और सैकड़ों भक्तों पर इन देवियों ने चमत्कारिक दयादृष्टि की है। वाराहीजी का मन्दिर मीरघाट पर एक घर के नीचे गुफा में है। पूजा के लिये सूर्योदय के पूर्व थोड़ी देर को मन्दिर खुलता है, अन्यथा दिनभर बन्द रहता है।

वाराणसी के इन शक्तिपीठों की महिमा अपार है और प्रायः समस्त भारतवर्ष से लोग यहां उपासना अथवा अनुष्ठान के लिये बराबर आते हैं।

9. काँगड़ा–

काँगड़ा पठानकोट योगीन्द्र नगर लाइन पर एक स्टेशन है। यहां भगवती विद्येश्वरी का बहुत प्राचीन मन्दिर है। इनको नगर कोट की देवी भी कहते हैं। देवी जी का पुराना मन्दिर सन् 1905 के भूकम्प में गिर गया था, अब नया मन्दिर धीरे–धीरे एक ट्रस्ट द्वारा तैयार कराया जा रहा है। यह स्थान प्रधान पीठों में है और यहाँ सती के मुण्ड का गिरना बतलाया जाता है। मूर्ति भी मुण्डकी ही है और उसके ऊपर सुवर्णछत्र शोभायमान है। भगवती के सम्मुख चाँदी से मढ़े हुए स्थान में प्रसिद्ध वाग्यन्त्र बना हुआ है। यहाँ तथा ज्वालामुखी और चिन्तपर्णी के स्थानों पर समस्त पंजाब तथा अन्य समीपवर्ती प्रान्तों से प्रतिवर्ष लाखों यात्री दर्शनार्थ आते हैं। देवीजी के मन्दिर के अहाते में एक कुण्ड भी है और उसके पास कई प्राचीन स्तंभ रखे हैं।

10. कोल्हापुर–

'देवीभगवत' तथा 'मत्स्यपुराण' में वर्णित महालक्ष्मी का स्थान यहाँ पर है। यह भी सिद्धपीठों में है। महाराष्ट्र प्रान्त भर में इतना सिद्ध अन्य देवी पीठ नहीं। प्रतिवर्ष छत्रपति महाराज शिवाजी के वंशज राज्य करते हैं कोल्हापुर में छत्रपति महाराज शिवाजी के वंशज राज्य करते हैं और नगर रेलवे लाइन पर है।

11. गन्धर्वल–

यह स्थान कश्मीर की राजधानी श्रीनगर से पन्द्रह मील उत्तर में है। इसी के समीप कश्मीर का प्रसिद्ध क्षीरभवानी अर्थात् योगमाया का मन्दिर है। चारों ओर जल है, बीच में एक टापू सा है। ज्येष्ठ शुक्ला अष्टमी को यहाँ बड़ा मेला लगता है और उस अवसर पर

यहां बहुत हवन पूजन होता है। प्राचीन आर्य–संस्कृति यहाँ जीती–जागती दिखायी देती है। बड़े–बड़े सौम्यवर्ण तिलकधारी पण्डित लोग शुद्ध वेदमन्त्रों से अर्चना में तत्पर दिखते हैं। कहा जाता है कि क्षीरभवानी के मण्डप के चारों ओर जो कुण्ड बना है उसका जल रंग बदलता है और इसी से शुभाशुभ विचार होता है। स्वर्गीय कश्मीर–नरेश को इस स्थान के प्रति बड़ी श्रद्धा थी। यहाँ अगणित चीनार के पेड़ हैं, जिनकी छाया बड़ी ही ठंडी तथा स्वास्थ्यप्रद है।

12. गिरनार–

काठियावाड़ प्रान्त का सुप्रसिद्ध अम्बादेवी का मन्दिर जूनागढ़ राज्य में गिरनार पर्वत पर है। पर्वत की चढ़ाई बड़ी ऊंची है और प्रायः छः हजार सीढ़ियां पार करने पर पर्वत के तीनों शिखरों की यात्रा होती है। प्रत्येक चार–पांच सीढ़ियों के बाद एक चौड़ी सीढ़ी मिलती है, जिस पर यात्री लोग विश्राम कर लेते हैं। इस पर्वत के तीनों शिखरों पर क्रमशः अम्बादेवी, गोरक्षनाथ तथा दत्तात्रेय के स्थान मिलते हैं। अम्बादेवी की विशाल मूर्ति इस भयानक वन्य प्रदेश में बड़ी ही उग्र प्रतीत होती है। इस जंगल में अनेकानेक सिंह विद्यमान हैं। इसी पर्वत पर एक गुफा में कालीजी की मूर्ति भी है, जहाँ अनेक उपासक मिलते हैं।

13. गुवाहटी–

गुवाहटी से दो मील पश्चिम नीलगिरि अथवा नीलकूट पर्वत पर प्रधान सिद्धपीठ है, जिसे भगवती कामाख्या अथवा कामाक्षा कहते हैं। 'कालिकापुराण' के अनुसार इस स्थान पर सती की योनि गिरी थी। अतः यहाँ का प्रधान तीर्थ एक अँधेरी गुफा के भीतर स्थित योनि पीठ है। इस स्थल पर केवल कुण्ड–सा है, जो पुष्पाच्छादित रहता है। पास ही में एक मन्दिर में भगवती की मूर्ति भी है। यह पीठ महाक्षेत्र कहा जाता है, और इस महत्व के अन्य पीठ श्री विन्ध्यावासिनीक्षेत्र तथा श्रीज्वालामुखी में ही हैं। इस पीठ के विषय में कहा जाता है, कि भगवती प्रति माह रजस्वला होती हैं। उस समय पण्डे लोग शुद्ध वस्त्र को भगवती के योनिस्थ रज में रंग लेते हैं और उसे यात्रियों को प्रसादवत् देते हैं। यात्रियों को पण्डों के ही यहाँ निवास करना होता है। यहाँ से सोलह मील पर सुप्रसिद्ध कामरूप नामक स्थान है जहाँ की स्त्रियों के विषय में अनेकानेक इन्द्रजालिक कथाएँ प्रचलित हैं। कामाक्षा में यथासाध्य संख्या में कुमारिकाओं को भोजन कराने की प्रथा है।

14. चटगाँव–

यहाँ से चौबीस मील पर सीमाकुण्ड नामक तीर्थ हैं, उसी के समीप चन्द्रशेखर पर्वत के शिखर पर भगवती भवानी का मन्दिर है, जो इक्यावन शक्तिपीठों में गिना जाता है। इस स्थान पर बावन कुण्ड में निरन्तर आग निकलती रहती है और समीप ही पत्थर से आग निकला करती है।

15. चितौड़–

इस ऐतिहासिक दुर्ग के भीतर एक प्राचीन मन्दिर भगवती कालिका का है। इनको यदि श्मशान काली कहें, तो कोई अत्युक्ति न होगी, क्योंकि इस दुर्ग की रक्षा में न जाने कितनी राजपूत वीरांगनाओं ने अग्नि में अपनी आहुति दी और न जाने कितने रणबाँकुरे वीरों न केसरिया बाना पहनकर अपने प्राण रण में उत्सर्ग किए। इस मन्दिर मे अखण्ड दीप जलता है, और यहाँ के प्रत्येक स्तम्भ पर अगणित मूर्तियाँ तथा बेल–बूटे बनें हैं। इस दुर्ग में तुलजा भवानी तथा अन्नपूर्णा के मन्दिर भी हैं।

16. चिन्तपूर्णी–

जालन्धर से ज्वालामुखी जाते हुए होशियारपुर से तीस मील पर चिन्तपूर्णी का स्थान सघन पर्वतीय प्रदेश में स्थित है। सुप्रसिद्ध काँगड़े की घाटी में जो शक्तित्रिकोण है, उसके प्रत्येक सिरे पर क्रमशः चिन्तपूर्णी, ज्वालामुखी तथा काँगड़े की विद्येश्वरी विराजमान हैं। इन तीनों सिद्धपीठों में प्रतिवर्ष लाखों यात्री आते हैं।

17. चुनार–

चुनार स्टेशन से दो–तीन मील दक्षिण विन्ध्यपर्वत की एक सुरम्य खोह में भगवती दुर्गाजी का स्थान है। मन्दिर प्रवेशद्वार एक खिड़की–सा है, और उसमें बैठकर भीतर जाना होता है। भीतर पर्याप्त स्थान है। दुर्गामाता की प्रतिमा बड़ी ही श्रद्धोत्पादक है। यह स्थान अनुष्ठान इत्यादि के लिए अनुपम है। मन्दिर के समीप झरने का जल नाले के रूप में बहता है और इसी नाले के पास एक खुली गुफा यादालान में अनेकानेक प्राचीन तथा विचित्र लेख खुदे हैं। यह स्थान बड़ा स्वास्थ्यवर्धक है।

18. जनकपुर–

जनकपुर रोड स्टेशन है। वहाँ से नेपाल राज्य में इस स्थान को जाना होता है। इसी स्थान पर जनकनन्दिनी सीता जी का प्रादुर्भाव हुआ था। दूर–दूर से यात्रीगण (अधिकांश मिथिला तथा विहारप्रान्त से) यहाँ दर्शन के लिए आते हैं।

19. जबलपुर–

यहाँ से बारह मील पर सुप्रसिद्ध भेड़ाघाट नामक नर्मदा का प्रपात है, जिसे देखने विदेशों से भी लोग आते हैं। नर्मदा के किनारे दोनों ओर लगभग मीलभर तक बराबर ऊँची–ऊँची संगमरमर की चट्टानें हैं। इन्हीं पर गौरी शंकर जी के मन्दिर में चौंसठ योगिनियों के स्थान हैं। मूर्तियाँ मनुष्याकार हैं और तन्त्रोक्त विधि से बनी हैं। खेद है कि आततायी यवनों ने इनको भग्न कर डाला है, किन्तु फिर भी यहाँ अनेक यात्रीगण आते हैं।

20. ज्वालामुखी–

इस महापीठ का विस्तृत विवरण सं. 1990 के 'कल्याण' की कार्तिकवाली संख्या में निकल चुका है। इस स्थान पर अनादिकाल से पृथ्वी में से कई अग्निशिखाएँ निकल रही हैं।

21. जालन्धर–

शक्तिपीठों के वर्णन में इस स्थान का नाम भी आता है, पर इस समय जालन्धर नामक नगर में कोई प्रधान देवीपीठ नहीं मालूम होता। अतः अनुमान किया जाता है, कि प्राचीन जालन्धर से त्रिगर्त प्रदेश (वर्तमान काँगड़े की घाटी) मानना चाहिए। इस त्रिगर्त प्रदेश में चिन्तपूर्णी, ज्वालामुखी तथा नगरकोट की देवी के स्थानों से जो शक्तिकोण बनता है वह परम पुनीत माना जाता है।

22. तिरुपती–

यहाँ की सुप्रसिद्ध बालाजी की मूर्ति दक्षिण भारत का महाक्षेत्र है। वहाँ से तीन मील दूर पर चिन्तानूर नामक स्थान में श्री पद्मावती का मन्दिर है।

23. द्वारका–

इस धाम में श्रीरुक्मिणी देवी तथा श्रीसत्यभमाजी के प्रसिद्ध मन्दिर हैं। इन मन्दिरों के राजसी ठाट भगवान् श्रीकृष्णचन्द्रजी के समय की द्वारका के वैभव की याद दिलाते हैं।

24. देवीपाटन–

किंवदन्ती है कि, भगवती पटेश्वरी की स्थापना महाभारत काल में राजा कर्ण द्वारा हुई थी। सम्राट् विक्रमादित्य ने तीर्थोद्धार के समय यहाँ भी दूसरा मन्दिर बनवा दिया। कालान्तर में नाथ सम्प्रदाय के कनफटे योगियों की यह गद्दी हो गयी और अब भी यह स्थान उन्हीं की देख–रेख में है। पटेश्वरी देवी का मन्दिर एक टीले पर बना हुआ है और समीप में एक कुण्ड भी है। चैत्र नवरात्री में यहाँ एक बहुत बड़ा मेला लगता है, जिसमें अवध तथा नेपाल से लाख डेढ़ लाख आदमी आते हैं। इस मेले में नेपाली टॉगनों की बड़ी बिक्री होती है।

25. देहली–

भारत की इस प्राचीन तथा आधुनिक राजधानी में दो प्राचीन शक्तिपीठ विद्यमान हैं। कुतुबमीनार के पास योगमाया का मन्दिर है। कहते हैं कि, भगवती योगमाया पृथ्वीराज की इष्टदेवी थीं। मन्दिर के भीतर कोई मूर्ति नहीं। केवल, कामाक्षापीठ की तरह भगवती

योनिरूपा–सी विराजमान हैं। दूसरा स्थान यहाँ से लगभग छः सात मील पर ओखला नामक ग्राम में एक टीले पर कालिका का मन्दिर है। मन्दिर अठपहल है और अपने ढंग का निराला है। इस प्रदेश में देवी को बड़े–बड़े पंखे चढ़ाने की प्रथा प्रचलित है।

26. नागपुर–

मध्य–भारत के इस नगर में सहस्र चण्डी का तथा रुक्मिणीजी के दो प्रसिद्ध मन्दिर हैं, जिनके दर्शनों को इस प्रान्त के अनेकानेक यात्री आते हैं।

27. नैनीताल–

संयुक्त प्रान्तीय नगरों में यह स्थान बड़ा ही मनोरम है। यहाँ पर पर्वत के ऊपर एक बड़ी लम्बी–चौड़ी झील है, जिसमें सदैव अगाध जल भरा रहता है। इस ह्रदका प्राचीन नाम स्कन्दपुराण के अनुसार त्रिऋषिसरोवर है। ये तीन ऋषि अत्रि, पुलस्त्य तथा पुलह थे। इसके लल्ल ताल वाले किनारे पर प्राचीन नयना देवी का मन्दिर है। सन् 1880 ई. में इस स्थान पर पहाड़ फट पड़ा था, जिससे प्राचीन मन्दिर दब गया। वर्तमान मन्दिर पचास वर्ष पुराना है। इस कुमाऊँ प्रदेश में भगवती नयना देवी का बड़ा मान है, और इन्हीं के कारण इस स्थान को नैनीताल कहते हैं।

28. पठानकोट–

यह 'पठान' शब्द मुसलमान जाति के सम्बन्ध नहीं रखता। इसका शुद्ध रूप 'पथ' है; क्योंकि इस नगर में प्राचीन काल से कई बड़ी–बड़ी सड़कें मिलती हैं। यह प्राचीन हिन्दू राजाओं के समय का एक किला ध्वस्त अवस्था में विद्यमान है। इसमें एक बड़ा प्राचीन देवी का स्थान है। त्रिगर्त पर्वतीय प्रदेश के द्वार पर स्थित इन पठानकोट की देवी की आराधना अनन्त काल से होती आ रही है।

29. पंढरपुर–

महाराष्ट्र प्रदेश के इस महत्वशाली क्षेत्र में श्रीविठोबा के सुप्रसिद्ध मन्दिर में उनकी पटरानियाँ रुक्मिणी, सत्यभामा, महालक्ष्मी तथा राधिका पृथक्–पृथक् अपने मन्दिरों में विराजमान हैं।

30. प्रयाग–

इलाहाबाद जिले में कड़ा नामक स्थान पर कोई चार सौ वर्ष पूर्व बाबा मलूकदासजी का जन्म हुआ था। ये बड़े ही प्रसिद्ध सन्त थे और इनके अनेकानेक पद तथा 'बानियाँ' अब तक प्रचलित हैं। बाबाजी खत्री थे और भगवती चण्डिका के उपासक थे। उनकी गद्दियाँ भारतवर्ष में कई स्थानों पर हैं। कड़ेकी देवी विशेष रूप से प्रसिद्ध हैं और दूर–दूर से खत्री लोग अपने बालकों के क्षौर–संस्कार के लिए अथवा दर्शनों को इस

स्थान पर आते हैं।

31. पूना–

यहाँ का सुप्रसिद्ध पार्वती–मन्दिर समस्त महाराष्ट्र प्रदेश में मान्य है। इसकी पर्वतीय स्थिति तथा सुन्दर शिल्पकला बड़ी ही नयनाभिराम हैं। इसी जिले में प्रतापगढ़ नामम स्थान में छत्रपति महाराज शिवाजी की इष्टदेवी भगवती भवानी का प्राचीन मन्दिर है। कथा है कि, शिवाजी महाराज की उग्र तपस्या से प्रसन्न हो भगवती ने प्रकट होकर उनको प्रसादरूप एक खंड्ग प्रदान किया था। इसी खड्ग से महाराज जगद्विजयी हुए थे। ऐसी ही कथा गुरु गोविन्दसिंह के विषय में भी प्रचलित है। भगवती भवानी महाराज शिवाजी के वंशज कोल्हापुर के महाराजाओं की इष्टदेवी हैं और राज्य का 'निशन' यही खड्ग है जिसके नीचे 'जय भवानी' लिखा रहता है।

32. पूर्णगिरि–

अल्मोड़े जिले में पीलीभीत होती हुई, लाइन टनकपुर तक जाती है। (पूर्णगिरि अथवा पुण्यगिरि) टनकपुर से आठ–नौ मील पर शारदा नदी के किनारे नेपाल राज्य की सरहद पर है। मार्ग बड़ा ही सुन्दर है और यहाँ की सघन वनराशि को देखकर कभी तृप्ति नहीं हो सकती। मार्ग में टुन्नास नामक स्थान पर ठहरने के लिए दो धर्मशालाएँ हैं। पूर्ण शैली की शोभा अवर्णनीय है। इस पर्वत के सुन्दर बाँस तथा अन्य वृक्ष भगवती के समझकर नहीं काटे जाते। यदि किसी ने धृष्टता कर इस प्रथा का उल्लंघन किया तो उसे उन्हीं बाँसों में पैदा होकर साँप, बिच्छू, गोजर सताते हैं। पर्वत की चढ़ाई देखने में तो खडी है, पर भगवती की कृपा से सब लोग सकुशल यात्रा कर आते हैं। पर्वत पर अनेक मन्दिर हैं, पर तीन हजार फीट ऊँचे शिखर पर भगवती कालिका का मुख्य स्थान है। प्राचीन पीठ ढका हुआ रहता है। प्रार्थना करने पर पण्डाजी उसका दर्शन भी देते हैं।

इस पर्वत पर रजस्वला स्त्री अथवा अपवित्र स्थिति वाला पुरुष नहीं चढ़ सकता। कहते हैं कि, यदि अवज्ञा–वश ये चढ़ने लगें तो अन्धे हो जाते हैं। यह स्थान प्रधान शक्तिपीठों में गिना जाता है। नवरात्र के अवसरों पर हजारों यात्रीगण यहां दूर–दूर से आते हैं।

33. फ़र्रुख़ाबाद–

इस जिले में तिरवा नामक स्थान पर बड़े–से श्रीयन्त्र के ऊपर भगवती महात्रिपुरसुन्दरी की मूर्ति बनी है। जनसाधारण इसको अन्नपूर्णा का मन्दिर कहते हैं।

इसी जिले में कन्नौज (कान्यकुब्ज) नामक नगर में अनेक देवी मन्दिर हैं, जों सैकड़ों वर्ष पुराने हैं। सिंहवाहिनी इत्यादि के स्थान तो कम–से–कम चौदह–पन्द्रह सौ वर्ष पुराने हैं। क्षेमकली का स्थान महाराज जयचन्द के समय का है। इसी कन्नौज में समस्त

पूर्वीय खत्रियों के देवठे (देवस्थान) हैं, जहाँ अब भी दूर–दूर से मुण्डन, यज्ञोपवीत इत्यादि के समय आना पड़ता है। दुर्दान्त यवनों के शासन काल से इन खत्रियों के पुरोहितों को शिवा अथवा चण्डिका की चल मूर्तियाँ रखनी पड़ी हैं और ये ही अब तक प्रचलित हैं। कहीं–कहीं तो इस चल मूर्ति का रखना भी कठिन हो गया। वहाँ केवल देवी की चुन्नी (रक्ताम्बर) ही पूजी जाने लगी।

34. बाँदा–

यहाँ का महेश्वरी देवी का मन्दिर बहुत प्राचीन है, इस स्थान पर बड़े–बड़े उपासकों ने तपस्या की है इसी के समीप वामदेवेश्वर पर्वत पर जो अपूर्व वामदेव लिंग है, उसी से इस नगर का नाम बाँदा पड़ा है।

35. भुवनेश्वर–

इस स्थान का प्राचीन नाम एकाम्र–कानन है। यह क्षेत्र भी इक्यावन शक्तिपीठों में है। यहाँ देवीपादहरा सरोवर के तट पर पृथक्–पृथक् एक सौ आठ योगिनियों के मन्दिर हैं। भुवनेश्वर विस्तृत विवरण कल्याण के 'शिवांग में निकल चुका है।

36. मथुरा–

इस स्थान के प्रधान शक्तिपीठ महाविद्या तथा बरसाने के मन्दिर हैं। एक ऊँचे टीले पर प्राचीन मन्दिर बना हुआ है। भगवती की मूर्ति बड़ी विशाल है। नेत्र की ज्योति विशेषतया प्रभावशाली है। बरसाने में भी एक ऊँचे दुर्ग–सदृश मन्दिर पर श्रीराधिका रानी का प्राचीन पीठस्थल है। होली के अवसर पर यहाँ जो माधुर्य बरसता है, उसकी उपमा त्रैलोक्य में नहीं। विस्तारभय से इस महोत्सव का विवरण नहीं दिया जाता।

37. मदुरै–

यहाँ के ग्यारह मंजिलवाले मीनाक्षी देवी के मन्दिर का कुछ विवरण कल्याण के 'शिवांग' में निकल चुका है। दक्षिण–भारत में जितनी प्रतिष्ठा इस मन्दिर की है उतनी अन्य किसी मन्दिर की नहीं। इस मन्दिर के द्वार पर अष्टलक्ष्मियों की मूर्तियाँ बनी हैं। प्रत्येक खम्भे पर एक मूर्ति है, और इन्हीं खम्भों पर छत खड़ी है। उस छत पर पार्वती के जन्म, उनकी तपस्या, शिव–विवाह, षडानन–जन्मादिकी कथाएँ खुदी हैं। इसी मन्दिर के भीतर जो 'पद्यम्' तडागग है उसके चारों ओर खम्भों पर भगवान् शंकर की लीलाएँ मूर्तिरूप में खुदी हैं। इस मन्दिर की नवग्रह मूर्तियाँ भी विशेषरूपेण द्रष्टव्य हैं।

38. चेन्नई (मद्रास)

इस नगर के मीन्ट–स्ट्रीट अथवा साहुकार पेठ में सुप्रसिद्ध माता कुडिका का मन्दिर है। मन्दिर के सामने स्त्रियाँ कण्डे की आँच से मीठा चावल पकाकर देवी को भोग लगाती

हैं। इस मन्दिर के प्रति मद्रासियों की बड़ी श्रद्धा है। यहाँ की वन्दना की विधि विचित्र है। देवी के सम्मुख आते ही दर्शक अपने सिर में घूँसे मारता है और अपना कान पकड़कर नाचने लगता है।

39. महाबा–

इस स्थान के प्रसिद्ध देवी मन्दिरों का विस्तृत विवरण कल्याण की पौष सं. 1990 की संख्या में निकल चुका है।

40. मुम्बई–

इस विख्यात नगरी में मुम्बादेवी, कालबादेवी और महालक्ष्मी के प्रधान शक्तिपीठ हैं। मुम्बादेवी की पूजा में जवबलि नहीं दी जाती। कलबादेवी की मूर्ति अत्यन्त प्राचीन है। महालक्ष्मी का मन्दिर समुद्रतट पर बड़े ही सुहावने स्थान पर बना है। मुम्बादेवी के समीप एक विशाल तालाब भी है। इन स्थानों के अतिरिक्त प्रसिद्ध बाबुलनाथ के ऊँचे पर्वतीय मन्दिर में जो प्रधान देवीमूर्ति है, उसके सौन्दर्य तथा गम्भीरता का वर्णन नहीं हो सकता।

41. मैसूर–

इस राज्य की अधिष्ठात्री भगवती चामुण्डा हैं, जिनका सुविशाल मन्दिर मैसूर से लगी हुई एक पहाडी़ पर है। रास्ते में पक्की सीढ़ियाँ बनी हैं। भगवती के मन्दिर के समीप एक विशालकाय नन्दी–मूर्ति बनी है, जिसे देखकर दर्शक लोग आश्चर्यचकित होते हैं। चामुण्डा को यहाँ भेरुण्डा भी कहते हैं और मैसूर राज्य का विख्यात गण्डभेरुण्डा 'चिह्न' चामुण्डाही का द्योतक है।

42. मैहर–

मैहर में एक पहाड़ी पर सुप्रसिद्ध वीर आल्हाकी इष्टदेवी शारदा का मन्दिर है। यह स्थान बड़ा ही सिद्ध माना जाता है। इस स्थान के सम्बन्ध की कुछ चमत्कारिक बातें मेरे 'महोबा और उसके देवस्थान' शीर्षक लेख में सं. 1990 पौष के 'कल्याण' में मिलेंगी।

43. विन्ध्याचल–

जो देवी भगवान् श्रीकृष्णचन्द्र के स्थान पर वसुदेव द्वारा कारागार में लाई गयी थीं, और जिन्होंने कंस के हाथ से छूटकर आकाशवाणी की थी, वही श्रीविन्ध्यवासिनी हैं। यह तीर्थ महाप्रधान शक्तिपीठों में है। यहीं भगवती ने शुम्भ तथा निशुम्भ को मारा था। इस क्षेत्र में जो शक्तित्रिकोण है, उसके कोनों पर क्रमशः विन्ध्यवासिनी (महालक्ष्मी), कालीखोहकी काली (महाकाली) तथा पर्वत पर की अष्टभुजा (महासरस्वती) विराजमान हैं। इस तीर्थ के चमत्कारों तथा सौन्दर्य के विषय में यहाँ लिखने से लेख के विस्तार का भय है। उपर्युक्त त्रिकोण के अतिरिक्त मन्दिर के समीप ही दूसरा शक्तित्रिकोण है। बड़े

त्रिकोण की यात्रा चार–पाँच मील लम्बी है। काशी से प्रायः श्रावण प्रति श्रावण हजारों भक्तजन इस स्थान की यात्रा करते हैं। उनका प्रसिद्ध जयजयकार यों है–

बोलेगा सो निहाल होगा।
बोल साँचे दरबार की जय।।
हे दर्बाराँवाली तेरी सदा ही जय।
फिर बोल लौंकड़े बीर की जय।।
हे बीर साहब तेरी सदा जय।
जंगल मंगल करनेवाली तेरी सदा जय।।

हिन्दुस्तान के लाखों यात्री प्रतिवर्ष इस पुण्यक्षेत्र की यात्रा करते हैं।

44. शिमला–

यह प्रदेश भी एक प्रसिद्ध शक्ति स्थल है। शिमले में कोटी की देवी वायसराय के स्थान के समीप ही बिराजमान हैं। तारादेवी नामक स्टेशन के पास तारा का प्राचीन स्थान है और कण्डाघाट स्टेशन के पास भी एक प्राचीन देवीमन्दिर है। इन स्थानों पर हजारों यात्री प्रतिवर्ष यात्रा करते हैं, और यहाँ बड़े–बड़े मेले लगते हैं।

45. श्रीशैल–

यहाँ के ज्योतिर्लिंग का विवरण कल्याण के 'शिवांग' में निकल चुका है। यहीं पर ब्रह्मारांबा देवी का सुविख्यात शक्तिपीठ है। इन्हीं के नाम पर इस पर्वत का नाम ब्रह्मगिरि पड़ा है। इस स्थान के प्राकृतिक सौंदर्य की छटा वर्णनातीत है, यह क्षेत्र इक्यावन शक्तिपीठों में से एक है।

46. साँभर–

यह वही स्थान है जहाँ से नमक बनकर आता है। नमक के विशाल कारखाने के पास एक प्राचीन देवी का मन्दिर है। इन्हें माताजी कहते हैं। सरकारी प्रबन्ध होने पर भी इस स्थान की आराधना–पूजा के लिए समुचित व्यवस्था की गयी है। राजपूताने में इस क्षेत्र का बड़ा मान है।

47. हरिद्वार–

इस पुण्य क्षेत्र में भी एक शक्ति त्रिकोण है। इसके एक कोने पर नीलपर्वत पर स्थित भगवती चण्डीदेवी हैं। दूसरे पर दक्षेश्वर के स्थान वाली पार्वती हैं। (यहीं पर योगाग्नि द्वारा भस्म हुई थीं, जिससे प्रधान शक्तिपीठों की उत्पत्ति हुई) और तीसरे पर बिल्वपर्वत–वासिनी मनसादेवी हैं। इन तीनों स्थानों के प्राकृतिक सौन्दर्य के विषय में जितना भी लिखा जाए उतना ही थोड़ा है।

तांत्रिक साधना में अनिवार्य है

शास्त्रों में कहा गया है कि मनुष्य के तीन प्रत्यक्ष देव हैं– (1) माता, (2) पिता (3) गुरु। इन्हें ब्रह्मा, विष्णु, महेश की उपाधि दी गई है। माता जन्म देती है, इसलिए ब्रह्मा है। पिता पालन करता है, इसलिए विष्णु है। गुरु कुसंस्कारों का संहार करता है, इसलिए शंकर है। गुरु का स्थान माता–पिता के समकक्ष है। वह न केवल कुसंस्कारों की गहरी जड़ों को काटता है, वरन एक सच्चे माली की भूमिका भी अदा करता है।

"गुरु ही परब्रह्म है। गुरु ही परम गति है। गुरु ही पर–विधा है। गुरु ही परायण योग्य है। गुरु ही पराकाष्ठा है। गुरु ही परम धन है। वह उपदेष्ट होने के कारण श्रेष्ठ से भी श्रेष्ठ है।"

–अद्वयतारक उपनिषद्

"गुरु जो आदेश दे, उसका पालन शिष्य को बिना विचारे, सन्तोषयुक्त भाव से करना चाहिए। इस विद्या को गुरु से प्राप्त करें। गुरु की सदा सुश्रूषा करें, इसी से मनुष्य का सच्चा कल्याण होता है। श्रुति में कहा गया है कि गुरु ही साक्षात् हरि है, कोई अन्य नहीं।"

–ब्रह्मविधा उपनिषद्

पादुका से परे कोई भी मन्त्र नहीं है और श्री गुरु से परे कोई देव नहीं है। शक्ति दीक्षा से उत्तम कोई दीक्षा नहीं है और कुल पूजन से परे कोई पूण्य नहीं होता है।।

गुरुमूलाः क्रियाः सर्वा लोके'स्मिन् कुलनायिके।
तस्मात् सेव्यो गुरुर्नित्यं सिद्धर्थं भक्तिसंयुतैः।।

उपासना की समस्त क्रियाएँ गुरुमूल ही होती है अर्थात् गुरु ही के द्वारा सही उपासना की पद्धति का ज्ञान होता है। हे कुलनायिके। इसलिए सिद्धि प्राप्त करने के लिए भक्तियुक्त

होकर मनुष्यों को गुरु की नित्य ही सेवा करनी चाहिए।

आदर्शवादी जीवन में प्रवेश करने पर शरीर ज्यों का त्यों रहते हुए भी पुनर्जन्म लेना कहा गया है। इसी को द्विजत्त्व भी कहते हैं। आत्मीयता एवं एकता की एक महत्वपूर्ण शृंखला का दीक्षा के आधार पर पुनर्जन्म होता है। एकात्म के लाभ सर्वविदित हैं। हिमालय से जुड़ी हुई नदियाँ कभी सूखती नहीं। बर्फ पिघलने का अनुदान उन्हें बराबर मिलता रहता है। नाले का पानी गंगा में मिलकर गंगाजल बनता है। चन्दन वृक्ष के समीप उगे हुए झाड़–झखाड़ भी सुगन्धित हो जाते हैं। पेड़ से लिपटने के बाद बेल उतनी ही ऊंची उठ जाती है जितना कि पेड़। अपने बलबूते उसे वह गौरव नहीं मिल सकता था। उड़ाने वाले के हाथ का आश्रय पाकर पतंग आकाश चूमती है। आँधी के साथ तिनके भी बिना पैर के दौड़ लगाते है। नदी के प्रवाह में नगण्य से पत्ते भी सैर करते हुए समुद्र तक पहुँचते है। युधिष्ठिर का कुत्ता भी स्वर्ग तक पहुँचा था। यह उदाहरण उस सघन एकता के हैं जिसे प्राप्त करने के लिए गुरुदीक्षा का परम पुनीत कृत्य सम्पन्न होता है।

गुरुदीक्षा में दो तत्वों का समान समावेश है। गुरु की गरिमा और शिष्य की पात्रता उच्चस्तरीय होने पर ही उसकी समुचित परिणत उत्पन्न होती है। इसलिए इस प्रयोग में जहां गुरु को अनुदान देने होते हैं, वहाँ शिष्य को भी तदनुरूप कर्त्तव्य निभाने होते हैं। विवेकानन्द, दयानन्द, शिवाजी, चन्द्रगुप्त आदि ने भी शिष्य के कर्त्तव्य निभाये थे।

भगवान वामन ने यही किया था। वे अवतार होकर भी बलि के सामने छोटे बने थे। शबरी के दरवाजे पर राम, गोपियों के यहाँ कृष्ण, घायल कर्ण के पास अर्जुन, कृष्ण हरिश्चन्द्र के यहाँ विश्वामित्र इसी उद्देश्य से याचक बनकर गए थे। गुरु दाता भी होता है और विधाता भी। न उसे कोई निजी अभाव और न प्रलोभन। मात्र गुरु के अनुशासन में अपने साधनों का नियोजन सदुपयोग कर सकने का अभ्यास है।

शिष्य भी आशीर्वाद के लिए याचक भिक्षुक बनकर अपनी क्षुद्रता प्रकट नहीं करता। वरन् गुरुदक्षिणा प्रस्तुत करते हुए, स्वाभिमान अक्षुण्य रखता है और आदान–प्रदान का उपक्रम अपनाता है जिससे उसकी अपनी लघुता महानता में परिणत हो जाती है। शिष्यों ने गुरुदक्षिणा चुकाने में जो निष्ठा बरती उसे गुरु की ऊँचाई को स्पर्श करते देखा गया है। कर्ण का कुण्डल–कवच दान, एकलव्य की अँगुठे की गुरुदक्षिणा और गुरुदक्षिणा चुकाने में हरिश्चन्द्र का आदर्श इसी तथ्य का प्रतिपादन करते हैं।

भारतीय संस्कृति की यह भी एक महान परम्परा है। गुरु शिष्य मिलते हैं तो दोनों ही अपने–अपने पक्ष के कर्त्तव्य पालन करते हैं। गुरु की सामर्थ्य–शिष्य की पात्रता। गुरु की सिद्धि–शिष्य की साधना। गुरु की प्रेरणा–शिष्य की सक्रियता। गुरु का स्नेह–शिष्य की श्रद्धा। गुरु का अनुशासन–शिष्य का अनुगमन। यही हैं दो पक्ष जिनके मिलने पर करेन्ट उत्पन्न होने की तरह चमत्कारी परिणति होती है। मात्र एक में उत्साह दूसरे में उपेक्षा रहे तो प्रयास निरर्थक चला जायेगा। एक हाथ से ताली कहाँ बजती है?

शिष्य की याचना होती है–कृपा कीजिए, अनुग्रह कीजिए। गुरु कहता है– साहस कीजिए, साझीदार बनिए। कोई खींचतान न करे। अपने पक्ष का निर्वाह करें इसी में दीक्षा

की सार्थकता है।

गुरु केवल मार्गदर्शन ही नहीं करते हैं वरन् वह समय की दीर्घा को कम करते हैं और उसे बहुत ही कम समय में अभीष्ट लाभ की सिद्धि में सहायक होते है। इस जगत् में मानव अपूर्ण रूप से आता है। उसे पूर्णता की पूर्ति की अभिलाषा रहती है। इसकी पूर्ति के लिए गुरु ही एकमात्र सहारा होते है। इसलिए दीक्षा की आवश्यकता पड़ती है।

साधना शास्त्रों–तंत्र ग्रंथों में दीक्षा की महिमा का अपूर्व वर्णन होता है–

दीक्षवै माचयत्यूदर्ध्व शैवेधाम नयत्पपि।

अर्थात् "दीक्षा से मुक्ति होती है और वह ऊपर के शिवधान में पहुँचाती है।"

आदर्शवादी जीवन में प्रवेश करने पर शरीर ज्यों का त्यों रहते हुए भी पुनर्जन्म लेना कहा गया है। इसी को द्विज़त्त्व भी कहते हैं। आत्मीयता एवं एकता की एक महत्त्वपूर्ण शृंखला का दीक्षा के आधार पर पुनर्जन्म होता है। एकात्म के लाभ सर्वविदित हैं। हिमालय से जुड़ी हुई नदियाँ कभी सूखती नहीं। बर्फ पिघलने का अनुदान उन्हें बराबर मिलता रहता है। नाले का पानी गंगा में मिलकर गंगाजल बनता है। चन्दन वृक्ष के समीप उगे हुए झाड़–झखाड़ भी सुगन्धित हो जाते हैं। पेड़ से लिपटने के बाद बेल उतनी ही ऊंची उठ जाती है जितना कि पेड़। अपने बलबूते उसे वह गौरव नहीं मिल सकता था। उड़ाने वाले के हाथ का आश्रय पाकर पतंग आकाश चूमती है। आँधी के साथ तिनके भी बिना पैर के दौड़ लगाते हैं। नदी के प्रवाह में नगण्य से पत्ते भी सैर करते हुए समुद्र तक पहुँचते है। युधिष्ठिर का कुत्ता भी स्वर्ग तक पहुँचा था। यह उदाहरण उस सघन एकता के हैं, जिसे प्राप्त करने के लिए गुरु दीक्षा का परम पुनीत कृत्य सम्पन्न होता है।

गुरु दीक्षा में दो तत्वों का समान समावेश है। गुरु की गरिमा और शिष्य की पात्रता उच्चस्तरीय होने पर ही उसकी समुचित परिणत उत्पन्न होती है। इसलिए इस प्रयोग में जहां गुरु को अनुदान देने होते हैं वहाँ शिष्य को भी तदनुरूप कर्त्तव्य निभाने होते हैं। विवेकानन्द, दयानन्द, शिवाजी, चन्द्रगुप्त आदि ने भी शिष्य के कर्त्तव्य निभाए थे।

भगवान वामन ने यही किया था। वे अवतार होकर भी बलि के सामने छोटे बने थे। शबरी के दरवाजे पर राम, गोपियों के यहाँ कृष्ण, घायल कर्ण के पास अर्जुन, कृष्ण हरिश्चन्द्र के यहाँ विश्वामित्र इसी उद्देश्य से याचक बनकर गए थे। गुरु दाता भी होता है और विधाता भी। न उसे कोई निजी अभाव है और न प्रलोभन। मात्र गुरु के अनुशासन में अपने साधनों का नियोजन सदुपयोग कर सकने का अभ्यास है।

दीक्षया पाशमोक्षस्तु शुद्धीवाद् विवेकजम्।

"दीक्षा से पाशों का मोक्ष होता है और उसके बाद विवेक ज्ञान की उत्पत्ति है।

पिच्छिला तन्त्र के अनुसार–

दीक्षां विना न मोक्षः स्यात्प्राणिनां शिवशासनात्।
सा च न स्याद् बिनाचार्यमित्याचायंपरम्परा।।
उपानाशतेनापि य विना नवं सिद्ध यति।
तां दीक्षामाश्रयेद यत्नात् श्रीगुरोर्मन्त्रसिद्धए।।

"शिव का अनुशासन यही है कि दीक्षा के बिना किसी को मुक्ति प्राप्त नहीं होती है। आचार्य–परम्परा बिना दीक्षा नहीं होती। सैकड़ों प्रकार की उपासना–पद्धतियाँ प्रचलित हैं, परन्तु दीक्षा के बिना सिद्धी प्राप्त नहीं होती। गुरुदेव से दीक्षा प्राप्त करके ही मुक्ति करना सम्भव है।"

रसेन्द्रेण यथा विद्धमयः सुवर्णतां व्रजेत्।
दीक्षाविद्धस्तथैवात्मा शिवत्वं लमते प्रिये।
दाक्षाग्निदग्धदर्मासौ यायाद्विच्छिन्नबन्धनः।
गतस्तस्य कर्मबन्धो निर्जीवश्च शिवो भवेत।।

अर्थात–"रसेन्द्र (पारद भस्म) से विद्ध होकर लोहा सुवर्ण बन जाया करता है, उसी भांति दीक्षा से भली–भाँति विद्ध हुआ आत्मा है प्रिये! शिव के स्वरूपता को प्राप्त हो जाया करता है। दीक्षा रूपी अग्नि से दग्ध हुए कर्मो वाला यह मनुष्य विच्छिन्न बन्धन वाला हो जाया करता है। इसके कर्मों का बन्धन तो निश्शेष हो जाया करता है। फिर जब यह मृत होता है, तो शिव के स्वरूप वाला हो जाया करता है।"

एक बार दत्तात्रेय ने कहा "एक बार गुरु दीक्षा लेने से काम नहीं चलेगा, बार–बार गुरु दीक्षा लेनी पड़ेगी। कबीर ने कहा है कि "बर्तन मांजत रहिये... ..."बार–बार बर्तन मैला होगा और बार–बार उसे मांजना पड़ेगा, जितनी बार मांजोगे, उतनी बार उसमें चमक बढ़ती रहेगी, जितनी बार शीशे को पोंछोगे, उतना ज्यादा वह शीशा आपका चेहरा साफ दिखलायेगा। जब चित्त पर लोभ, लालच, स्वार्थ, मोह, अंधकार क्रोध आदि की परत छा जाती है, धूल छा जाती जाती है, तब "गुरु दीक्षा" के माध्यम से उसे पोंछ देते हैं। इसलिए जब भी मौका मिले, जब भी गुरु के पास जाने का अवसर मिले, तब गुरु दीक्षा प्राप्त कर लेनी चाहिए, चाहे पहले दीक्षा ली हुई हो फिर भी पुनः शिष्य रूपी बर्तन को एक बार मांज ही लेना चाहिए।

नवरत्नेश्वर में कहा है कि सभी तरह की दीक्षा से मोक्ष की उपलब्धि होती है और योग की प्राप्ति होती है। पापों का नाश होता है, गुरु से दीक्षा न लेकर जो केवल पुस्तकीय ज्ञान के आधार पर साधना करता है, वह सहस्त्र मन्वन्तर में भी सद्गति नहीं पाता। जो व्यक्ति द्वारा या ऐसे के लिए किया गया श्राद्ध मान्य नहीं होता। इसलिए सद्गुरु से दीक्षा लेना अत्यन्त आवश्यक माना गया है।

योगाचार्यों का मत है कि दीक्षा से अपूर्णता का नाश और आत्मा की सम्यक् शुद्धि होती है। इससे आणवमल की निवृत्ति होती है। जो आत्मा पशुभाव में स्थित है, वह दीक्षा के प्रभाव से ऊपर उठकर शिव को प्राप्त होती है।

दीक्षा की परिभाषा तन्त्र में इस प्रकार दी गई है–

दीयते ज्ञान सद्भाव क्षीयते पशुवासना।
दानक्षपण संयुक्ता दीक्षा तेनेह कीर्त्तिता।।

"जो ज्ञान देती है और पशु वासना का क्षय करती है, ऐसी दान और क्षययुक्त क्रिया को दीक्षा कहा जाता है।"

दिव्यज्ञानं यतो दधात् कुर्यात् पापक्षयै ततः।
तस्मादीक्षेति सा प्रोक्ता सर्वतन्त्रस्य सम्मता।।

—विश्वसार तन्त्र

"जिससे दिव्य भाव उपलब्धि और पाप नाश होता हो, तंत्र में विख्यात मुनियों ने उसी को दीक्षा कहा है।"

दीयते परमं ज्ञान क्षीयते पाप पद्धति।
तेन दीक्षोच्यते मन्त्रे—स्वागमार्थबलबावात्।।

"जो अमर ज्ञान की दाता और पापों का नाश करती है, आगम शास्त्रों में उसी को दीक्षा के नाम से सम्बोधित किया गया है।"

दीयते ज्ञानमत्यर्थ क्षोयते पाशबन्धपनम्।
अतोदीक्षेति देवेशि कथिता तत्वचिन्तकैः।।
मनसा कर्मणा वाचा यत्पापं समुपार्जितिम्।
तेषां विशेषा करणी यपरमज्ञानदायतः।।
तस्मात् दीक्षेति लोके'सिमन गीयते शास्त्र वेदकैः।
विज्ञान फलदा मैव द्वितीय लयकारिणी।
तृतीयामुक्तिदा चैव तस्मादीक्षेतिधीयते।।

"जो ब्रह्मज्ञान को प्रदान करने वाली और पाश व कर्मबन्धनों का क्षय करने वाली है। तत्व चिन्तकों ने उसे दीक्षा नाम दिया है।

मनसा, वाचा, कर्मणा से जो पाप किए जाते है, उनकी नाशकर्ता और परम ज्ञान प्रदाता होने के कारण शास्त्रज्ञों ने इसे दीक्षा कहा है।

प्रथम विज्ञान फल देने वाली, द्वितीय लय भोग सिद्ध करने वाली और तृतीय मोक्षदाता होने के कारण, इसे दीक्षा कहते हैं।"

वास्तव में तो आत्मा पूर्ण है, उसमें अपूर्णता का अंशमात्र भी नहीं है परन्तु माया के संयोग के कारण वह अपने को अपूर्ण समझती है। इस स्थिति को आणव मल की संज्ञा दी गई है। अपूर्णता की भावना के साथ कामनाएँ, इच्छाएँ और वासनाएँ जुड़ी हुई हैं। मनुष्य जब अपने को आत्मा न मानकर शरीर ही समझता है, तो जड़ शरीर की सुख—सुविधाओं की वृद्धि के लिए प्रयत्नशील रहता है। यह भोग बन्धन का कारण बनते हैं। इन्हे तंत्र की भाषा में कर्म—मल कहा जाता है।

दीक्षा से ही शरीर की समस्त अशुद्धियाँ मिट जाती हैं और देह शुद्ध होने से देव—पूजा का अधिकार मिल जाता है। गुरु एक है और उन्हीं से चारों ओर शक्ति का विस्तार हो रहा है। यदि परम्परा की दृष्टि से देखें तो मूल पुरुष परमात्मा से ही ब्रह्मा, रूद्र आदि के क्रम

से ज्ञान की परम्परा चली आयी है और एक शिष्य से दूसरे शिष्य में संक्रान्त होकर वही वर्तमान गुरु में भी है। इसी का नाम सम्प्रदाय है और गुरु के द्वारा इसी अविच्छिन्न साम्प्रदायिक ज्ञान की प्राप्ति होती है, क्योंकि मूलशक्ति ही क्रमशः प्रकाशित होती आयी है। उससे हृदयस्थ सुप्त शक्ति के जागरण में बड़ी सहायता मिलती है और यही कारण है कि कभी–कभी तो जिनके चित्त में बड़ी भक्ति है, व्याकुलता और सरल विश्वास है, वे भी भगवत्कृपा का उतना अनुभव नहीं कर पाते, जितना कि शिष्यों को दीक्षा से होता है।"

दीक्षा विभिन्न प्रकार की है। शास्त्र का वचन है–

स्पर्शाख्या देवि दृक संज्ञा मानसाख्यसा महेश्वरी
क्रियायासादिरहिता देवि दीक्षा त्रिधा स्मृता।।

"मंगलमयी दीक्षा तीन प्रकार की कही गई है। स्पर्श दीक्षा, दृग दीक्षा और मानस दीक्षा। योग्य गुरु अपनी कृपा से शिष्य को शिवहस्त से स्पर्श दीक्षा, दिव्य दृष्टि से देखने पर दृग दीक्षा और सत्य संकल्प के मनन से मानस दीक्षा देते हैं।"

"परमात्मा शिव ने शिवागम में तीन प्रकार की दीक्षा– शांभवी, शाक्ति और मान्त्री का उपदेश दिया है।"

गुरुदेव की कृपा और शिष्य की श्रद्धा ही इन दोनों का पवित्र संगम ही दीक्षा है। गुरु की आत्मदान, शिष्य के आत्म–समर्पण, से ही सम्पन्न होता है। ज्ञान, सिद्धि ओर शक्ति का दान, अज्ञान, पाप और दरिद्रता का क्षय, इसी का नाम दीक्षा है। सभी साधकों के लिए दीक्षा को प्राप्त करना अनिवार्य है। जब तक साधक दीक्षा प्राप्त नहीं करता, वह साध्य प्राप्त नहीं कर सकता। दीक्षा से ही शरीर की सारी अशुद्धियां मिट जाती है। शरीर शुद्ध होते ही उसे देव पूजा का अधिकार मिल जाता है। दीक्षा बहुत बार नहीं होती। वह एक बार ही सम्भव है। सामान्यतया दीक्षा के तीन भेद माने जाते हैं।

1. शाक्ती 2.शाम्भवी 3. मान्त्री,

शाक्ती दीक्षा का विवरण करते हुए बताया गया है कि परम चैतन्य कुण्डलिनी ही शाक्ती है। उसको जागृत क़रके ब्रह्मनाड़ी में से होकर परम शिव में मिला देना ही शाक्ती दीक्षा है। इस दीक्षा में गुरु शिष्य के शरीर में प्रवेश कर उसमें कुण्डलिनि जागृत करते है और अपनी शक्ति उसमें मिला देते हैं।

गुरु अपने प्रसन्नता से दृष्टि अथवा स्पर्श के द्वारा एक क्षण में स्वरूप स्थिर कर देते हैं। गुरु की दृष्टि मात्र से शिष्य का सहस्रार प्रफुल्लित हो जाता है और वह समाधिस्थ होकर कृत्कृत्य हो जाता है।

मान्त्री दीक्षा में गुरुदेव शिष्य को मंत्रोपदेश देते हैं।

दोनों दीक्षा से तत्काल सिद्धि प्राप्त होती है। परन्तु मान्त्री दीक्षा से उनका अनुष्ठान पर सिद्धि का लाभ होता है।

गुरु केवल मार्गदर्शन ही नहीं करता वरन् वह समय की दीर्घा को कम करते है उसे बहुत ही कम समय में अभीष्ठ लाभ की सिद्धि में सहायक होते है। इस जगत में मानव अपूर्ण–रूप में आता है उसे पूर्णता की पूर्ति अभिलाषा रहती है। इसकी पूर्ति के लिए गुरु

ही एक मात्र सहारा है। इसलिए दीक्षा की आवश्यकता पड़ती है।

वर्तमान समय में दीक्षा एक प्रथामात्र बन कर रह गई है। न शिष्य में साधना की प्रवृत्ति रही है और न गुरु में साधना की शक्ति। परन्तु ऐसा नहीं है। यदि कोई अधिकारी शिष्य गुरु को खोज निकालता है तो वही दीक्षा सम्पन्न होती है। क्योंकि दीक्षा में दोनों तत्वों का बराबर समावेश होना चाहिए। वर्तमान समय में लोग अधिक परिश्रम से घबराते हैं। अतः उनके लिए साधना की अपेक्षा सुगम भजन की खोज कर ली गई है। वे प्रेम भाव से भगवान की प्रार्थना करते हैं। श्रद्धा से उन्हें याद करते हैं। यही गुरु और शिष्य की कड़ी है। जो दीक्षा के रूप में प्रत्यक्ष दिखाई देती है।

□□□

साधना को गुप्त रखने का महत्व

शास्त्रों से यह ज्ञात होता है कि साधक को अपने द्वारा की गई साधना को गुप्त रखना चाहिए। इसे प्रकट करने को निषेध बताया गया है।

यह प्रश्न विचारणीय हैं धर्म शास्त्रों में साधना को गुप्त रखने का आदेश है। इसके दो कारण हैं। पहला कारण तो यह है कि साधक की साधना नष्ट हो जाती है और उसे स्वयं को हानि उठानी पड़ती है। साधारण–से–साधारण साधना भी जन साधारण को पता चलती है तो वह साधक का सम्मान करने लगती है, उसे भगवान का स्थान दे देती है। "तंत्रों में लिखा है कि यदि साधक की साधना का पता जनता को लग जाए तो उसी दिन तांत्रिक की मृत्यु समझ लेना चाहिए" साधना के फल से जितना अधिक यश होगा उसका फल उतना ही कम हो जाएगा। जब जन साधारण को सम्मान देने लगती है तो साधक स्वयं को अन्यों से भिन्न समझने लगता है। उससे साधक अहंकारी बन जाता है। वह वापस उसी कीचड़ में फँस जाता है जिसके निकलने के लिए वह प्रयास कर रहा था। उसकी साधना धुल जाती है। भगवत गीता में इस संबंध में लिखा है कि क्रोध से, सम्मोह से, स्मृति विनम्र से, बुद्धि नाश से सर्वनाश हो जाता है।' साधना के प्रकट होने से अनेक व्यक्ति अपनी स्वार्थ सिद्धि के लिए साधक के भक्त बन जाते हैं। कोई उसका पंखा झलता है तो कोई उसके चरण छूता है। इस प्रकार उसका सारा कार्यक्रम बिगड़ जाता है।

और वह अपने नित्य कार्यों को पूरा नहीं कर पाता। जिस कारण उसकी साधना अधुरी रह जाती है। उसका ध्यान साध्य से हटकर उन लोगों की बातों में लग जाता है और कभी–कभी वह उनकी बातों में आकर उन्हें आशीर्वाद दे देता है। यदि उसकी साधना सिद्ध हुई ओर आशीर्वाद सही हुआ तो उसका फल उसके फल में से काट लिया जाता है। दूसरी ओर यदि साधक के द्वारा दिया हुआ आशीर्वाद सत्य नहीं होता है तो वह झूठ करार दिया जाता है और उसका अपमान होता है। प्रायः ऐसा देखा गया है कि जब लोग साधक के पास जाते हैं तो फल–फूल, मिठाई या धन ले जाते हैं जिसे ग्रहण करने से साधक की साधना सम्पूर्ण नष्ट हो जाती है। इससे भी अधिक हानि उस समय होती है जब साधक के पास चेलियाँ इकट्ठी होने लगती हैं और बहुत बड़े अनिष्ठ होने की प्रबल सम्भावनाएँ बढ़ जाती है। इस प्रकार हम देखते है कि साधना के प्रकट हो जाने पर साधक को स्वयं कितनी हानि होती है।

साधना को प्रकट करने से दूसरी हानि यह होती है कि उसकी कितनी ही साधनाएं इतनी रहस्यमयी होती है कि उसके तत्व को समझना बहुत कठिन होता है। लोग उसकी

बात को नहीं समझते। उसका मजाक उड़ाते हैं। जिसे वह नहीं समझ सकती। इसलिए समस्त साधनाओं को गुप्त रखने के लिए कहा गया है। तंत्रों में स्थान–स्थान पर योनि के सामान गुप्त रखने को कहा गया है। इसका तात्पर्य यह है कि जिस प्रकार कुलीन स्त्री अपने अंगों को परपुरुष से छुपा कर रखती है सिर्फ अपने पति के सामने ही प्रकट करती है। उसी प्रकार साधक को अपनी साधना अपने हृदय में स्थित अपने भगवान के समक्ष ही रखनी चाहिए। साधक को रोज इस बात का ध्यान रखना चाहिए कि कोई उसकी साधना को चुरा तो नहीं रहा या तुम्हारे पास तो नहीं आ रहा। इसलिए अपनी साधना को छुपा कर अथवा गुप्त रखनी चाहिएं।

साधना से सिद्धि

वर्तमान समय में मनुष्य एक विडम्बना बन कर रह गया है। मनुष्य अपने जीवन से मृत्यु तक इस भ्रम में रहता है कि वह अपने जीवन को सही तरीके से व्यतीत कर रहा है। इस जीवन में वह सभी कुछ करता है। अपने जीवन के साथ उन लोगों के जीवन को भी अच्छा स्तर प्रदान करना चाहता है जो उसके समक्ष उपस्थित हैं। उसके ये सब करते–करते ही वृद्धावस्था तक पहुँच जाता है। बिना किसी आध्यात्मिक क्रिया के वह अपने जीवन से रूष्ठ हो जाता है। वह उसी प्रकार जीवन व्यतीत करता है जिस तरह अन्य जानवर करते हैं। नीरस ओर निरर्थक जीवन एक ऐसा अभिशाप है जिसे दुर्भाग्य के रूप में स्वीकार करना पड़ता है। इसी के विपरीत सफल समर्थ ओर समुन्नत स्तर के व्यक्ति सौभाग्यशाली प्रतीत होते हैं। मनुष्यों के बीच ऐसे अन्तर का क्या कारण है इसका साफ उत्तर यही है कि पहली किस्म के मनुष्य अपना जीवन मनुष्य की पहली परत पर ही गुजार देते हैं और उन्हें सिर्फ छिलके के ओर कुछ प्राप्त नहीं होता। परन्तु वे मनुष्य जो मनुष्य जीवन की हर तह को खोलते हुए मानवतावादी कार्य करते हैं, वे लोग ये जानते ओर मानते हैं कि इस धरती पर लाने वाला ईश्वर है और ईश्वर की प्राप्ति के लिए किया जाने वाला कृत्य साधना है। "साधना से सिद्धि" का सिद्धांत अक्षरशः सत्य है। भौतिक जगत् में विभिन्न क्षेत्रों में अध्यनरत पुरुषार्थी अनेक सफलताएं अर्जित करता है। जीवन एक ऐसा क्षेत्र है। जहाँ आनन्द और उल्लास के भण्डार भरे पड़े हैं। साधना एक सुविस्तृत विज्ञान है।

साधना का अर्थ सिद्धि है अर्थात् उपासना, जप, और श्रद्धा के माध्यम से अपनी ईष्ट देवता से अपनी इच्छित आवश्यकताओं की पूर्ति ही साधना है। मनुष्य अपने जीवन के अन्त में मोक्ष चाहता है अर्थात् पृथ्वी पर जन्मी 64 हजार योनियों से मुक्ति। इसके लिए वह अपने ईष्ट को याद करता है, उनका गुणगान करता है, उनकी परम भक्ति करता है कि उसके परमेश्वर उससे प्रसन्न होकर उसका इच्छित फल उसे देंगे। साधना एक विशाल एवम् व्यापक क्षेत्र है, हमारा सम्पूर्ण जीवन ही साधना है। "जैसी करनी वैसी भरनी" यह ऐसा सिद्धान्त है, जो हमारे जीवन के समस्त कर्मों के फलों का हिसाब इसी जीवन में होता है। जितने भी महापुरुष हुए हैं, उन्होंने अत्यन्त कठिन ओर कठोर साधनों

के माध्यम से ही आत्मज्ञान को पाया है। सच्चासाधक, निष्ठावान पुरुष, भगवान पथ पर चलने वाला आध्यात्मिक साधना की एक–एक सीढ़ी चढ़ता हुआ लक्ष्य की ओर पहुंचता है। साधक को इधर–उधर भटकने की कोई आवश्यकता नहीं उसके ईश्वर व भगवान उसके हृदय में निवास करते हैं। अतः हृदय स्थित भगवान का ध्यान स्वच्छ मन से किया जाए तो निश्चय ही विशुद्ध भगवान् अर्थात् परमात्मा को प्राप्त करता है। सनातन धर्म विश्व के अन्य धर्मों से काफी भिन्न है। इस धर्म ने अपने सभी वर्गों के लोगों के लिए अच्छी ओर सुन्दर क्रियाएँ बनाई है जिससे प्रत्येक व्यक्ति अध्यात्म शक्ति को प्राप्त कर सकें। किसी भी साधना को करने के लिए कुछ शर्तों का पूरा करना अनिवार्य होता है, यही उसे सफलता दिलाती है। यह एक ऐसा सूत्र है, जो ज्ञान के क्षेत्र में समान रूप से तथा साधना के क्षेत्र सिद्धि के रूप में दिखलाई देता है। साधना से सिद्धि का सिद्धान्त सास्वत सत्य है। इसमें कोई शक नहीं, तथा इसमें कोई विवाद की गुंजाइश नहीं। सिर्फ साधना के स्वरूप ओर उद्देश्य को समझने भर की देरी है। उद्देश्य समझते ही हम अपने लक्ष्य को प्राप्त करने में सफल हो जाते हैं।

साधना से सिद्धि का सिद्धान्त सुनिश्चित है, धार्मिक जीवन का मूल आधार आत्मसंयम है। आत्मसंयम के बिना साधना हो ही नहीं सकती, क्योंकि मनुष्य का शरीर चंचल तथा आध्यात्मिक जगत् में सफलता मिल ही नहीं सकती। सफलता का मिलना हमेशा असम्भव ही होता है। इसका कारण जिस शक्ति को संगठित कर के भगवान में लगाना है वह नष्ट हो जाती है। इसलिए हमें वास्तविक और आध्यात्मिक साधना करनी चाहिए यही जीवन का बीज है। अन्त में यही कहा जा सकता है कि लोक की चाहें कितनी ही सिद्धि प्राप्त कर लें उसे अपने ईष्ट के पथ पर हमेशा चलना चाहिए। यदि आप ज्ञानी हैं ज्ञान के मार्ग पर चलते हैं, तो निश्चय ही आप सिद्धि की प्राप्ति कर सकते हैं।

साधना के स्तर

साधना मनुष्य को सदाचारी बनाती है। जीवन के आदर्श मार्ग पर उसे अपनी सम्पूर्ण जीवन के उद्देश्यों की प्राप्ति होती है। जैसे स्कूटर के लिए पेट्रोल की आवश्यकता होती है। उसी तरह मनुष्य जीवन में साधना महत्वपूर्ण स्थान रखती है। मनुष्य का जीवन ही साधना के समान है। यदि मनुष्य अपने मन पर काबू पा ले तो वह सम्पूर्ण जगत् को विजय कर सकता है। साधना सभी स्तरों पर की जाती है, फिर भी साधना के तीन प्रकार अथवा स्तर बताए गए है। साधना का पहला पक्ष उपासना है। विभिन्न शारीरिक और मानसिक क्रिया कृत्य सभी चिन्तन परक होती है। उनमें सभी स्तरों के ध्यान करने पड़ते हैं। दूसरा पक्ष है ध्यान, ध्यान दो प्रकार का माना गया है साकार ध्यान और निराकार ध्यान। साकार में अमुक देवी–देवताओं के स्वरूप एवम् सानिध्य की भावना आती है। मनुष्याकृति के भगवान ध्यान को साकार ओर सूर्य प्रकाश जैसे हाथ–पाँव रहित स्वरूप को निराकार कहा गया है। आकार का अर्थ ही स्वरूप है। जहाँ किसी भी प्रकार की आकृति का ध्यान बनाया जा रहा होगा वह साकार ध्यान है। निराकार वर्ग के सहारे

सम्पन्न किए जाते हैं। शरीर से श्रम परक सूक्ष्म शरीर में चिन्तन परक उपासनाएँ की जाती हैं। इसका कारण शरीर में केवल चिन्तन परक उपासनाएँ हैं। निष्ठा, आस्था, श्रद्धा का भाव भरा **समन्वय भक्ति** कहलाता है। प्रेम सम्वेदना इसी को कहते हैं। मन ओर बुद्धि का इसमें अधिक उपयोग नहीं होता है। भक्ति का प्रमुख लक्षण कई धर्म विचारकों ने बताया है कि जिसमें मनुष्य एक दूसरे से इतना प्रेम करे की बस उसी में लीन हो जाए, उसे ही अपना पहला और आखिरी लक्ष्य समझें। अतः ऐसी स्थिति एकता, एकरूपता, एक सत्ता का प्रतिपादन करती है और यही अवस्था भक्त और भगवान के स्वरूप को बनाती है। भक्त द्वारा जुड़े हुए संकीर्ण स्वार्थपरता के बन्धन भी समाप्त हो जाते हैं। ऐसा मनुष्य लोभ मोह के बन्धनों से विरक्त होकर वैरागी जीवन व्यतीत करता है। इसके लिए मात्र मस्तिष्क द्वारा सम्भव होने वाले ध्यान चिन्तन से काम नहीं चलता, वरन् प्रियतम के साथ एकीकरण होने भावोन्माद को जगाना पड़ता है। आत्मा और परमात्मा की एकता भावना जिस भी भाव प्रक्रिया द्वारा सम्पन्न की जाए वे सभी भक्ति कहलाती हैं।

ये सारी साधनाएं एक साथ चलती हैं। जिस तरह मानव शरीर के सभी अंग एक साथ कार्य करते हैं, और साथ–साथ कार्य करने से सभी का एक साथ विकास भी होता है।

उपासना के संबंध में एक महत्वपूर्ण तथ्य यह सामने आता है, कि केवल कर्मकाण्ड ही काफी नहीं हैं। वरन् साथ में भावनात्मक समावेश होना भी बहुत जरूरी है। आमतौर पर लोग यह समझ लेते हैं, कि जप, पाठ करने से उनकी उपासना पूर्ण हो गई। उपासना के हर कर्मकाण्ड के साथ आवश्यक भावनाओं का समन्वय होना बहुत आवश्यक है, तभी उनमें प्रखरता आएगी।

श्रद्धा में विकास का समुचित समावेश रहना चाहिए। कौतुहल, अवज्ञा, उपेक्षा की तरह विधि विधान कर लेने से कुछ नहीं होता शारीरिक क्रियाओं के साथ–साथ आत्मिक भावनाओं का होना अत्यन्त आवश्यक बताया गया है, ओर इसी आधार पर उपासना प्राणवान होती है। अधूरे और अपनी मर्जी अनुसार उपासना करने से निराशा के अलावा कुछ हाथ नहीं लगता, इसलिए उपासना में पूजा के अतिरिक्त भावना ओर साधना का भी ठीक प्रकार से समन्वय होना चाहिए, तभी वह अपने इच्छित परिणाम पा सकते हैं। ऋषि और शास्त्रों के अनुसार हम जितनी भी उपासना ठीक ढंग से करेंगे, उतना ही अच्छा परिणाम हमें प्राप्त होगा। जीवन शोधन ओर परमार्थ प्रक्रिया का समन्वय करने से साधन का प्रयोजन पूरा होता है। जिस प्रकार उपासना को पूजन, जप और ध्यान इन तीन भागों में बांटा गया है, उसी प्रकार आत्म निर्माण, परिवार निर्माण, और समाज निर्माण साधना के तीन अंग बतलाए गए हैं। भगवान के स्मरण पर जितना ध्यान देना आवश्यक है उतनी ही आवश्यकता जीवन शोधन की भी है। आदर्शवादी व उत्कर्ष जीवन का सबसे प्रमुख प्रमाण हैं। ऐसे मनुष्य जो अपने आचरण की शुद्धता को लेकर अपने भगवान के समक्ष उपस्थित होते हैं, वे निःसन्देह परमात्मा को प्राप्त करते हैं।

मानव जीवन में साधना का महत्त्व

जैसा कि हम जानते ही है कि, साधना में साधक विशेष यंत्र के रूप में कार्य करता है अर्थात् मनुष्य, साधना के प्रत्येक अंग में बराबर शामिल रहता हैं। साधना के जितने अंग अथवा भेद बताए गए हैं। उनमें भी मनुष्य का विशेष योग दिया गया है। अतः इन सब बातों से यह सिद्ध होता है कि मानव साधना का परम अंग है और जिसका प्रमुख प्रभाव मानव जीवन पर पड़ना स्वाभाविक है। प्रत्येक जीव अर्थात् मनुष्य का प्रधान कर्तव्य है कि वह अपने उस ईष्ट देवता को याद करे जिसने उसको पैदा किया। संसार में एक वो ही ऐसा है, जो सर्वत्र विद्यमान है। इसलिए मानव जीवन पर उसका बहुत महत्व होना चाहिए। जब मनुष्य अपने जीवन के यथार्थ उद्देश्य की प्राप्ति के लिए भगवान का भजन करता है, उसे याद करता है, ऐसी अवस्था में उसके सम्पूर्ण जीवन पर उसका प्रभाव पड़ता है। आदिकाल से ही मनुष्य ईश्वरीय भक्ति में लीन रहा है। ऐतिहासिक ग्रन्थों तथा प्राचीन ग्रन्थों से ये मालूम होता है कि राजा, प्रजा तथा साधू संन्यासी ईहलीला की प्राप्ति के लिए अपना सब कुछ छोड़कर जंगल में चले जाते ओर वहां के शान्त वातावरण में भगवान की साधना में लीन हो जाते। जिसका प्रभाव प्रत्यक्ष या अप्रत्यक्ष रूप से मान जीवन पर पड़ता है, मोक्ष की प्राप्ति के लिए मनुष्य संसार भर में भटकता है और अन्नतः उसे मोक्ष प्राप्ति होती है या अपनी इच्छानुसार फल की प्राप्ति करता है। साधना में साधक ओर साध्य का परम संबंध है साधक भक्त है और साधना भक्ति है और साध्य आराध्य भगवान है। इसमें कोई सन्देह नहीं कि साधना संसार रूपी कीचड़ से बाहर निकालने की एक प्रणाली है। यह मनुष्य की सफलता की कुंजी है। मनुष्य जीवन उसकी आवश्यकताओं से भरा पड़ा है। वह एक वस्तु पाने के बाद दूसरे की इच्छा करता है। मनुष्य का यही स्वभाव ही उसे स्वार्थी बनाता है। मनुष्य अपनी सारी आवश्यकताएँ चाहे वो धर्म के अन्तर्गत हो या अधर्म के विरुद्ध उसको प्राप्त करने के लिए अपने ईष्ट की सहायता चाहता है इसलिए वह साधना करता है इन्हीं कारणों से मानव जीवन पर साधना का बहुत अधिक महत्त्व पाया गया है। मनं को मारना अर्थात साधना, यह आध्यात्म क्षेत्र का सबसे बड़ा पुरुषार्थ माना गया है। साधना के लिए परिवार की प्रयोगशाला में अपने निर्धारणों को परिपक्वता देनी पड़ती है। इसी से पारिवारिक कल्याण सम्भव होता है, साधना के माध्यम से व्यक्ति समाज को श्रेष्ठता प्रदान करता है। वह व्यक्ति की सेवा साधना में लगा रहता है और जन सामान्य की सेवा ही सबसे बड़ी साधना बतलाई गई है।

साधना के मूल आधार

साधना के लिए मुख्यतः तीन चीजों की आवश्यकता होती है, जो साधना के मूल आधार हैं

1. साधक 2. श्रैष्ठ 3. साध्य

1. **साधक :** साधना करने वाले को साधक कहते हैं। साधना में साधक का वो

ही महत्त्व है जो जीव में प्राण का, एक बहुमंजिली इमारत में नींव का, श्वास में ऑक्सीजन का अर्थात् साधक और साधना का धनिष्ठ संबंध है। साधक अपने मस्तिष्क में एक कार्य योजना को स्थापित करता है जिसके अनुसार ही वह आचरण करता है। साधक वे होते हैं जो साधना–निष्ठा और साधना निश्चय करके अपने क्रिया कलापों में अपना समय व्यतीत करते हैं। साधको का एक यह भी गुण माना जाता है कि साधक अपना उद्देश्य और अपनी नीयत साफ रख कर, अपने साधनों की छानबीन करते हैं। योग और जय करते हैं। इन दोनों का शास्त्रीय दृष्टि से बहुत महत्व है। साधक ही वह साधन है जिससे साध्य अथवा परमात्मा या अपने इच्छित वस्तु को पाया जाता है। इसलिए यह कहना उचित होगा कि साधक ही वह यंत्र मात्र है जिससे साधना सिद्ध की जा सकती है। ओर जिस साधना की बदौलत हित सिद्धि प्राप्त करते हैं, उसकी महिमा अपरम्पार है। वैज्ञानिकों के अनुसार साध्य और साधन सारी शक्तियाँ साधन पर एकाग्र करने का शास्त्राशुद्ध और युक्ति संगत मार्ग है साधना की निष्ठा। साधक का परम धर्म है। साधक अपने आपको यंत्र बनाकर कार्य करता है। उसका मन, वचन, कर्म की पवित्रता, सत्य, अहिंसा, ब्रह्मचर्य एकांतवास, अपनी ज्ञानेन्द्रियाँ और कमेन्द्रियाँ पर नियन्त्रण साधक के प्रमुख गुण हैं, जो साधक को साध्य प्राप्त करने में सहायता प्रदान करते हैं।

2. **श्रेष्ठ गुरु** : प्राचीन समय से ही गुरु का मनुष्य जीवन में बहुत अधिक महत्त्व रहा है। हमारे भगवान श्री रामचन्द्र से लेकर आज तक जितने भी महापुरुष हुए उनका कोई ना कोई गुरु अवश्य रहा है। ऐसा माना जाता है कि गुरु ही समस्त कार्यों की सिद्धि की कुन्जी है, अर्थात् एक अच्छे गुरु का होना अत्यन्त महत्वपूर्ण स्थान रखता है। साध्य और साधक के बीच की दूरी को साधना कहा गया है। जो एकाकी से दूसरे के निकट लाती है। जिसे साधक के अधिकार और साध्य के स्वरूप का पता नहीं है वह साधना को भला, कैसे जान सकता है, इसी से सर्वज्ञ महापुरुष ही साधना का निर्देश करने के अधिकारी है। वर्तमान युग को आधुनिक लोग उन्नति का युग कहते हैं, परन्तु आध्यात्मिक दृष्टि से देखा जाए तो ऐसा निकृष्ट युग कभी नहीं आया। इसलिए ऐसे समय में यदि साधक साधना करना चाहे तो उसकी सबसे बड़ी समस्या होगी? एक श्रेष्ठ गुरु की जो उसे उसकी साधना का सही मार्ग दिखा सकें। आज के समय में यह ढूँढ़ पाना बहुत ही कठिन है, मगर ढूढ़े तो भगवान भी मिलता है और अगर अच्छा गुरु मिल जाए तो वह साधक को साध्य तक सरलतापूर्वक पहुँचा सकता है। एक शिष्य के

लिए उसके गुरु की महिमा वही समझ सकता है। शिष्य गुरू का उत्तराधिकारी है अर्थात् गुरु का ज्ञान ही शिष्य के रूप में अभिव्यक्त होता है। ज्ञान की दृष्टि से परमात्मा, गुरु और शिष्य एक हैं, इस एकत्व के बोध में ही शिष्य की पूर्णता है। शिष्य जानता है कि मेरे गुरु सर्वज्ञ हैं, वे मेरे चराचर जगत् की सम्पूर्ण रहस्यों के एकमात्र ज्ञाता हैं। वे शक्तिमान हैं। वे परम कृपालु हैं, इसलिए सफल साधना के लिए श्रेष्ठ गुरु का होना अनिवार्य है अथवा साधक अपना मार्ग भूल जाएगा जिसकी हानि उसे स्वयं को उठानी होगी।

3. **साध्य :** साधक का परम फल होता है अपने कर्मों, आचरणों, गुरु की आज्ञाओं, उनके मार्गदर्शन के अनुसार साध्य को अर्थात् परमपिता परमेश्वर को प्राप्त करना। क्योंकि वर्तमान समय में मनुष्य इतना स्वार्थी और बैचेन हो गया है कि उसे सुख, शान्ति और परम संतोष की तलाश रहती है। अतः वह ऐसी शक्ति को प्राप्त करना चाहता है जिसके माध्यम से उसे अन्तः ज्ञान और शान्ति की प्राप्ति हो। इसलिए वह साधना के माध्यम से अपने साध्य को प्राप्त करने का प्रयास करता है। साधक को साध्य प्राप्त करने से पूर्व सभी बातों को भूल कर उसी कार्य में लग जाना चाहिए जो उसे प्राप्त करनी है। साध्य को प्राप्त करने के लिए साधक दो प्रकार के कार्य करता है।

1. योग 2. जप

1. **योग**—योग वह क्रिया है जिसमें साधक मंत्रों के माध्यम से किसी विशिष्ट जगह अर्थात् स्थान पर बैठकर या खड़ा रहकर परम पिता परमेश्वर की साधना करता है, उनसे अपने मोक्ष प्राप्ति की इच्छा करता है। योग आसन होते हैं, जिसमें साधक अपनी स्थिति बनाता है।
2. **जप**—इसमें साधक भगवान का शब्दों के रूप में प्रयोग करता है। इन्हीं शब्दों से वाक्य बनते हैं अर्थात वे वाक्य जो भगवान के गुणों को बताते हैं मंत्र कहलाते हैं। मंत्रों के माध्यम से साधक साध्य अर्जित करता है।

साधना के सिद्धान्त

अब हम ये भली प्रकार समझ चुके हैं कि साधना क्या है, उसकी क्या उपयोगिता है, उसका मानव जीवन पर क्या प्रभाव पड़ता है और उसके कौन–कौन से मूल आधार है। इन सबको समझने के बाद हम इसके सिद्धांतों के बारे में चर्चा करेंगे। किसी के सिद्धांत उसके मुखरूप होते हैं जो यह बताते हैं कि कोई वस्तु किन बातों को पूरा करके अथवा किन बातों को ध्यान रखकर पूरी की जा सकती है। साधना के भी कुछ प्रमुख सिद्धांत हैं, जो निम्न प्रकार है–

1. ईश्वरीय विश्वासः– साधक को अपने ईष्ट देवता पर विश्वास होना चाहिए कि वह अपने भगवान से जो भी माँग रहा है उसको पूरा करेंगे। वर्तमान समय में आत्मविश्वास एक महत्वपूर्ण तत्व माना जाता है और यही विश्वास उसे अपने परमात्मा पर भी रखना चाहिए। इस विश्वास से ही उसे अपने फल की प्राप्ति होगी। किसी भी कार्य को शुरू करने से पहले व्यक्ति का उस कार्य के प्रति लगाव होना चाहिए वही लगाव उस कार्य के अच्छे परिणाम का घोतक होता है। साधक को अपनी संकल्प शक्ति से ये प्रचण्ड संकल्प ले लेना चाहिए कि परमात्मा उसकी साधना से प्रसन्न हो उसके इच्छित फल उसे वरदान अथवा पुरस्कार के रूप में दें।

2. दीक्षाः– श्रेष्ठ गुरु से साधक जो ज्ञान प्राप्त करता है वही दीक्षा होती है। दीक्षा के माध्यम से साधक अपनी साध्य रूपी पूँजी को प्राप्त कर सकता है। दीक्षा एक दृष्टि से गुरु की ओर से आत्मज्ञान, शक्तिपात है तो दूसरी दृष्टि से सुषुप्त ज्ञान और शक्तियों का उद्‌बोधन है। दीक्षा से शरीर की समस्त अशुद्धियाँ मिट जाती हैं। गुरु का आत्मदान, शिष्य का आत्म समर्पण एकाकी कृपा और दूसरे की श्रद्धा के अतिरिक्त और कुछ नहीं है। ज्ञान, शक्ति और सिद्धि का दान तथा अज्ञान, पाप और दरिद्रता का क्षय इसी का नाम दीक्षा है। दीक्षा के माध्यम से साधक गुरु की कृपा से अपने साध्य को प्राप्त करता है, अर्थात् साधक दीक्षा प्राप्ति के बाद ही पूर्ण साधना कर सकता है।

3. सांप्रदायिकः– साधक का सांप्रदायिक होना बहुत जरूरी है यहाँ संप्रदाय से आशय उस वातावरण से है जहाँ साधक अपनी समस्त इच्छाओं, कामनाओं, वासनाओं को त्याग कर ईश्वरीय चरणों में लीन हो जाए। ऐसी जगह बना ले जहां उसे किसी भी प्रकार का मोह भंग नहीं हो। वह साध्य मिलने तक अपनी साधना में लगा रहे और अपने उन समस्त उपायों का उपयोग करे, जो उसे उसके गुरु से प्राप्त हुए हैं, और अन्त में वह अपनी इच्छित पूर्ति को प्राप्त कर धन्य हो जाए।

साधना की उपयोगिता

अब हमारे मस्तिष्क में ये प्रश्न उठता है कि साधना की क्या उपयोगिताएं है? इस प्रश्न का उत्तर प्राप्त करने के लिए साधना की अवधारणा पर ध्यान केन्द्रित करना होगा। वर्तमान समय में सर्व–अशान्ति विध्यमान है। यह जगत् माया का क्रीडास्थल है। जहाँ मनुष्य आँख मिचौली खेल रहा है। उसकी आंखों पर अन्धकार अर्थात् अज्ञानता की पट्‌टी बंधी हुई है। वह सारे संसार में विचरण करता है। शान्ति व सुख की तलाश में दर–बदर की ठोकरें खाता है, मगर उसे कहीं शान्ति नहीं मिलती वह जितना सोचता है। उसके अनुसार कार्य करता है। दुखों की जंजीरों में बंधता चला जाता है। उसे स्वतन्त्रता, संतोष, कहीं नहीं मिलता। वस्तुतः वह अपनी इच्छाओं का गुलाम बना हुआ है। वह एक मृग की तरह इस मायावी संसार में अपनी प्यास बुझाने के लिए घूमता रहता है और जब वह थक हारकर बैठ जाता है तो उसे अपने भीतर की आवाज सुनाई देती है। ह्रदय गूंजने लगता है। शास्त्र बताते हैं कि भगवान ही एकमात्र विशुद्ध आनन्द हैं। वास्तविक ज्ञान है,

परम सत्य है, और सर्व प्रेम का स्रोत हैं, और जब वह इस बारे में सोचता है तो उसके आँखों पर बंधी अज्ञानता की पट्टी खुल जाती है, उसके जीवन में सत्य उतर जाता है। हृदय के अन्तर तल में भगवान के आनन्द की तरंगें उठने लगती हैं। भगवान के चरणों का स्मरण साधना की पहली सीढ़ी है। दुनिया के पाखण्ड धोखे देने वाले हैं, परन्तु भगवान की प्राप्ति सच्ची महान् प्राप्ति है। आज की दुनिया वैज्ञानिक युग में निवास करती हैं। प्रत्येक मनुष्य स्वार्थी होने के साथ इस जगमगाहट के पीछे डूबता जा रहा है। जो लोग इस अड़चन में नहीं पड़ते वहीं साधक बने हुए हैं और भगवान की प्राप्ति में लगे हैं, लेकिन जो लोग संसार की इस विपत्ति से परेशान रहते हैं वह ईश्वरीय खोज में लग जाते हैं भगवान को प्राप्त करना उनका परम लक्ष्य बन जाता है और सुख, शान्ति, संतोष प्राप्ति की पहली क्रिया साधना है। इस कारण इसकी उपयोगिता और अधिक बढ़ गई हैं। वास्तविक सुख क्या है? इसका एकमात्र उत्तर हैं—परमात्मा, संसार की समस्त इच्छाओं के शान्त हो जाने पर एक अनंत सुख की अनुभूति होती है उसे परमात्मा कहते हैं अतः परमात्मा को प्राप्त करना ही मनुष्य का एकमात्र उद्देश्य रहता है और इसी परमात्मा की प्राप्ति के लिए वह साधना करता है। वर्तमान युग के विद्वान अपने आपको ज्ञाता कहते हैं और दैविक ज्ञान को मन्दबुद्धि का परिचायक बताते हैं, लेकिन वास्तव में वे अज्ञानी हैं क्योंकि सबसे बड़ी पराक्रम शक्ति वही ईश्वर है, क्योंकि ईश्वर के ही करुणा के कारण उन्हें 64 हजार योनियों में सबसे श्रेष्ठ मनुष्य योनि में जन्म मिला। ज्ञान साधना का विरोधी नहीं है। वह तो उसमें रहने वाले अज्ञान—मात्र का विरोधी है। अज्ञानता का नाश करके साधनाओं के स्वरूप की रक्षा करने में ज्ञान का महत्व है। यह कोई अनुभवी महापुरुष ही जान सकता है। ज्ञान सम्पन्न पुरुष कभी साधना का विरोध नहीं करते, जैसे दूसरे साधकों द्वारा प्रयत्नपूर्वक साधनाएं होती है ठीक उसी प्रकार ज्ञानी के शरीर के भीतर साधना होती रहती है। साधना में प्रवृत्ति ही दुख की आत्यान्तिक निवृत्ति और परमानन्द प्राप्ति के लक्ष्य को बताती हैं। लक्ष्य की सिद्धि की उपयोगिता ही साधना की अन्तिम कड़ी है। अतः साधना मनुष्य जीवन का एक है।

साधना क्या है?

मनुष्य सांसारिक आवश्यकताओं दैविक आचरणों और उनकी कृपा पाने के लिए जो आचरण करता है, जो क्रियाएं करता है वही साधना है। स्पष्ट रूप में यह कहा जा सकता है कि किसी वस्तु को प्राप्त करने के लिए साधक और ईष्ट देवता के मध्य जिस क्रिया द्वारा संबंध स्थापित होता है, उसे ही साधना कहते हैं। परन्तु धार्मिक दृष्टि से विशेषतः हिन्दू सम्यता में पुरुषार्थ को ही साधना कहा गया है। दूसरे शब्दों में साधना शब्द बहुत व्यापकता रखता है, जो भी श्रद्धायुक्त कर्म होता है साधना कहलाता है। साधना के संसर्ग में आने वालों को हर्षाती और पूर्ण रूप से फलने—फूलने पर संसार को नीचे के वातावरण से ऊपर की ओर उठाती है। एक अनिर्वचनीय आनन्द देती है। सबसे बड़ा आनन्द परमात्मा से मिलन है अर्थात् मोक्ष को प्राप्त करना है। भारतवर्ष धर्म भूमि है,

यहाँ युगों पहले से ऋषि मुनियों ने यह परम्परा चला रखी है कि आनन्द और ध्यान के मार्ग पर जाकर ईश्वर को प्राप्त किया जा सकता है। साधक और साधनाओं के कारण ही संसार सबसे ऊँचा उठा हुआ है। साधना एक आध्यात्मिक शब्द है। इसलिए साधना से सिद्धि का सिद्धांत अक्षरशः सत्य है। हमारा सम्पूर्ण जीवन ही एक साधना है और यही साध्य को प्राप्त करने का मार्ग अर्थात् यंत्र भी है अर्थात मनुष्य शरीर साधना रूपी यंत्र से साध्य करता है और यही साधना की सबसे अनूठी कड़ी मानी जाती है। धर्म ग्रन्थों तथा वेद पुराणों से यह ज्ञात हुआ है कि यदि किसी वस्तु को तपाया जाए तो उसका संशोधन होता है। उसमें दृढ़ता आती है तथा उसका स्तर बढ़ता है। ठीक उसी प्रकार व्यक्ति भी तप–साधना से परिष्कृत और सुदृढ़ होता है। साधना से योग, तप, पवित्रता, प्रखरता क्रिया, ब्रह्म विद्या तथा महातेज का उदय होता है और इसे ही साधना कहा गया है। इसलिए ब्रह्मावर्चस की साधना में कर्मयोग, ज्ञानयोग एवम् भक्ति योग इन तीनों का समन्वय रहता है। अतः विद्वानों ने इसे ही साधना कहा हैं। इग्लैण्ड के एक भौतिक शास्त्री साधना पर अपने विचार रखते हुए लिखते हैं कि साधना करने वाले को आज के समय में मन्दबुद्धि समझते है। पर ये सत्य नहीं हैं। ये बिल्कुल उसी तरह हैं कि हम एक वीरान बंजर भूमि को सींच कर उसमें फल–फूलों के पेड़–पौधे लगाते हैं। उसको उर्वरक बनाने के लिए खाद और पानी देते हैं, उसकी निरन्तर देखभाल करते हैं, और जब मौसम आता है तो उसमें फल–फूल लगते हैं, ठीक उसी प्रकार साधक अपने साध्य को पाने के लिए ईश्वर में विलीन हो जाता है और अन्त में उसे उसका इच्छित फल प्राप्त होता हैं। फल को प्राप्त करने के लिए जो क्रिया हुई उसे मेहनत या वस्तु को प्राप्त करने की साधना कहलाती है। वैसे साधना का एक ही मतलब होता है। साधारणतया साधना का अर्थ है मन को किसी विषय पर एकनिष्ठ भाव से संयुक्त करना है। साधना के लिए मन को ध्यानावस्था होनी चाहिए क्योंकि ध्यान ही साधना का मुख्य अंग है। ध्यान कहाँ करना चाहिए इसके लिए सही उत्तर होगा। हृदय में, क्योंकि हृदय में ही भगवान का निवास होता है। अतः यदि हम हृदय का ध्यान करें तो स्वतः ही भगवान का ध्यान आ जाएगा। इस प्रकार हृदय की सिद्धि हो जाने पर हृदय में डूब जाने पर परम ज्योति का अनुभव होता है। ज्योति से आशय पूर्णरूप से ब्रह्म से है, और ब्रह्म ही ईश्वर हैं। साधक और हृदय एक अन्य वस्तु क़ा निर्माण करते हैं जिसे रूप कहते हैं अर्थात् वह कौन–सा ईश्वरीय निर्माण करते हैं जिससे साधक अपनी इच्छा बताना चाहता है और उन इच्छाओं को प्राप्त करना चाहता है। यही साधना की पूर्ण अवस्था है। किसी भी प्रकार की साधना करने के लिए इन तीनों का होना आवश्यक माना जाता हैं। इसमें से किसी एक का भी नहीं होने पर साधना की ही नहीं जा सकती। अतः साधना सिद्ध होने पर साधक को भगवान का साक्षात्कार होता है। कई विद्वान इस पल को निर्वाण या मुक्ति की भी संज्ञा देते हैं। अतः अन्त में यही कहा जा सकता है कि साधना परमात्मा से मिलन का एक रास्ता है, जिसे मनुष्य अपने पुरुषार्थ से पूरा करके परमात्मा में लीन हो जाता है। और अपनी समस्त इच्छाओं की प्राप्ति करता है। ❑❑❑

शक्ति-रहस्य

'श–नाम ऐश्वर्य का और शक्ति–नाम पराक्रम का है एवं ऐश्वर्य–पराक्रम स्वरूप और दोनों को प्रदान करनेवाली को शक्ति कहते हैं।' इसी आदि–शक्ति प्रकृति–देवी की विकृति ही जगत् है। अब जिस प्रकार प्रकृति अपने विकृति रूप जगत् की रचना करती है, यह संक्षेप में प्रकृति–शब्द के अर्थ द्वारा दर्शाया जाता है।

'प्र' का अर्थ प्रकृष्ट (उत्कृष्ट) और 'कृति' का अर्थ सृष्टि है एवं जो सृष्टि रचने में प्रकृष्ट को उसे प्रकृति कहते हैं। यह प्रकृति का तटस्थ लक्षण है। 'प्र' शब्द प्रकष्ट सत्वगुण में रहता है, यह प्रकृति का स्वरूप–लक्षण है, जैसा कि सांख्यशास्त्र में प्रतिपादन किया है– 'सत्वरजस्तमसां साम्यावस्था प्रकृतिः।' इन तीन गुणों के द्वारा ही तीन देवताओं को अर्थात् सत्व से विष्णु को, रज से ब्रह्मा को और तम से रुद्र को उत्पन्न कर भगवती जगत् का पालन, उत्पत्ति और लय करती है।

इस विषय को बह्वृचोपनिषद् में इस प्रकार वर्णन किया गया है।

'सृष्टि के आदि में एक देवी ही थी, उसने ही ब्रह्माण्ड उत्पन्न किया; उससे ही ब्रह्मा, विष्णु और रुद्र उत्पन्न हुए। अन्य सब कुछ उससे ही उत्पन्न हुआ। वह ऐसी परा–शक्ति है।' प्राधानिकरहस्य में लिखा है–

ब्रह्मा, विष्णु और महेश अपने अर्धांगीभूत त्रिविध शक्ति–सरस्वती, लक्ष्मी और गौरी की सहायता से जगत् का जनन, पालन और लय करते हैं।

न हि क्षमस्तथात्मा च सृष्टिं स्रष्टुं तया विना।

'बिना शक्ति के आत्मदेव सृष्टि रचना नहीं कर सकते।'

तया युक्ताः सदात्मा च भगवांस्तेन कथ्यते।
स च स्वेच्छामयो देवः साकारश्व निराकृतिः।।

'ज्ञान, समृद्धि, सम्पत्ति, यश और बलवाचक 'भग' शब्द युक्त भगवती से संयुक्त होने से आत्मा का नाम भगवान् है; स्वेच्छामय होने से भगवान् कभी आकार और कभी निराकार होते हैं।'

इत्थं यदा यदा बाधा दानवोत्था भविष्यति।
तदा तदावतीर्याहं करिष्याम्यरिसंक्षम्।।

वही जगदम्बा 'जब–जब दानवजन्य बाधा उपस्थित होगी तब–तब मैं अवतीर्ण हो दुष्टों का नाश करूँगी'– अपनी इस प्रतिज्ञानुसार समय–समय पर दुर्गा, भीमा, शाकम्भरी आदि नामों से अवतार लेकर जगत् का क्षेम करती है एवं देव–देवी, स्त्री–पुरुष आदि स्त्री पुरुष भेद से, तथा–

अपरेयमितस्त्वन्यां प्रकृतिं विद्धि मे पराम्।

–परा और अपरा प्रकृति अर्थात् जड़–चेतन–भेद से दृश्य मान समस्त शक्ति का ही विलास है। इस प्रकार शक्ति के सगुण रूप का दिग्दर्शन कर अब संक्षेप में उसके गुणातीत स्वरूप का वर्णन किया जाता है।

एकमेवाद्वितीयं यद् ब्रह्म वेदा वदन्ति वै।
सा किं त्वं वाप्यसौ वा किं सन्देहं विनिवर्तय।।

'जिसे वेद एक–अद्वैत ब्रह्म कहते हैं, वह तुमसे भिन्न है व तुम्हीं ब्रह्म हो इस सन्देह को निवृत्त करो।' इस प्रकार ब्रह्मा जी के प्रश्न करने पर भगवती ने उत्तर दिया–

सदैकत्वं न भेदो'स्ति सर्वदैव ममास्य च।
यो'सौ साहमहं यो'सौ भेदो'स्ति खलु विभ्रमात्।।

'मैं और ब्रह्म सदा एक हैं, हममें भेद नहीं है; जो वह है, सो मैं हूँ, जो मैं हूं सो वह है, हममें भेद भ्रम से भासता है।'

स्वशक्तेश्व समायोगादहं बीजात्मतां गता।
सर्वस्यान्यस्य मिथ्यात्वादसंगत्वं स्फुअं। मम।।

'स्वशक्ति के योग से मेरा (ब्रह्म का) जगत्कारणत्व सिद्ध है। वस्तुतः जगत् का मिथ्यातत्व होने से मेरा असंगत्व स्पष्ट है। यह मेरा अलौकिक रूप है।'

दीक्षाकाल

यन्त्र, मन्त्र व तन्त्रादि की साधना केवल पुस्तकीय ज्ञान पर ही नहीं करनी चाहिए। इसके लिए साधनेच्छुक को सद्गुरु की शरण में जाना श्रेयस्कर है। सद्गुरु को प्राप्त करने के उपरान्त पहले दीक्षा लेना अथवा दिक्षीत होना अनिवार्य होता है। श्री काली विलास तन्त्र के छठे पटल में दीक्षा काल का निर्णय इस प्रकार दिया गया है–

फाल्गुने सिते पक्षे या कृष्णाख्या पंचमी भवेत्।
यदि भाग्यवशात् स्वाती शुक्रवार समन्विता।।
तत्र या क्रियते दीक्षा कोटि दीक्षा फलं लभेत्।
श्रवणा ऋक्ष संयुक्ता यदिभाग्यवशाद् भवेत।।
चतुर्दशी शुक्ल युक्ता सातिथिः सर्वदायिनी।
बुधवारेण सहिता आर्द्रा ऋक्ष समन्विता।।
शुक्ला च नवमी नित्या वरदा श्री प्रदायिनी।
यत्प्रोक्तं सर्व तन्त्रेषु अधुना कथयामि ते।।

अर्थात फाल्गुन मास के कृष्ण या शुक्ल पक्ष में यदि पचमी तिथि हो और भाग्यवश स्वाती नक्षत्र तथा शुक्र का दिन हो तो उस मुहूर्त में दीक्षा लेने से कोटि दीक्षाओं का फल मिलता है, यदि श्रवण नक्षत्र ही भाग्यवश मिले तो वह भी अत्युत्तम होता है। शुक्ल पक्ष चतुर्दशी तिथि भी सर्वसिद्धि प्रदायक होती है। बुध के दिन आर्द्रा नक्षत्र तथा शुक्ल पक्ष की नवमीं तिथि समस्त ऐश्वर्यो को प्रदान करती है। इस समय मैंने जो समस्त तन्त्रों में

बताया है। वही तुम्हें बताया है।

गुरु का लक्षण

सुन्दरः सुमुखः स्वच्छः सुलभो बहु तन्त्र वित्।
असंशयः संशयच्छिन्निरपेक्षो गुरूर्मतः।।
सौन्दर्य मनवद्यत्वं रूपे सौ सुख्यता पुनः।
स्मेर पूर्वाभिमाषित्वं स्वच्छता'जिह्व वृत्तिता।।
सौलभ्यमप्यगर्वित्वं सन्तोषी बहुतन्त्रता।
असंशय स्तत्व बोधे बच्छक्ति प्रतिपादनात्।।
नैरपेक्ष्यमवित्तेच्छा गुरूत्वं हितवादिता।
एवं विधो गुरूर्ज्ञेयस्त्विरः शिष्यदुःखदः।।

अर्थात सुन्दर (स्वभाव वाला) सुमुख (अनिन्ध सुन्दर मोहक आकृति वाला) स्वच्छ (साफ–सुथरा रहने वाला तथा पवित्रता आदि पर विशेष ध्यान देने वाला) सुलभ (सहज ही प्राप्य) बहुत से तन्त्रों का ज्ञाता, संशय (सन्देह) रहित, संदेहों का निराकरण करने वाला, किसी भी प्रकार की कोई भी अपेक्षा न करने वाला ही गुरु कहलाता है। अनिन्ध्य (निष्कलंक) सौन्दर्यवान, जिसके रूप को देखकर ही सुखाभास हो, स्मेर (मन्द हास्य, युक्त मन्द मन्द मुस्कराने वाला) स्वच्छता और अकुटिलता युक्त, सुलभ रहने वाला, गर्व रहित, सन्तोषी बहुत से तन्त्रों का विद्वान, संशय रहित, तत्त्व बोधी एवं तत्व की शक्ति का प्रतिपादक कर्ता, किसी भी प्रकार का लोभ न करने वाला, निरपेक्ष, गुरुत्व युक्त, शिष्य का कल्याण चाहने वाला, इस प्रकार का गुरु ही वास्तव में गुरु करने योग्य है। इन लक्षणों से रहित गुरू शिष्य के लिये दुःखदायी होता है।

शिष्य का लक्षण

चतुर्भिराद्यैः संयुक्तः श्रद्धावान् सुस्थिराशयः।
अलुब्धः स्थिर गात्रश्च प्रेक्षाकारी जितेन्द्रियः।।
आस्तिको दृढभक्तिश्च गुरौ मन्त्रे सदैवते।
एवं विधो भवेच्छिष्य स्तिवतरो दुःखकृद्गुरोः।।
गुरुच्यमाने वचने दद्यादित्थं वचः सदा।
प्रसीद नाथ। देवेति तथेति च कृतादरम्।।
प्रणम्योपविशेत् पार्श्वे, तथा मच्छेदनुज्ञया।
मुखावलोकी सेवेत कुर्यादादिष्टमादरात्।।
असत्यं न वदेदग्रे, न बहु प्रलपेदपि।
कामं क्रोधं तथा लोभं मानं प्रहसनं स्तुतिम्।।
चापलानि च जिह्मानि, नर्माणि परिदेवनम्।
ऋणदानं तथादानं वस्तूनां क्रय विक्रयम्।।

न कुर्याद गुरुणा सार्द्धः शिष्यो भूष्णु कदाचन।
यतो गुरूः शिवः साक्षातं स्तुवन् प्रणमन् भजेत्।।

प्रथम चार श्लोकों में बताये गए लक्षण शिष्य में होने चाहिए। इनके अतिरिक्त शिष्य को श्रद्धावान तथा स्थिर आशय वाला, लोभ रहित, गात्रों (अंगों) को स्थिर रखने वाला, आज्ञाकारी और जितेन्द्रिय होना चाहिए। आस्तिक, गुरु में दृढ़ आस्था और विश्वास वाली भक्ति होनी चाहिए। गुरु मंत्र और देवता एक ही हैं। ऐसा ही शिष्य, शिष्य है, अन्यथा गुरु के लिए दुःखदायी होता है। गुरू के कहे हुए वचनों पर ध्यान देने वाला, हे नाथ! हे देव!! मुझ पर प्रसन्न हों इस प्रकार आदर सहित वचन बोलने वाला, गुरु को प्रणाम कर गुरु के निकट बैठे तथा गुरु की आज्ञा पाने पर ही अन्यत्र कहीं भी जाय। गुरु के मुख की भाव भंगिमाओं का अवलोकन कर तदनुसार ही कार्य करे, गुरु की प्रत्येक आज्ञा का आदर पूर्वक पालन करें। गुरु के सामने कभी असत्य न बोले न अधिक वार्तालाप करे। काम–क्रोध, लोभ–मोह, मान, प्रहसन, स्तुति, चपलता, कुटिलता, मजाक आमोद–प्रमोद, ऋण देना, ऋण लेना, वस्तुओं का क्रय–विक्रय, गुरु के साथ कभी न करें। शिष्य को इन बातों पर विशेष ध्यान देना चाहिए, क्योंकि गुरू साक्षात् शिव है। अतः उन्हें सदैव प्रणाम करते हुए उनकी सेवा में सतत लगा रहे।

यथा देवे तथा मन्त्रे, यथा मन्त्रे तथा गुरौ।
यथा गुरौ तथा स्वात्मन्येषं भक्तिक्रमः प्रिये।।
गुरोस्तु जन्म दिवसे, कुर्यादुत्सवमादरात्।
विशेष पूजां यं।गिभ्यो भोजनं तत्पदार्चनम्।।
व्याप्ते दूर गते पूज्यं पूजयेदग्रजादिषु।
एक देशे नित्य सेवा दूरस्थे योजन क्रमात्।।
एकादिऋतु संवृद्धया, वर्षे ष्ज्ञड्योजनान्तरे।
ततो'दूर गते सेवा तदाज्ञा परिपालनम्।।
आसनं शयनं वस्त्रं भूषणं पादूकां तथा।
छायां कलत्र मन्यच्च यत्त्स्येष्टं तु पूजयेत्।।
एक ग्रामे पृथक, पूजां न कुर्यादननुज्ञया।
पूजा मध्ये समायाते पूज्ये न त्वा स्थितिं वदेत्।।
विधेहि शेष नित्युक्तः कुर्यान्नोचेत्तदाज्ञया।
वर्तेत सो'पि तच्छेषं कुर्यान्निश्चल मानसः।।
पूजा मध्ये गुरौ पूज्ये, त्वन्येवापि समागते।
कृत्येमेव समुद्दिष्टं, मौनं तैर्न समाचरेत्।।
गुरु न मर्त्य बुध्येत यदि बुध्येत तस्य तु।
न कदापि भवेत् सिद्धिर्मन्त्रैर्वा देव पूजनेः।।

भगवान शंकर श्री पार्वती जी से कहते है कि हे प्रिये! जिस प्रकार की भक्ति देवता के प्रति की जाती है, उसी प्रकार की भक्ति मन्त्र के प्रति करे और जिस प्रकार की भक्ति

मन्त्र के प्रति की जाती है, उसी प्रकार की भक्ति गुरु के प्रति करें तथा जिस प्रकार की भक्ति गुरु के प्रति की जाती है, उसी प्रकार की भक्ति अपने आत्मा के प्रति करें यह भक्ति का कम है। शिष्य को चाहिए कि गुरु के जन्मदिवस पर अतीव श्रद्धा के साथ उत्सव करें और गुरु की विशेष पूजा के साथ योगियों को भोजन करवावे ताकि उन योगियों के भी चरणों का अर्चन करें। गुरु के दूर देश में व्याप्त होने पर अन्य अग्रजों का पूजन करें। यदि गुरु और शिष्य एक ही स्थान पर है तो नित्य सेवा करें। गुरू यदि एक योजन के अन्तर में है तो भी नित्य सेवा करें। यदि छह योजन दूरी पर गुरु है तो प्रत्येक ऋतु में एक बार पूजन करें। उससे भी दूर होने पर गुरु की आज्ञानुसार कार्य करें। गुरु के आसन–शयन–वस्त्र, आभूषण व पादुका, चित्र आश्रम अथवा जो भी इष्ट हो उसकी पूजा करें। एक ग्राम में रहकर बिना गुरु की आज्ञा के पृथक पूजा न करें। पूजा के मध्य में पूज्य के आ जाने पर प्रणाम कर यथा स्थिति बतावे, फिर शेष पूजा करें। निश्चल मन से गुरु की शेष पूजा करें। इन कृत्यों को करते समय मौन न रहे गुरु को मरण शील न समझे यदि गुरु को मरण शील समझता है तो उसे कभी देव पूजन से या मन्त्र जप से सिद्धी नहीं मिलती।

कादि विधा में नियम व्यवस्था

हादौ हि नियमाः प्रोक्ताः यम संयमनादय।
कादौ तु नियमो नास्ति, स्वेच्छया धर्म माचरेत्।।

हादि विधा में यम संयम आदि नियमों का पालन अनिवार्य होता है किन्तु कादि विधा में कोई नियम नहीं है, स्वेच्छा से धर्माचरण करे।

कार्य सिद्धि कैसे हो?

जिह्वा दग्धा परान्नेन हस्तौ दग्धौ प्रति ग्रहात्।
मनो दग्धं पर स्त्रीभिः कार्य सिद्धिः कथ भवेत्।।

परान्न भक्षण से जिह्वा और दान लेने के हाथ तथा पर स्त्री सेवन से मन दग्ध हो जाता है, अतः कार्य सिद्धि कैसे सम्भव हो सकती है। अतः साधक को परान्न भक्षण, दान ग्रहण एवं परस्त्री सेवन से बचना चाहिए।

भावनानुसार सिद्धि–

मन्त्रे तीर्थे द्विजे देवे, दैवज्ञे भेषजे गुरौ।
यादृशी भावना यस्य सिद्धि र्भवति तादृशी।।

मन्त्र, तीर्थ, द्विज, देव, ज्योतिषी, औषध और गुरु में जिसकी जिस प्रकार की भावना होती है, उसी प्रकार की सिद्धि होती है।

पूजा–स्तोत्र– जप ध्यान और लय

पूजा कोटि समं स्तोत्रं, स्तोत्रं कोटि समो जपः।
जप कोटि समं ध्यानं, ध्यान कोटि समो लयः।।

करोड़ों पूजाओं के समान स्तोत्र होता है और करोड़ों स्तोत्रों के समान जप होता है। करोड़ों जप के समान ध्यान होता है तथा करोड़ों ध्यानो के समान इष्ट में तल्लीनता होता है।

बीजाक्षर ज्ञान

कत्रयं हद्वयं चैव शैवो भागः प्रकीर्तत।
शक्त्यक्षराणि शेषाणि ह्रींकार उभयात्मकः।।
एवं विभाग मज्ञात्वा ये विद्या जप शालिनः।
न तेषां सिद्धिदा विद्या कल्पकोटिशतैरपि।।

पचदशी मन्त्र में तीन ककार और दोहकार शिव वसर्ण है, अर्थात् ये शिव के बीजाक्षर हैं। इनके अतिरिक्त शेष बीजाक्षर शक्ति वर्ण है अर्थात् शक्ति के है। मन्त्र में जो तीन ह्रींकार आते हैं वे शिवशक्त्यात्मक हैं, अर्थात् शिव और शक्ति दोनों के हैं, जो साधक इस प्रकार मन्त्राक्षरों के विभाग को नहीं जानता, उसे सिद्धि नहीं प्राप्त होती है।

❑❑❑

सिद्धि मिले तो कैसे?

आज जन–साधारण में यह चर्चा सुनने में आती है, कि सिद्धियां प्राप्त नहीं होती और यह बहुत हद तक सही भी है, इसका मुख्य कारण हम लोगों के संस्कार, शिक्षा, आचार–व्यवहार, ब्रह्मचर्य, रहन–सहन इत्यादि है। सबसे पहले प्रथम संस्कारों को ही लीजिये कि माता–पिता जन्मजात कुमारों के जिनके कि हर प्रकार से सभी संस्कार होने की आवश्यकता है, वर्तमान समय की नई हवा से प्रभावित होने के कारण तथा अधार्मिक शिक्षा के प्रभाव में बड़े होने के कारण किसी भी प्रकार के संस्कार करने में उन्हें कोई रुचि नहीं है। इससे वे जन्मजात ब्राह्मण कुमार भी असंस्कारी शूद्रवत् रह जाते हैं। जैसा कि स्तुतियों में स्पष्ट लिखा है– "जन्मना जायते शूद्रो, संस्कारात् द्विज् उच्यते।" जब वे असंस्कृत रह गये तो फिर मंत्र दीक्षा के वे अधिकारी तो हो ही नहीं सकते, परन्तु फिर भी आचार्य लोग स्वदक्षिणा के लोभ में या धन से प्रभावित होकर ब्राह्मणतत्व का दोष परिहार किये बिना ही कालातिक्रमण हो जाने पर भी जैसे–तैसे उन्हें उपवीती बना ही देते हैं, और बात ही बात में दीक्षित भी कर देते हैं, फलतः ब्राह्मण कुमार उपवीत को गले में इसलिए रख लेते हैं, कि वह ब्राह्मण का प्रतीक चिह्न हैं, परन्तु मैला हो जाने पर उसे गले से निकालकर साबुन से धोकर सुखा देते हैं। इतना ही नहीं सर्दी के दिनों में तो कई लोग ब्रह्मगांठ को सुखाने में खूंटी पर लटका लेते हैं। भूले भटके जब याद आ जाए तो गले में डाल लेते हैं। स्पष्ट है कि इस प्रकार उस ब्रह्मसूत्र का क्या महत्त्व रह जायेगा? केवल दिखाऊ यज्ञोंपवीत उन द्विज पुत्रों के गले में यदाकदा पड़ा रहता है। इसके बाद ही विवाह–संस्कार भी जैसे–तैसे सम्पन्न हो ही जाते हैं। इसके अतिरिक्त जितने भी संस्कार है उनसे पलायन और कहीं–कहीं मौजूद है भी, इसे नकारा नहीं जा सकता। तो विधि–विधान में और बिना विधि में क्या फर्क रहा?

यह तो हुई संस्कारों की वस्तुस्थिति। आज के युग में स्कूलों व कॉलेजों का अधिकांश भाग दुर्गुणों से पीड़ित है। उनमें अधिकांश जूते पहने खाना, पेन्ट इत्यादि पहिने खड़े–खड़े लघु शंका आदि करना आरम्भ में ही बालक सीख लेते हैं। जहां तक गुरु के सम्मान का प्रश्न है उसकी कल्पना भी व्यर्थ है। गुरु वर्ग को मारना–पीटना एक फैशन–सा हो गया है इससे बढ़कर शिक्षा का और क्या ह्रास हो सकता है? फिर गुरुमुख उच्चारित हो भी तो कहां से?

अब आचार–व्यवहार का भी भाव यह है कि जहां भारत वर्ष में–**"अचारो प्रथमो धर्मः!"** माना जाता था वहां स्नान आचमनादि का यह हाल है कि समय पर भूलकर भी कोई शय्या त्याग करता, उठते ही आजकल के लोगों को चाय और नाश्ता चाहिए जिसके

बिना यह कहते सुना गया है, कि चाय बिना स्फूर्ति उपलब्ध नहीं होती यानी कि स्फूर्ति का टॉनिक चाय है । अब उनके कथनानुसार दूध के गुण तो मारे ही जाते हैं । चाय पीते ही यह सिद्ध होता है, कि चाय इत्यादि पीकर ही शौचादि से निवृत्त होने के लिए कदम उठते हैं, तथा निवृत्त होकर समाचार–पत्र पढ़ने के लिए बैठ जाते हैं। स्मृति, वेद, पुराणों का पठन–पाठन इसके आगे समाप्तप्राय हो गया है। समय मिलते ही गर्मी में तो स्नान इत्यादि करेंगे, परन्तु सर्दी हुई तो मुंह–हाथ तथा सिर पर जो लम्बी जटा रूपी बाल है, धो लेंगे। मेरा एक मित्र इसी को ड्राइक्लीनिंग होना कहता है। उसके बाद भोजन। इस प्रकार नित्य कृत्य में अन्याय कर्म रह जाते हैं। संध्यावन्दन तो कल्पना की बात हो गई है। इसी प्रकार अन्य कुकृत्यों के कारण आचार समाप्त हो गये हैं।

सत्य का नाम–निशान नहीं रहा। हम हर पल में छोटी–छोटी बातों में भी झूठ बोलने से नहीं कतराते। असत्य भाषण, कटु भाषण, निन्दित भाषण, परनिन्दा, छिद्रान्वेषण आदि कर्म करने में नहीं चूकते हैं। फिर धर्म शास्त्रानुसार सिद्धि हो तो कैसे ?

ब्रह्मचर्य की तो पराकाष्ठा विपरीत रूप में दिखाई देती है । आज का बालक कल का युवा सभी सिगरेट पीना, पान खाना, तड़कीले भड़कीले वस्त्र पहनना आदि दुर्गुणों से व्याप्त हैं। कुसंगति में पड़कर भावी जीवन पर कत्तई ध्यान न देकर अपरिपक्व अवस्था में नाना प्रकार की बीमारियों के शिकार होकर असमय ही काल के ग्रास हो जाते हैं। रहन–सहन भी आजकल अपरिग्रही के बजाय परिग्रही बनता जा रहा है । जिधर देखिये छात्र के आस–पास बनावटीपन दिखेगा। पतलून, पाजामा, कमीज, कोट, कुर्ता, बुशर्ट आदि दिखेगा। सत्य तो यह है कि लड़के और लड़की में भेद करना असंभव है। दूसरी ओर असहनशीलता छात्रों में घर कर गई है। इसका असर कुटुम्ब और परिवार पर भी दिखाई देता है ।

पाठक ही बताये ऐसी विपन्न अवस्था में सिद्धि हो तो कैसे हो ? इसके लिए हमें अपने धर्मशास्त्रों के अनुसार जन्मजात बच्चों के संस्कार तो तत् साक्षीय गृह सुविधानुसार करने चाहिए और प्राचीन परिपाटी के अनुसार गुरुकुलों का संचालन हो जिनमें सांस्कारिक शिक्षा की हो ताकि धर्म क्या है ? इसका भली प्रकार भान हो सके और नित्य नियमपूर्वक संस्कारिक शिक्षा–दीक्षा दी जाय ताकि वे गुरुकुल से निवृत्त होकर घर जाने पर नियमों का उल्लंघन न कर सकें । जब वे धर्माचरण में निवृत्त होकर संध्या इत्यादि कर्म करते रहेंगे, तो उन्हें सिद्धियां अवश्यमेव प्राप्त होंगी, और उन्हें गुरु–दीक्षा से मंत्र रहस्य इत्यादि भी ज्ञात हो सकेंगे।

❑❑❑

साधना पद्धति में हवन विधान

हमारा जीवन वेगमय और निरन्तर परिर्वतनशील है। नित नए संघर्ष, घात–प्रतिघात का सामना करना पड़ता है। एक समस्या हटी नहीं कि दूसरी समस्या सामने आ जाती है, और सभी परिस्थितियों को अपने सापेक्ष बनाना आसान नहीं होता। समय कम है ओर चाह उपलब्धियों की आकांक्षा अधिक है, तब क्या सम्भव है एक लम्बी साधना पद्धति द्वारा उन विपरीत परिस्थितियों को अपने सापेक्ष बनाया जाए?

नहीं... क्योंकि आप एक समस्या को अपने सापेक्ष बनाएंगे, तो दूसरी सामने तैयार खड़ी मिलेगी, कभी धन की समस्या के रूप में, कभी पुत्री के विवाह की अड़चन के रूप में, तो कभी पुत्र की बेरोजगारी के रूप में अनेकों समस्याएं सामने खड़ी रहती हैं।

उन परिस्थितियों में हमें कुछ उपायों की आवश्यकता होती है, जिससे कुछ ही समय में ज्यादा से ज्यादा उपलब्ध्यिों को प्राप्त कर सकें। इसके लिए साधना क्रम के साथ–साथ यदि हम यज्ञ को इसमें शामिल कर लें, तो विपरीत प्रभावों को अपने सापेक्ष बनाने में ज्यादा अनुकूलता मिलती है, और यह क्रिया हमारे पूर्वज करते रहें, इसीलिए उनका जीवन ज्यादा सुखकर और आनन्दमय रहा है।

यज्ञ–विधान को पूर्णतः सम्पन्न करने के लिए यज्ञ–कुण्डों का विशेष महत्व माना जाता है । ये कुण्ड आठ प्रकार के होते हैं, जिनका प्रयोग विशेष प्रयोजन हेतु ही किया जाता है। हर यज्ञ–कुण्ड की अपनी अलग–अलग महत्ता होती है, और उसी के अनुरूप ही व्यक्ति को उस यज्ञ का लाभ प्राप्त होता है। जीवन में धन, वैभव, शत्रु संहार, विश्व शांति, पुत्र–प्राप्ति और विजय–प्राप्ति आदि कार्यो के लिए अलग–अलग कुण्डों का महत्व शास्त्रों में प्रतिपादित किया गया है, जो निम्नलिखित है–

1. योनि कुण्ड

योनि का आकार लिए यह कुण्ड कुछ–कुछ पान के पत्ते के आकार जैसा बनाया जाता है, जिसका एक सिरा अर्द्धचन्द्राकार होता है तथा दूसरा त्रिकोणाकार होता है। इस तरह के कुण्ड का प्रयोग सुन्दर, स्वस्थ, तेजस्वी व वीर पुत्र की प्राप्ति हेतु ही किया जाता है।

राजा दशरथ ने भी पुत्र प्राप्ति के लिए इसी कुण्ड पर पुत्रेष्टि प्रयोग सम्पन्न कर राम, लक्ष्मण, भरत और शत्रुघ्न की प्राप्ति की थी।

2. अर्द्धचन्द्राकार कुण्ड

इस कुण्ड का आकार अर्द्धचन्द्राकार रूप में होता है। पारिवारिक जीवन की समस्याओं के निराकरण जीवन की समस्याओं के निराकरण के लिए सुखमय जीवन की प्राप्ति के लिए इस कुण्ड का प्रयोग किया जाता है। इस प्रकार के कुण्ड में आहुति पति–पत्नी दोनों को मिलकर देना अनिवार्य माना जाता है।

3. त्रिकोण कुण्ड

त्रिभुज के आकार में इस कुण्ड का निर्माण किया जाता है। इस प्रकार के कुण्ड का प्रयोग शत्रुओं को परास्त कर उन पर विजय–प्राप्ति हेतु किया जाता है। रावण, जो बहुत बड़ा तांत्रिक था, उसने भी राम पर विजय पाने के लिए इस यज्ञ–कुण्ड का प्रयोग कर उन्हें परास्त करना चाहा था, किन्तु यज्ञ–विधान पुरा न हो पाने के कारण वह युद्ध में विजय न प्राप्त कर सका।

4. वृत्त कुण्ड

यह कुण्ड गोलाकृति लिए हुए होता है। जन–कल्याण हेतु देश में शांति बनाये रखने के लिए ही इस प्रकार के यज्ञ–कुण्ड का प्रयोग बड़े–बड़े ऋषियों, मुनियों आदि ने पूर्व काल में कियां है, जिससे कि देश में फैले अत्याचार, अशांति और बढ़ते दुष्प्रभावों को समाप्त कर शांति की स्थापना की जा सके।

5. समअष्टास्र कुण्ड

इस प्रकार के अष्टाकार कुण्ड का प्रयोग रोगों के निराकरण के लिए किया जाता रहा है। जीवन में स्वस्थ, सुन्दर और निरोगी बने रहने के लिए ही इस यज्ञ–कुण्ड का विधान है।

6. समषडस्र कुण्ड

यह कुण्ड छः कोण लिए होता है। इस प्रकार के यज्ञ–कुण्डों का प्रयोग प्राचीन काल में बहुत अधिक होता था, राजा–महाराजा विच्छेदन क्रिया को सम्पन्न करने के लिए, शत्रुओं में वैमनस्यता का भाव जाग्रत करने के लिए ही इस प्रकार के कुण्डों का प्रयोग कर यज्ञ–विधान सम्पन्न किया करते थे, जिसके द्वारा वे शत्रु पक्ष की भूमि, राज्य आदि को हथिया कर या युद्ध में विजय–प्राप्ति के लिए इस क्रिया को सम्पन्न कर अनेक राज्यों के अधिपति कहलाते थे।

7. चतुष्कोणास्र कुण्ड

चतुवर्ग के इस कुण्ड का प्रयोग सर्व कार्यों की सिद्धि हेतु किया जाता है, अब वह

चाहे भौतिक कार्य हो या आध्यात्मिक, दोनों ही प्रकार के कार्यों में इस चतुष्कोणास्र कुण्ड का प्रयोग कर साधक अपने जीवन में अनुकूलता प्राप्त कर सकता है।

8. पदम् कुण्ड

अठारह भागों में विभक्त कमल के फूल के आकार का यह कुण्ड दिखने में बहुत ही सुन्दर दिखाई देता है, जिसका प्रयोग तीव्रतम प्रहारों व मारण प्रयोगों से बचने हेतु किया जाता है, अतः इस यज्ञ–कुण्ड पर यज्ञ को पूर्ण विधि–विधान सहित सम्पन्न कर तीव्रतम तांत्रिक प्रभावों से बचा जा सकता है।

❑❑❑

मुद्रा तंत्र

मुद्रा शब्द का अर्थ है– मु=समस्त देवों को मोद (आनन्द) देने वाला और द्रा=पाप सन्ततियो का द्रावण अर्थात क्षय। जैसा कि कहा गया है–

मोदनात् सर्व देवानां द्रावणात् पाप सन्ततेः।
तस्मान्मुद्रति विख्याता मुनिभिस्त्रन्त्रवेदिभिः।।

पूजन, जप, काम्य प्रयोग, स्नान, हवन विशेषार्ध्य स्थापन एवं नैवेद्य निवेदन के समय कल्प ग्रन्थों में बताये गये लक्षणों के अनुसार मुद्राएं बनाकर दिखानी चाहिए।

"मुद्रा : प्रवक्षयामि यामि मादन्ते सर्व–देवता"

शारदा तिलक तंत्र (23/106) की इस युक्ति के अनुसार साधना जगत् में मुद्राओं का महात्म्य सर्वविदित है। विश्व में प्रचलित प्रायः सभी धर्मों में मुद्रा का अपना विशेष स्थान रहा है, किंतु भारतीय सनातन धर्म के अंतर्गत आगम शास्त्र अर्थात् तंत्रों में मुद्राओं का जितना वर्णन मिलता है, उतना अन्यत्र नहीं। पूजा एवं साधना में मुद्रा प्रदर्शित करने से सभी देवता आनंदित होते हैं, पापों का क्षय हो जाता है, और देवताओं का सानिध्य आरम्भ हो जाता है।

आवाहनादि की 9 मुद्राएँ, पूजन की गन्ध आदि मुद्राएँ तथा षडंगन्यास की मुद्राओं का सभी मन्त्रों के जप व पूजनादि में प्रयोग आवश्यक होता है। स्नान के समय अंकुश आदि मुद्राओं से तीर्थावाहन किया जाता है।

शान्ति कर्म में पद्म मुद्रा, वशीकरण में पाश मुद्रा, स्तम्भन में गदा मुद्रा, विद्वेषण में मुसल मुद्रा, उच्चाटन में वज्र मुद्रा एवं मारण में खड्ग मुद्रा का प्रयोग करना चाहिए।

हवन में मृगी, हंसी व सूकरी मुद्रा का प्रयोग किया जाता है। शान्तिक व पौष्टिक कर्मों के हवन में मृगी मुद्रा से, वशीकरण के हवन में हँसी मुद्रा से तथा स्तम्भन, विद्वेषण, उच्चाटन एवं मारण कर्मों के हवन में सूकरी मुद्रा से आहुतियाँ डालने का विधान आचार्यों ने बताया है।

विष्णु की प्रिय मुद्राएँ–

शंख, चक्र, गदा, पद्म, वेणु, श्री वत्स, कौस्तुभ, वनमाला, ज्ञान, बिल्व, गरुड़, नारसिंही, वाराही, हयग्रीवी, धनु–बाण, परशु, जगन्मोहनिका एवं काम ये 19 मुद्राएँ विष्णु भगवान की प्रिय मुद्राएँ हैं।

शिव की प्रिय मुद्राएँ–

लिंग, योनि, त्रिशुल, माला, वर मृग, अभय, खट्वांग, कपाल एवं डमरू ये 10 मुद्राएँ

शिव की प्रिय मुद्राएँ है।

दुर्गा की प्रिय मुद्राएँ–

पाश, अंकुश, वर, अभय, खडंग, चर्म, धनुष–बाण तथा मुसल ये 9 मुद्राएँ श्री दुर्गा जी को प्रिय है।

श्यामा एवं शक्ति को प्रिय मुद्राएँ–

मत्स्य, मूर्म एवं लेलिहाना ये 3 मुद्राएं श्यामा एवं शक्ति को प्रिय मुद्राएँ है। इनके अतिरिक्त श्यामा को मुण्ड मुद्रा तथा शक्ति को महायोनि मुद्रा प्रिय है।

तारा को प्रिय मुद्राएँ– योनि, भूतिनी, बीज दैत्य, धूमिनी तथा लेलिहाना ये 5 मुद्राएँ तारा को प्रिय हैं।

त्रिपुरसुन्दरी को प्रिय मुद्राएँ–

संक्षोभिणी, द्रावणी, आकर्षिणी, वश्य, उन्माद, महाकुंशा, खेचरी, बीज, योनि एवं त्रिखण्डा ये 10 मुद्राएँ श्री त्रिपुरसुन्दरी की प्रिय मुद्राएँ है।

पंचदेवों की मुद्राएँ–

1. **शंख**– बाएं हाथ के अंगूठे को दाहिने हाथ की मुट्ठी में लेकर बाएं हाथ की चारों उंगलियां सीधी करके दाहिने हाथ को मुट्ठी में दबायें और दाहिने हाथ के अंगूठे का अग्रभाग बाएं हाथ की तर्जनी के अग्रभाग में लगाएं तो शंख मुद्रा सम्पन्न होती है।
2. **चक्र**– दोनों हाथों को परस्पर देखते हुए भली भांति फैला दें, और कनिष्ठिकाओं को अंगूठों से लगा दें तो चक्र मुद्रा बनती है।
3. **गदा**– दोनों हाथ आपस में सम्मुख करके उंगलियां गूंथ दें, और बीच में फैले हुए अंगूठे उनमें लगा दें तो गदा मुद्रा होती है।
4. **पद्म**– दोनों हाथों को परस्पर मिलाकर फूल की डोडी या कली के समान खड़ी कर दें, और दोनों अंगूठे उनके भीतर तल भाग में लगा दें तो पद्म मुद्रा होती है।
5. **तत्व**– दाहिनें हाथ की अनामिका एवं अंगूठे के अग्रभाग को परस्पर जोड़ने पर तत्व मुद्रा होती है।
6. **ज्ञान**– तर्जनी और अंगूठे के अग्रभाग को हृदय पर लगाकर बाएं हस्त को दाएं मोड़ कर रखें तो इष्ट को प्रसन्न करने वाली ज्ञान मुद्रा होती है।
7. **गरुड़**– दोनों हाथों को विमुख करके अर्थात् दोनों की पीठ परस्पर मिला दें, कनिष्ठिकाओं को गूंथ दें, दोनों तर्जनियों को इसी प्रकार आपस में मिला दें, दोनों अंगूठों को भी मिला दें, मध्यमा, अनामिका को पंखों की भांति हिलाएं तो विष्णु प्रिय गरुड़ मुद्रा होती है।
8. **नृसिंह**– दोनों हाथों को पैरों के बीच में देकर उकड़ू बैठें ठोड़ी और ओष्ठ

समान बना लें, दोनों हथेलियाँ जमीन में लगाएँ, मुख की आकृति डरावनी बना लें, और जीभ को बाहर निकाल कर हिलाएं तो नृसिंह की प्रिय नारसिंही मुद्रा होती है।

9. **धनुष**– बाएं हाथ की मध्यमा के अग्रभाग को तर्जनी के अग्रभाग में जोड़े और अनामिका तथा कनिष्ठिका को अंगूठे से दबाकर बाएं हाथ के कंधे के समीप ले जाएं तो धनुष मुद्रा होती है।

10. **बाण**– दाहिने हाथ को सीधा करके मुट्ठी बांध लें और उसकी तर्जनी को लम्बी करें।

11. **परशु**– दोनों हाथों के करतल मिलाकर उंगलियों को फैलाने से फरसे के आकार की परशु मुद्रा होती है।

12. **जगमोहन**– दोनों हाथ की मुट्ठियों पर अंगूठा रखने से यह मुद्रा होती है।

13. **काम**– हाथों को सम्पुटित करके उंगलियों को फैला दें, दोनों तर्जनियों और मध्यमाओं को पीठ पर लगा दें और अंगूठे को मध्यमाओं से जोड़ दे तो काम मुद्रा होती है।

14. **मत्स्य**– दाहिने हाथ की पीठ पर बाएं हाथ की हथेली रखकर अंगूठों को हिलाते रहें, तो मत्स्य मुद्रा होती है।

15. **लिंग**– दाहिने हाथ के अंगूठे को उठाकर, दाएं हाथ की उंगलियों पर बाएं हाथ की उंगलियों से चिपका हो तो लिंग मुद्रा होती है।

16. **योनि**– कनिष्ठिकाओं को आपस में बांधें, ऊंची की हुई अनामिकाओं से तर्जनी को लगाएं, दोनों मध्यमा फैला दें और अंगूठे को उनके समीप से कनिष्ठिकाओं के समीप कर दें तो योनि मुद्रा होती है।

17. **त्रिशूल**– अंगूठे से कनिष्ठिका को दबाकर शेष तीनों उंगुलियों तर्जनी, मध्यमा और अनामिका को सीधी करने से त्रिशूल मुद्रा होती है।

18. **अभय**– बाएं हाथ को ऊर्ध्वमुख फैला देने से अभय मुद्रा होती है।

19. **वर**– अधः स्थित दाहिने हाथ को आगे पसारने से वर मुद्रा होती है।

20. **अंकुश**– दाहिने हाथ के अंगूठे को बांध कर मध्यमा को सिकोड़ने व फैलाने से अंकुश मुद्रा होती है।

तर्पण–

देवता ऋषि पितर एवं इष्टदेव की तृप्ति के लिए तर्पण बहुत ही आवश्यक अंग है। तर्पण भी दो प्रकार का होता है– निष्काम और सकाम। सकाम तर्पण द्रव्य विशेष से और निष्काम तर्पण केवल जल से ही किया जाता है। मधु से तर्पण करने से सभी कामनाओं की पूर्ति होती है तथा मन्त्र सिद्ध और महान से महान पातक नष्ट होते है। कर्पूर मिलाकर जल से तर्पण करने पर राजा प्रसन्न होता है तथा हल्दी मिश्रित जल के तर्पण से सामान्य व्यक्ति वशीभूत होता है। घी के तर्पण से दीर्घायु मिलती है। दूध के तर्पण से आरोग्य, अगुरु मिश्रित जल के तर्पण से सुख, नारियल के जल के तर्पण से स्वार्थ सिद्धि, मिर्च मिलाकर जल के तर्पण से शत्रुओं का नाश तथा गुन गुने गर्म जल के तर्पण से शत्रुओं का

उच्चाटन हो जाता है। साधक को स्नान, पूजन एवं हवन के समय प्रतिदिन तर्पण करना चाहिए। देव, ऋषि, पितर, इष्टदेव एवं उनके आवरण देवताओं को कल्पोक्त रीति से तर्पण करना चाहिए।

हवन–

जो सिद्धयत्यजपान्मन्त्रो।
नाहुतश्च फल प्रदः।

मन्त्र योग संहिता बिना जप के मंत्र सिद्ध नही होता और बिना हवन के वह फल नहीं देता। अतः मंत्र साधक को यथापलब्ध सामग्री से हवन अवश्य करना चाहिए। काम्य प्रयोगों में अग्नि, समिधा, कुण्ड, दिशा एवं हवन द्रव्य का होना आवश्यक है। शान्ति एवं वश्य में लौकिक अग्नि में, स्तम्भन में वटवृक्ष के काष्ठ में, मथित अग्नि में, विद्वेषण में बहेड़े की लकड़ी से उत्पन्न अग्नि में तथा उच्चाटन और मारण में शमशान (चिता) की अग्नि में हवन करना चाहिए। शुभ कार्यो में बेल, आक, ढाक, एवं दूध वाले वृक्षों की समिधा तथा अशुभ कार्यों में कुचला, बहेड़ा, नींबू, धतूरा आदि की समिधाओं से अग्नि को प्रज्वलित करना चाहिए। शान्ति आदि षट्कर्मो में अग्नि की क्रम से सुप्रभा, रक्ता, हिरण्या, गगना एवं अतिरिक्तका व कृष्णा नामक जिह्वा का पूजन किया जाता है, अर्थात् शान्ति में सुप्रभा, वशीकरण में रक्त, स्तम्भन में हिरण्या, विद्वेषण में गगना, उच्चाटन में अतिरिक्तका और मारण में कृष्णा जिह्वा का पूजन करें।

शान्ति कर्म में पश्चिम दिशा में वृताकार, वशीकरण में उत्तर दिशा में पद्माकार, स्तम्भन में पूर्व दिशा में चतुर्भुजाकार, विद्वेषण में नैर्ऋत्य कोण में त्रिभुजाकार, उच्चाटन में वायव्य कोण में षट्कोणा कार तथा मारण में दक्षिण दिशा में अर्द्धचन्द्राकार कुण्ड बनाना चाहिए।

पूजन एवं बलि प्रदान के उपरान्त साधक को हवन करना अभीष्ट होता है। अर्घ्योदक से कुण्ड का प्रोक्षण कर उनमें तीन रेखाएं बनानी चाहिए। फिर विधिवत् अग्नि लाकर "क्रव्यादेभ्यों नमः" तथा मूलमन्त्र पढकर अग्नि स्थापना करनी चाहिए। तत्पश्चात् तीन व्याहलियाँ स्वाहा समेत बोलकर षडगं होम करना चाहिए। तत्पश्चात् अग्नि में इष्ट देवता का आवाहन कर मूलमन्त्र से सविधि हवन करना चाहिए।

बलि–

देवता की प्रसन्नता के लिए द्रव्य का समर्पण करना बलिदान कहा जाता है। बलिदान विघ्नों की शान्ति के लिए किया जाता है। अतः अन्तर्याग एवं बहिर्याग दोनों ही कर्मो में बलि प्रदान करना अनिवार्य होता है।

अन्तर्याग में आत्मबलि को सर्वश्रेष्ठ माना गया है ऐसा करने से साधक का अहंकार नष्ट हो जाता है। काम क्रोध आदि भी साधक के परमशत्रु है अतः इनकी बलि भी उत्तम मानी जाती है।

बहिर्याग में बलि द्रव्यों से बलिदान करना चाहिए। तंत्र की विभिन्न प्रक्रियाओं में अन्न, फल, फूल, धूप, दीप एवं यज्ञ पशु आदि की बलि देने की परम्पराएँ प्रचलित है। बलि देवता की रूचि के अनुसार एवं कामना के अनुसार देनी चाहिए। दक्षिणाचार में हिंसा का निषेध है अतः इसमें पशु बलि वर्जित है।

इष्टदेव को बलि देने के उपरान्त बचे हुए द्रव्य से अन्य देवों को बलि प्रदान करना चाहिए। घर के अन्दर ब्रह्मा तथा विश्वेदेवों को बलि देवे। धन्वन्तरि को पूर्वोत्तर दिशा में, इन्द्रादि देवताओं को उनकी दिशाओं में गणेश क्षेत्र पाल बटुक एवं योगिनियों को यन्त्र के द्वारों पर, धाता एवं विधाता को पूजा गृह के द्वार पर, अर्चमा एवं ग्रहों को चारों ओर निशाचरों को आकाश में तथा पितरों को दक्षिण दिशा में बदल देनी चाहिए।

योग–

आराध्य देव की आराधना या पूजा ही योग है योग दो प्रदार का होता है 1. अन्तर्याग, 2. बहिर्याग। अन्तर्याग का महत्व विशेष है। अपने शरीरमय पीठ में पीठ देवता, पीठ शक्तियों तथा आवरण देवताओं के साथ मानसिक रूप से अपने इष्टदेव का पूजन किया जाता है। इस मानस पूजा में आधार चक्र से सोती हुई कुण्डलिनी को जगाकर ब्रह्मरन्ध्र में विद्यमान परम शिव के पास लेजाकर वहां से रसने वाली अमृतधाराओं से इष्टदेव को तृप्त करते हुए मन्त्रार्थ की भावना के साथ जप किया जाता है। इस अन्तर्याग अथवा मानसिक पूजा के लिए देश–काल एवं शरीर की शुद्धि की आवश्यकता नहीं पड़ती। इसे हर समय और हर स्थल पर किया जा सकता हैं अन्तर्याग से जप सिद्ध होता है और जप के सिद्ध होने पर ध्यान सिद्ध होता हैं तथा ध्यान के सिद्ध होने पर समाधिसिद्ध एवं इष्टदेव का साक्षात दर्शन होता है।

योग सिद्धया जपः सिद्धो ध्यान सिद्धहस्तः परम्।
ततः समाधि सिद्धिः स्यात् एतया देव दर्शनम्।।

इस प्रकार अन्तर्याग अर्थात मानसिक पूजा का महत्व सर्वाधिक है। पीठ, विग्रह एवं यन्त्र आदि के विधिवत् पूजन को बहिर्याग अथवा ब्राह्य पूजन कहा जाता है–

मुख्यतः पूजन तीन प्रकार के होते है –

पंचोपचार–

गन्ध, पुष्प, धूप, दीप एवं नैवेद्य निवेदिन करना पचोपचार कहलाता है।

दशोपचार–

पाद्य, अर्ध्य, आचमन, मधुपक्र, स्नानीय, गन्ध, पुष्प, धूप, दीप एवं नेवैद्य ये दशोपचार कहे जाते हैं।

षोडशोपचार–

आसन–स्वागत–पाद्य अर्ध्य, आचमनीय, मधुपक्र आचमनीय स्नानीय वस्त्र, अलंकार गन्ध, पुष्प, धूप, दीप एवं नैवेध ये षोडशोपचार के अन्तर्गत आते हैं।

तान्त्रिक ग्रन्थों में कहीं–कहीं 18 प्रकार के उपचार एवं 64 प्रकार के उपचारों का भी वर्णन किया गया है। साधक अपनी शक्ति व सामर्थ्य के अनुसार किसी भी प्रकार के उपचार को अपना सकता है।

बहिर्याग के 5 उपकरण होते हैं–

1. अभिगमन, 2. उपादान, 3. इज्या, 4. स्वाध्याय एवं 5.योग

अभिगमन– देव स्थान का स्वच्छीकरण, निर्माल्य का प्रवाही करण अभिगमन है।

उपादान– उपचारों के संग्रह को उपादान कहते है।

इज्या– उपचारों से पूजा करने को इज्या है।

स्वाध्याय– मन्त्रार्थ की भावना के साथ जप करना, सूक्त स्तोत्र, कवच–हृदय–सहस्त्रनाम का पाठ करना या नाम गुण लीला का कीर्तन करना स्वाध्याय कहलाता है।

योग– साधक–साधना एवं साधन इन तीनों में अभेद बुद्धि रखना योग है।

सद्गृहस्थ को अन्तर्याग एवं बहिर्याग दोनों करने चाहिए, किन्तु ब्रह्मचारी, वानप्रस्थ एवं यति को केवल अन्तर्याग ही करना चाहिए। काम्य प्रयोगों में अन्तर्याग एवं बहिर्याग दोनों को करना अनिवार्य होता है, निष्काम प्रयोगों में एक या दोनों योग करने के लिए साधक की इच्छा पर है। अन्तर्याग के महत्व में कहा गया है कि– अन्तर्यागस्य महिमा सर्वश्रेष्ठः प्रकीर्तितः।

नापेक्षित देश शुद्धि नापि काल शरीरयोः।
नापेक्षिता देश शुद्धि नापि काल शरीरयोः।।
योगे जपे मानसे वौ तथा कर्माणि निश्चितं।
सर्वदा शक्यते कर्तुं मानसी निखिला क्रिया।।

जप– मंत्र की बार–बार आवृति का नाम ही जप है। जप के तीन भेद होते है– 1. मानसिक, 2. उपांशु एवं 3. वाचिक।

मंत्र का मन ही मन ध्यान करना मानसिक जप कहलाता है। जिह्वा एवं ओष्ठ को हिलाते हुए जो केवल स्वयं को ही सुनायी दे, इस प्रकार के जप को उपांशु कहते हैं। वाणी द्वारा स्पष्ट मन्त्रोच्चारण करना वाचिक कहा जाता है।

स्तोत्र, कवच, सहस्त्रनाम आदि का मन ही मन पाठ करना या मन्त्र को उच्चस्वर से जपना निषिद्ध है। केवल मारण प्रयोग में ही वाचिका जप करना चाहिए। शेष सभी प्रयोगों में मानसिक अथवा उपांशु जप करना चाहिए।

वाचिक जप का फल यज्ञ तुल्य होता है। इसी प्रकार उपांशु के जप का शतगुना तथा मानसिक जप का सहस्त्रगुणा फलदायी होता है। पाद्मनारदीय में लिखा है, कि सिद्धि के लिए मानसिक, पुष्टि के लिए उपांशु तथा मारण आदि क्रूर कर्मों के लिए

वाचिक जप करना चाहिए।

मंत्र का जप, न तो बहुत शीघ्रता से करें, और न बहुत धीरे–धीरे। मंत्र को सावधानी पूर्वक मध्यम गति से जपना चाहिए। मन्त्र का अर्थ, मन्त्र चैतन्य तथा योनि मुद्रा को न जानने वाला शतकोटि मन्त्र जपकर भी सिद्धि नहीं पाता।

सुप्त बीज मन्त्र कभी सिद्धि नहीं देता, किन्तु यदि उसे चैतन्य कर लिया जाय तो सभी सिद्धियां प्राप्त होती है। मन्त्रानुष्ठान एवं पुरश्चरण में बिना आसन, चलते–फिरते, सोते समय, भोजन के समद्ध, चिन्तित, कुछ भ्रान्त या क्षुधार्त होने पर जप नहीं करना चाहिए। इसी प्रकार पैर फैलाकर उत्कटासन में बैठकर यज्ञाकाष्ठ पत्थर पर या मिट्टी पर बैठकर जप करना वर्जित है। चारपाई में पड़े–पड़े खड़े–खड़े या सवारी वाहन आदि में बैठे बैठे जप करना मना है। ये नियम उपांशु एवं वाचिक जपों में लागू होता है। मानसिक जप में ये नियम लागू नहीं होते। मानसिक जप प्रत्येक अवस्था में तथा प्रत्येक स्थान पर किसी भी समय किया जा सकता है। मानसिक जप में शुद्धि अशुद्धि आदि का भी कोई विचार नहीं किया जाता, किन्तु इसमें मानसिक शुद्धता का विचार अवश्य कियाजाता है।

जप करते समय जमुहाई आने पर या अपान वायु निकलने पर आचमन, प्राणायाम व अंगन्यास आदि करके पुनः जप करना प्रारम्भ करना चाहिए। जप करते समय पतित व्यक्ति का दर्शन, शुद्र, बिल्ली, बगुला, बन्दर आदि के दिखायी पड़ने पर आचमन करना चाहिए तथा स्पर्श हो जाने पर स्नान करना चाहिए। यह मत वैशम्पायन संहिता का है।

जप करने के मध्य में किसी से बात करने पर प्रणव का जप करना चाहिए। किसी को अपशब्द कहने पर प्राणायाम करना चाहिए तथा अनेक बातें करने पर आचमन–प्राणायाम तथा अंगन्यास करना चाहिए।

जप एक ही स्थान पर तथा एक निश्चित समय पर ही करना चाहिए।

ध्यान–

ध्यान मंत्र जप का मुख्य अंग है, क्योंकि जिस प्रकार मंत्र का संबंध शब्द से होता है, और शब्द का अर्थ से, अर्थ का भाव से और भाव का रूप से सम्बन्ध होता है, उसी प्रकार जप का सम्बन्ध ध्यान से होता है, अतः जप में यदि ध्यान न हुआ तो जप व्यर्थ होता है, अतः साधक को ध्यान योग के साथ मनोयोग से अपने इष्ट मंत्र का तन्मयता पूर्वक जप करना चाहिए।

समाधि–

मन–मंत्र एवं देवता इन तीनों की सत्ता जब तक पृथक–पृथक रहती है, तब तक ध्यान का अधिकार रहता है, किन्तु जब ये तीनों एक में मिल जाते है तो समाधि प्रारम्भ हो जाती है। समाधि से महाभाव उत्पन्न होता है। महाभाव उत्पन्न होते ही साधक के शरीर में रोमांच होने लगता है स्तब्धता आती है तथा प्रमोश्रु बहने लगते हैं। इस महाभाव के

उत्पन्न होने पर साधक समाधि में अपने अस्तित्व को भूल जाता है तथा इष्टमय हो जाता है।

मुद्रा प्रदर्शन

मुद्रा द्वारा साधक भौतिक संसार से उत्तरोत्तर ऊपर उठकर व्यापक अनन्त की भावना प्राप्त करने में समर्थ और सफल होता है, इसलिए मुद्रा आध्यात्मिकता का सशक्त माध्यम है। हाथ की उंगुलियां और मुट्ठियों को जोड़ने–मोड़ने और खोलने से सम्पूर्ण मुद्राएं बनती हैं, अतएव हाथ, अंगुली और मुट्ठी (मुष्ठि) के भेद जानना आवश्यक है।

हाथ का मुद्रा भेद–

मणिबंध या कलाई जहां राखी या घड़ी बांधते हैं, वहां से कनिष्ठका तक का अंग हाथ कहलाता है। इसका अग्रभाग पंच–शाख, शाम और पाणि कहलाते हैं, इसमें जो उंगुलियां हैं वे कर–पल्लव या शाख हैं।

उंगुलियां 5 होती हैं, उनमें पहली को अंगुष्ठ (अंगूठा) दूसरी को तर्जनी, तीसरी को मध्यमा अथवा जपकरणी, चौथी को अनामिका और पांचवीं को कनिष्ठिका कहते है।

इन सबको बंद करने से मुष्टि या मुट्ठी बनती है, और खोल देने से करतल हो जाता है। करतल की पीठ को कर–पृष्ठ कहते हैं।

तीर्थ और देवता–

हाथ में देवता और तीर्थ भी प्रतिष्ठित हैं। हाथ के आरम्भ में अंगूठे के कुछ नीचे आत्म तीर्थ, हाथ के अंत में उंगलियों के ऊपर होकर परमार्थ तीर्थ, हाथ के ऊपरी भाग में कनिष्ठिका से कुछ नीचे देव तीर्थ और हाथ के दक्षिण तर्जनी और अंगूठे के बीच में पितृ तीर्थ है।

पंच महाभूत–

हाथों की उंगुलियों में पांचों महाभूत प्रतिष्ठित हैं। प्राण–तोषिणी मंत्र के अर्थ कांड के प्रथम परिच्छेद में नील तंत्र के वचनानुसार।

1. कनिष्ठिका में पृथ्वी तत्व
2. अनामिका में जल तत्व
3. मध्यमा में अग्नि तत्व
4. तर्जनी में वायु तत्व और
5. अंगुष्ठ में आकाश तत्व विद्यमान है।

परम लक्ष्य प्राप्ति में सहायक

मुद्राभिरेव तृप्यन्ति न पुष्पादिक पूजनैः
महापूजा कृतातेन येन मुद्राष्टकं कृतं

मेरू तंत्र की इस उक्ति के अनुसार महापूजा में मुद्रा प्रदर्शन का महत्व स्वयं स्पष्ट

है। मुद्रा दिखने वाले भक्त, साधक पर देवता द्रवित होकर दया करते हैं, राक्षस भी मुद्रा के प्रभाव से अनुकूल हो जाते हैं। मुद्रा प्रदर्शन से पूजा, महापूजा के स्तर का प्राप्त कर लेती है। राघव भट्ट साफ शब्दों में स्पष्ट कहता है, कि मुद्रा प्रदर्शन से विष आदि द्वारा मूर्छित व्यक्ति भी स्वस्थ होता है, व्याधि और मृत्यु का निवारण मुद्राओं द्वारा हो जाता है, यही नहीं मानव जीवन के परम लक्ष्य 'मोक्ष' तक पहुंचाने में मुद्रा विशेष सहायक होती है, किंतु इन मुद्राओं का अभ्यास योग्य गुरु के निर्देशन में ही करना चाहिए।

विविध मुद्राओं की तालिका–

विविध देवता की प्रमुख मुद्राओं की इस तालिका से वांछित मुद्रा का विवरण सहज ही जाना जा सकता है–

जप–पूजन–साधना–उपासना संबंधी परिभाषाएँ

मन्त्र–जप, देव–पूजन तथा उपासना के संबंध में प्रयुक्त होने वाले कतिपय विशिष्ट शब्दों का अर्थ नीचे लिखे अनुसार समझना चाहिए।

1. **पंचोपचार**– गन्ध, पुष्प, धूप, दीप तथा नैवेद्य द्वारा पूजन करने को 'पंचोपचार' कहते हैं।
2. **पंचामृत**– दूध, दही, घृत, मधु(शहद) तथा शक्कर इनके मिश्रण को 'पंचामृत' कहते हैं।
3. **पंचगव्य**– गाय के दूध, घृत, मूत्र तथा गोबर इन्हें सम्मिलित रूप में 'पंचगव्य' कहते है।
4. **षोडशोपचार**– आह्वान, आसन, पाद्य, अर्घ्य, आचमन, स्नान, वस्त्र, अलंकार, सुगन्धा, पुष्प, धूप, दीप, नैवेद्य, अक्षत, ताम्बुल तथा दक्षिणा इन सबके द्वारा पूजन करने की विधि को 'षोडशोपचार' कहा जाता है।
5. **दशोपचार**– पाद्य, अर्घ्य, आचमनीय, मधुपक्र, आचमन, गन्ध, पुष्प, धूप, दीप तथा नैवेद्य द्वारा पूजन करने की विधि को 'दशोपचार' कहते है।
6. **त्रिधातु**– सोना, चाँदी, और लोहा। कुछ आचार्य सोना, चांदी और तांबे के मिश्रण को भी त्रिधातु कहते हैं।
7. **पंचधातु**– सोना, चाँदी, लोहा, तांबा, और जस्ता।
8. **अष्टधातु**– सोना, चांदी, लोहा, तांबा, जस्ता, रांगा, कांसा और पारा।
9. **नैवेद्य**– खीर, मिष्ठान्न आदि मीठी वस्तुएँ।
10. **नवग्रह**– सूर्य, चन्द्र, मंगल, बुध, गुरु, शुक्र, शनि, राहु और केतु।
11. **नवरत्न**– माणिक्य, मोती, मूंगा, पन्ना, पुखराज, हीरा, नीलम, गोमेद, और वैदूर्य।
12. **अष्टगन्ध**– 1. अगर, तगर, गोरोचन, केसर, कस्तूरी, श्वेत चन्दन लालचन्दन और सिन्दूर (देव–पूजन हेतु) 2. अगर लालचन्दन, हल्दी, कुंकुम, गोरोचन, जटामांसी, शिलाजीत, और कपूर (देवी–पूजन हेतु)।

13. **गन्धत्रय**– सिन्दूर, हल्दी, कुंकुम।

14. **पचांग**– किसी वनस्पति के पुष्प, पत्र, फल, छाल, और जड़।

15. **दशांश**– दसवा भाग।

16. **शराब सम्पुट**– मिट्टी के दो शकोरों को एक–दूसरे के मुँह से मिला कर बन्द करना।

17. **भोजपत्र**–एक वृक्ष की छाल (यह पंसारियों के यहां मिलती है) मन्त्र प्रयोग के लिए भोजपत्र का ऐसा टुकड़ा लेना चाहिए, जो कटा–फटा न हो (इसके बड़े–बड़े टुकड़े भी आते हैं)

18. **मन्त्र धारण**– किसी भी मन्त्र को स्त्री पुरुष दोनों ही कण्ठ में धारण कर सकते हैं, परन्तु यदि भुजा में धारण करना चाहे तो पुरुष को अपनी दायीं भुजा में और स्त्री को बायीं भुजा में धारण करना चाहिए।

19. **ताबीज**– यह तांबे के बने हुए बाजार में बहुतायत से मिलते हैं। ये गोल तथा चपटे दो आकारों में मिलते हैं। सोना, चांदी, त्रिधातु तथा अष्टधातु आदि के ताबीज सुनारों से कहकर बनवाये जा सकते हैं।

20. **आसन**– बैठने के ढंग को भी 'आसन' कहा जाता है, यथा– पद्मासन, सिद्धासन, स्वस्तिकासन आदि। इसके अतिरिक्त बिछावन अर्थात् जिसके ऊपर बैठा जाय, को भी आसन कहते हैं, यथा कुशाासन, मृगचर्म, व्याघ्रचर्म, ऊनी कम्बल आदि।

21. **मुद्राएँ**– हाथों की अंगुलियों को किसी विशेष स्थिति में लाने की क्रिया को 'मुद्रा' कहा जाता है। मुद्राएं अनेक प्रकार की होती हैं।

22. **स्नान**– यह दो प्रकार का होता है। बाह्य तथा आन्तरिक, बाह्य स्नान जल से तथा आन्तरिक स्नान मन्त्र जप द्वारा किया जाता है।

23. **तर्पण**– नदी, सरोवर आदि के जल में घुटनों तक पानी में खड़े होकर, हाथ की अंजुलि द्वारा गिराने की क्रिया को 'तर्पण' कहा जाता है। जहां नदी, सरोवर आदि न हो, वहां किसी पात्र में पानी भरकर भी 'तर्पण' की क्रिया सम्पन्न कर ली जाती है।

24. **आचमन**– हाथ में जल लेकर उसे अपने मुँह में डालने की क्रिया को 'आचमन' कहते है।

25. **करन्यास**– अंगूठा, अंगुली, करतल तथा करपृष्ठ पर मन्त्र पढ़ने को 'करन्यास' कहा जाता है।

26. **हृदयाविन्यास**– हृदय आदि अंगों को स्पर्श करते हुए मन्त्रोच्चारण को 'हृदयाविन्यास' कहते हैं।

27. **अंगन्यास**– हृदय, शिर, शिखा, कवच, नेत्र एवं करतल– इन 6 अंगों से मन्त्र का न्यास करने की क्रिया को 'अंगन्यास' कहते है।

28 **अर्घ्य**– शंख, अंजलि आदि द्वारा जल छोड़ने को अर्घ्य देना कहा जाता है। घड़ा या कलश में पानी भरकर रखने को अर्घ्य–स्थापन कहते हैं। अर्घ्यपात्र में दूध, तिल, कुशा के टुकड़े, सरसों, जौ, पुष्प, चावल एवं कुंकुम इन सबको डाला जाता है।

29. **पंचायतन पूजा**– पंचायतन पूजा में पाँच देवताओं–विष्णु, गणेश, सूर्य, शक्ति तथा शिव का पूजन किया जाता है।

30. **काण्डानुसमय**– एक देवता के पूजाकाण्ड को समाप्त कर, अन्य देवता की पूजा करने को 'काण्डानुसमय' कहते हैं।

31. **उद्वर्तन**– उबटन।

32. **अभिषेक**– मन्त्रोच्चारण करते हुए शंख से सुगन्धित जल छोड़ने को अभिषेकं कहते है।

33. **उत्तरीय**– वस्त्र।

34. **उपवीत**– यज्ञोपवीत (जनेऊ)।

35. **समिधा**– जिन लकड़ियों में अग्नि प्रज्जवलित कर होम किया जाता है, उन्हें समिधा कहते हैं। समिधा के लिए आक, पलाश, खदिर, अपामार्ग, पीपल, उदुम्बर, शमी, कुशा तथा आम की लकड़ियों को ग्राह्य माना गया है।

36. **मन्त्र ऋषि**– जिस व्यक्ति ने सर्वप्रथम शिवजी के मुख से मन्त्र सुनकर उसे विधिवत् सिद्ध किया था, वह उस मन्त्र का ऋषि कहलाता है। उस ऋषि को मन्त्र का आदि गुरू मानकर श्रद्धापूर्वक उसका मस्तक में न्यास किया जाता है।

37. **छन्द**– मन्त्र को सर्वतोभावेन आच्छादित करने की विधि को 'छन्द' कहते है। यह अक्षरों अथवा पदों से बनता है। मन्त्र का उच्चारण चूकिं मुख से होता है अतः छन्द का मुख से न्यास किया जाता है।

38. **देवता**– जीवमात्र के समस्त क्रिया–कलापों को प्रेरित, संचालित एवं नियंत्रित करने वाली प्राणशक्ति को देवता कहते हैं। यह शक्ति व्यक्ति के हृदय में स्थित होती है, अतः देवता का न्यास हृदय में किया जाता है।

39. **बीज**– मन्त्र शक्ति को उद्भावित करने वाले तत्व को बीज कहते हैं। इसका न्यास गुह्यागं में किया जाता है।

40. **शक्ति**– जिसकी सहायता से बीज मन्त्र बन जाता है, वह तत्व शक्ति कहलाता है। उसका न्यास पाद स्थान में करते है।

41. **विनियोग**– मन्त्र को फल की दिशा का निर्देश देना विनियोग कहलाता है।

42. **उपांशु जप**– जिह्वा एवं होंठ को हिलाते हुए केवल स्वयं को सुनायी पडने योग्य मन्त्रोच्चारण को उपांशु जप कहते हैं।

43. **मानस जप**–मन्त्र, मन्त्रार्थ एवं देवता में मन लगाकर मन ही मन मन्त्र का उच्चारण करने को मानस जप कहते हैं।

44. **अग्नि की जिह्वाएँ**– अग्नि की 7 जिह्वाएँ मानी गयी है। उनके नाम है– 1.हिरण्या, 2. गगना, 3. रक्ता, 4.कृष्णा, 5. सुप्रभा, 6.बहुरूपा एवं 7. अतिरिक्ता। कतिपय आचार्यो ने अग्नि की सप्त जिह्वाओं के नाम इस प्रकार बताये गये है–1. काली, 2. कराली, 3. मनोभवा, 4.सुलोहिता, 5. धूम्रवर्णा, 6. स्फुलिंगिनी तथा 7. विश्वरुचि।

45. **प्रदक्षिणा**– देवता को साष्टांग दण्डवत् करने के पश्चात इष्टदेव की परिक्रमा

करने को प्रदक्षिणा कहते है। विष्णु, शिव, शक्ति, गणेश और सूर्य आदि देवताओं की 4,1,2,1,3 अथवा 7 परिक्रमाएँ करनी चाहिए।

46. **साधना**– साधना 5 प्रकार की होती है– 1. अभाविनी, 2. त्रासी 3. दोर्वोधी, 4. सौतकी तथा 5. आतुरो।

(1) अभाविनी– पूजा के साधन तथा उपकरणों के अभाव से, मन से अथवा जलमात्र से जो पूजा साधना की जाती है, उसे अभाविनी कहते हैं।

(2) जो त्रस्त व्यक्ति तत्काल अथवा उपलब्ध उपचारों से या मानसोपचारों से पूजन करता है, उसे त्रासी कहते हैं, यह साधना समस्त सिद्धियां देती है।

(3) बालक, वृद्ध, स्त्री, मूर्ख अथवा ज्ञानी व्यक्ति द्वारा बिना जानकारी के की जाने वाली पूजा दाबांधी कही जाती हैं।

(4) व्यक्ति मानसिक सन्ध्या कर कामना होने पर मानसिक पूजन तथा निष्काम होने पर सब कार्य करें। ऐसी साधना को सौतकी कहा जाता है।

(5) रोगी व्यक्ति स्नान एवं पूजन न करें। देव मूर्ति अथवा सूर्यमण्डल की ओर देखकर, एक बार मूल मन्त्र का जप कर उस पर पुष्प चढायें। फिर रोग की समाप्ति पर स्नान करके गुरु तथा ब्राह्मणों की पूजा करके पूजा विच्छेद का दोष मुझे न लगें– ऐसी प्रार्थना करके विधि पूर्वक इष्ट देव का पूजन करे तो इस साधना को आतुर कहा जाएगा।

47. **अपने श्रम का महत्व**– पूजा की वस्तुएं स्वयं लाकर तन्मय भाव से पूजन करने से पूर्ण फल प्राप्त होता है तथा अन्य व्यक्ति द्वारा दिए गए साधनों से पूजा करने पर आधा फल मिलता है।

48. **वर्णित पुष्पादि**–

(1) पीले रंग की कट सरैया, नाग चम्पा तथा दोनों प्रकार की वृहती के फूल पूजा में नहीं चढ़ाये जाते।

(2) सूखे, वासी, मलिन, दुषित तथा उग्र गन्ध वाले पुष्प देवता पर नहीं चढ़ाये जाते।

(3) विष्णु पर अक्षत, आक तथा धतुरा नहीं चढ़ाये जाते।

(4) शिव पर केतकी, बन्धुक (दुपहरिया) कुन्द, मौलश्री,कौरैया जयपर्ण, मालती और जूही के पुष्प नहीं चढ़ाये जाते।

(5) दुर्गा पर दूब, आक, हरसिंगार, बेल तथा तगर नहीं चढ़ाये जाते।

(6) सूर्य तथा गणेश पर तुलसी नहीं चढ़ाई जाती।

(7) चम्पा तथा कमल की कलियों के अतिरिक्त अन्य पुष्पों की कलियां नहीं चढ़ाई जाती।

49. **ग्राह्य पुष्प**– विष्णु पर श्वेत तथा पीले पुष्प एवं तुलसी, सूर्य एवं गणेश पर लाल रंग के पुष्प, लक्ष्मी पर कमल एवं शिव के ऊपर आक, धतूरा, बिल्वपत्र तथा कनेर के पुष्प विशेष रूप से चढ़ाये जाते हैं। अमलतास के पुष्प तथा तुलसी को निर्माल्य नहीं माना जाता।

टिप्पणी– पुष्प, पत्र एवं फल– इन तीनों को अधोमुख करके देवता को समर्पित नहीं करना चाहिए। पुष्पांजलि में भी अधोमुख करके देवता को समर्पित नहीं करना चाहिए।

50. **ग्राह्य पत्र**– तुलसी, मौलश्री, चम्पा, कमलिनी, बेल, श्वेतकमल, अशोक, मैनफल, कुशा, दूर्वा, नागवल्ली, अपामार्ग, विष्णुक्रान्ता, अग्स्त्य तथा आंवला इनके पत्ते देव–पूजन में ग्राह्य हैं।

51. **ग्राह्य फल**– जामुन, अनार, नींबू, इमली, बिजौरा, केला, आंवला, बेर, आम तथा कटहल– ये फल देव पूजन में ग्राह्य हैं।

52. **धूप**– अगर एवं गुग्गुल की धूप विशेष रूप से ग्राह्य हैं, यों चन्दन–चूरा, बालछड़ आदि का प्रयोग भी धूप के रूप में किया जाता है।

53. **दीपक की बत्तियां**– यदि दीपक में अनेक बत्तिया हों तो उनकी संख्या विषम रखनी चाहिए। दायीं ओर के दीपक में सफेद रंग की बत्ती तथा बायीं ओर के दीपक में लाल रंग की बत्ती डालनी चहिए।

❑❑❑

मंत्र योग

कुछ अक्षर, शब्द समूह अथवा शब्दों का निरन्तर जाप करके अन्तर्चेतना जागृत हो सकती है, तथा इस ध्वनि एवं तरंग की विधि को मन्त्र योग कहा जाता है। जाप मानसिक रूप से किया जा सकता है। कुछ ध्वनियों का रहस्मय संयोजन परमात्मा स्वरूप मंत्र होता है। मंत्र वे अक्षर अथवा संयुक्ताक्षर होते हैं, जिनका कोई सीधा अर्थ न होते हुए भी वह इष्ट देव से संबंधित, साधक एवं ब्रह्माण्ड की शक्ति से परिपूर्ण होते हैं। मंत्रों द्वारा उत्पन्न ध्वनि तरंगों का मनुष्य के मन एवं अंतश्चेतना पर भारी प्रभाव होता है। मंत्र ध्वनि की तरंगों में परम सत्य ही परमात्मा के रूप में विद्यमान होता है। मंत्र सूक्ष्म शक्तियों का वह पुंज है, जिनके संयोजन से ही हमारे चैतन्य में वस्तुओं का छाया रूप में सृजन होता है। मंत्र योग मन को साधने का तंत्र है।

मंत्र वे सूक्ष्म किंतु रहस्यमय तत्व हैं, जो कई स्थूल तथा सूक्ष्म तत्वों का नियमन करते हैं। आरम्भ में परमात्मा मन्त्र रूप में ही उपस्थित होता है । मन्त्र परम सत्य, अस्तित्व एवं चैतन्य हैं। इनमें प्रकृति की कई शक्तियों को वश में करने की सामर्थ्य होती है। उत्कृष्ट मन्त्र जाप द्वारा ही सभी सिद्धियाँ प्राप्त की जा सकती हैं। इसमें निहित तर्क यह है कि मनुष्य तथा समस्त ब्रह्माण्ड एक ही शक्ति स्वरूप है, क्योंकि मंत्र में ही परम सत्य निहित है, अतः साधक समस्त शारीरिक एवं बाह्य शक्तियों को अपने वंश में कर लेता है । भिन्न–भिन्न प्रकार के मंत्रों द्वारा अपने अपने शब्द संयोजन के अनुसार शक्तियों का प्रस्फुटन होता है। साधक के आसपास का वायु मण्डल इन शक्तियों द्वारा उत्पन्न उर्जा से भर जाता है तथा ऐसे आभामण्डल का निर्माण हो जाता हैं, जिसके केन्द्र में साधक इन शक्तियों के नियामक के रूप में विद्यमान होता है। अवचेतन मन पर मन्त्रों का इतना सशक्त प्रभाव होता है कि साधक परमात्मा से साक्षात्कार करने हेतु व्याकुल हो उठता है।

मंत्र परमात्मा का नाम, प्रतीक तथा स्वरूप है। मन्त्र ही समस्त जगत के कारक हैं तथा ब्रह्माण्ड के आधार स्वरूप हैं तथा हमारे जीवन, विचारों तथा चेतना के आधार हैं। समस्त जगत् के आधार, नक्षत्र पुंजों, जगत की समस्त शक्तियों, सभी लोकों, तथा बुद्धि तथा भीतर एवं बाहर की सभी वस्तुओं का नियमन मंत्रों द्वारा होता है। जगत् का अस्तित्व एवं उसका विनाश मंत्र में ही निहित है।

मंत्र जाप से लाभ–

मन्त्र विज्ञान के अनुसार, भाग्य चक्र द्वारा जनित दुःखों सहित समस्त मानव दुःखों

का विनाश मंत्रों द्वारा किया जा सकता है।

प्रायः सभी मनुष्य सांसारिक सुखों के लिये लालायित रहते हैं, जैसे अर्थ, स्त्री, संतान, सम्मान, नाम, यश तथा आनन्द भोग आदि । अभीष्ट वस्तुओं की प्राप्ति तथा अनअभीष्ट वस्तुओं से छुटकारा प्राप्त करने को ही सुख कहते हैं। यही नहीं, अभीष्ट वस्तुओं से विलगाव एवं अनुअभीष्ट से संपर्क ही समस्त दुःखों का कारण है।

दुःखों को निम्न तीन श्रेणीयों में विभाजित किया जा सकता है:–

1. शारीरिक दुःख, शरीर, इन्द्रियों, अथवा मन के विकारों से उत्पन्न होते हैं।
2. प्राकृतिक दुःख, आपदायें, सूखा, अतिवृष्टि, भूकम्प, तड़ित, उद्वेलन, अकाल, अथवा भूत–प्रेतों द्वारा उत्पन्न होते हैं।
3. सांसारिक दुःख, मनुष्य, पशु, पक्षी, कीड़े, मकोड़े अथवा अन्य प्राणियों द्वारा जनित होते हैं।

सांसारिक भोगों एवं उन्नति प्राप्त करने हेतु मंत्र अत्यधिक शक्तिशाली उपाय हैं। मन्त्र सब प्रकार के दुःखों का नाश करने वाले तथा मुक्तिदायी होते हैं। सिद्ध महात्माओं द्वारा परम ध्यान की अवस्था में मंत्रों की संधारणा की गयी है, जिससे मानव के समस्त दुःखों का नाश किया जाकर उन्हें समस्त सांसारिक भोग उपलब्ध हो सकें तथा श्रद्धा एवं भक्ति पूर्वक मन्त्र जाप करने वालों को मुक्ति प्राप्त हो सके।

प्रच्छन मन्त्र जब जागृत हो जाता है, तो पूर्णरूपेण अक्षरशः सुख सुविधा एवं पूर्ण मुक्तिदायक होता है। साधक सभी प्रकार के शोकों तथा तीनों प्रकार के दुःखों से मुक्त होकर नाना प्रकार के सुन्दर दृश्य देखने लगता है तथा शक्ति आनन्द एवं चरम ज्ञान का अनुभव करता है।

जप–योग

जप से अर्थ है चक्रीय गति में घूमने की क्रिया एवं जप योग से अर्थ है चैतन्य को बार–बार चक्रीय गति में घुमाकर आत्मा का परमात्मा से मिलन कराना। मंत्रों का लय बद्ध रूप से उच्चारण ही जाप है । भगवान कृष्ण गीता में कहते हैं "भेंट तथा अर्पण में सर्वश्रेष्ठ जाप रूप अर्पण मैं हूँ।" जप से किसी को भी किसी प्रकार की हानि नहीं हो सकती तथा सतत् जप से सीधे भगवान का दर्शन होता है।

अतः जप सभी प्रकार की बलि अथवा भेंट तथ अर्पण की अपेक्षा सर्वश्रेष्ठ है तथा जप की श्रेष्ठता करने हेतु ही भगवान ने जप को स्वयं के रूप में ही निरूपित किया है। मनु स्मृति में भी कहा गया है, "जप किसी भी सक्रिय पूजा से दस गुना श्रेष्ठ हैं, और मन ही मन गुनगुना कर किया हुआ जप शत गुना मूल्यवान है, जब कि मानसिक जप इससे भी सहस्त्र गुना मूल्यवान है।"

मन्त्र जाप में लय बद्ध ध्वनि के कंपन, संबधित इष्ट देव की छवि साधक के हृदय पटल पर अंकित कर देते हैं। मन्त्र का सतत् बार–बार जप करने से एक सृजनशील संवेग उत्पन्न होता हैं। सत्य तो यह है कि मंत्र जाप द्वारा साधक का मन संबंधित इष्ट

देव की छबि पर स्थिर हो जाता है तथा वह इष्ट की शक्ति एवं कृपा द्वारा शुद्ध एवं शक्तिमान हो जाता है। सतत् मन्त्र जाप से साधक का मन अपने इष्ट की छवि से इतना अधिक परिपूर्ण हो जाता है कि वहाँ अन्य किसी वस्तु के लिए स्थान ही नहीं रहता है।

मन्त्र चराचर में व्याप्त परम पिता सच्चिदानन्द का मूर्तिमन्त स्वरूप है। जप से मन के अन्य सभी विचार (बार–बार उठने वाले) नष्ट हो जाते हैं, और केवल शुद्ध आत्मा का विचार ही रह जाता है। जप से शुद्धि, परिपक्वता, सत्य, आनन्द, अमरत्व ज्ञान, सार्वभौमता इत्यादि तत्व जुड़े हैं।

मन्त्र का जाप एक दम ठीक एवं शुद्ध हो तथा उसके अर्थ का भी मनन चलता रहे, इसका हमें ध्यान रखना चाहिये। हमारे हृदय के अन्तरतम कोने तथा आत्मा से हमें यह अनुभव करना चाहिए कि मंत्र सर्वत्र व्याप्त है। यंत्रवत मंत्र जाप का लाभ अपने स्थान पर है, परन्तु पूर्णरूपेण लाभ तभी प्राप्त होता है, जब मंत्र के अर्थ को हृदय की गहराइयों में धारण कर उसे अत्यन्त क्रियाशील बना दिया जाये।

पाँच प्रकार के जप –

जप को निम्न पाँच प्रकारों में विभाजित किया गया है:–

1. **श्रव्य जपः** इनमें मन्त्र जाप इस प्रकार किया जाता है, कि आस पास बैठा व्यक्ति मन्त्र ध्वनि को सुन सके। आरम्भ में साधक को इसी प्रकार मन्त्र जाप करना चाहिये। कुछ समय के अभ्यास के पश्चात् मन शान्त एवं स्थिर हो जाता है। इस स्थिति में मन उपांशु जप की ओर बढ़ने के लिये परिपक्व हो जाता है।
2. **उपांशु जपः** इसमें मन्त्र का जाप इस प्रकार किया जाता है, कि वह केवल साधक द्वारा ही श्रव्य हो। इसके सतत् अभ्यास के द्वारा कुछ समय पश्चात् साधक मानसिक जप कर सकने के योग्य हो जाता है।
3. **मानसिक जपः**इसमें मन्त्र का जाप मन ही मन किया जाता है। यह कहा जाता है कि मानसिक जप में, साधक को परम ज्ञान प्राप्ति की स्थिति में पहुँचा देने का सामर्थ्य है।
4. **लिखित जपः** इसमें साधक द्वारा सैकड़ों बार मन्त्र को कागज पर लिखा जाता है। मन्त्र के अक्षरों को लघु रूप में सावधानी पूर्वक लिखा जाता है साथ ही मानसिक जप भी चलता रहता है।
5. **अजपा जप अथवा सहजा जपः** बिना किसी प्रयत्न के जब मन्त्र का जप सहज रूप से होता है, तो उसे अजपा जप कहते हैं। यह विश्वास किया जाता है, कि अजपा जप सीधा हृदय से उत्पन्न होता है, जब कि अन्य जप मुख द्वारा होते हैं, जिससे धीरे–धीरे मानसिक एवं शारीरिक विकारों को उत्पन्न करने वाले कारण नष्ट हो जाते हैं।

मंत्र–भक्ति योग

भक्ति योग में भक्त अपने इष्ट के स्वरूप पर ध्यान केन्द्रित करता है तथा संबंधित मंत्र का जाप करता है। कुछ भक्त गण किसी चक्र विशेष में अपने इष्ट को उपस्थित

मानकर उस चक्र विशेष के मंत्र का जाप करते हैं। अतः यह स्पष्ट है कि भक्ति योग तथा मंत्र योग परस्पर संबंधित हैं।

भक्ति योग के अध्याय में हम बता चुके हैं कि चार प्रकार के साधकों के साथ ही चार प्रकार के देव भी होते हैं। प्रत्येक साधक अपने स्वभाव एवं इच्छानुसार अपने देव का चयन करता है। साधकों के अनुभव और विचार भिन्न–भिन्न होते हैं। अतः कई तरह के साधकों और उनकी इच्छानुसार ही मन्त्रों की संख्या भी अनंत है।

मंत्र एवं कुण्डलिनी योग –

यद्यपि मन्त्र योग भक्ति योग का एक अंग है तथापि कुण्डलिनी का जागृत होना मंत्रों से संबंधित है। मूल रूप से देखा जाय तो मंत्र का सभी योगों में उपयोग होता है।

मंत्र तथा गुरू

साधारणतया साधक को अपने गुरु द्वारा दिये हुए मन्त्र का ही जप करना चाहिए। दीक्षा देते समय गुरू एक मन्त्र विशेष साधक को देता है, जिससे वह आध्यात्मिक पथ के अभिष्टि शिखर पर पहुँच जाता है, परन्तु यह सब गुरू की शक्ति, साधक की गुरु के प्रति श्रद्धा तथा विशिष्ट मन्त्र पर निर्भर है। मंत्र यदि किसी साधारण व्यक्ति से अथवा पुस्तकों से प्राप्त किये जाएँ तो इच्छित सफलता प्रदान नहीं कर सकते हैं। किसी शिष्य विशेष की शक्ति को जागृत करने हेतु कौन सा मंत्र उपयुक्त है, यह गुरू भली प्रकार जानते हैं। गुरू द्वारा प्रदत्त मंत्रों में गुरू की आध्यात्मिक ऊर्जा सदैव प्रवाहित होती रहती है।

मंत्र तथा ध्यान साधना –

मंत्र जाप से मन सहज ही ऐसी अवस्था में पहुँच जाता है, जहाँ साधक ध्यान मग्न हो जाता है। आरम्भ में साधक प्रयत्न तथा प्रतीती पूर्वक मंत्र को बारबार जपता है। इस केन्द्रित प्रतीत से मन की चंचलता नष्ट हो जाती है। पर्याप्त समय निष्ठा पूर्वक सतत प्रयत्न के पश्चात साधक बिना किसी प्रयत्न के मंत्र जाप सहज रूप से करने लगता है। अन्ततः मंत्र अनायास ही मूर्त रूप धारण कर जाग्रत हो जाता है तथा साधक का मन मस्तिष्क मन्त्र के कम्पनों से प्लावित हो जाता है। मन्त्र ध्वनि पर मन केन्द्रित होने से वह मन्त्र में ही खो जाता है। मंत्र मन तथा मस्तिष्क का एक अंग ही बन जाता है तथा साधक समस्त बाह्य वस्तुओं से निरपेक्ष हो जाता है। समस्त विचारों से शून्य हो जाने तथा समस्त प्रलोभनों से मुक्त हो जाने के कारण साधक का ध्यान सदैव मन्त्र की ध्वनि में केन्द्रित हो जाता है तथा वह ध्यान की सर्वोच्च अवस्था को प्राप्त कर लेता है।

कुछ साधक मन्त्र जाप के साथ ही परमेश्वर के स्वरूप का भी ध्यान करते हैं। ध्यान में जैसे जैसे साधक उन्नति करता जाता है, मंत्र जाप स्वयं ही छूट जाता है और निर्विकल्प समाधि की अवस्था प्राप्त हो जाती है।

❑❑❑

मातंगी की तांत्रिक साधनाएं

यामां शुभ्रांशुभालां त्रिनयनकमलां रन्त्रसिंहासनस्थां
भक्ताभीष्टप्रदात्रीं सुरनिकरकरासेव्यकज्जाड्रिंयुग्माम्।
नीलाम्भोजांशुकान्तिं निशिचरनिकरारण्यदावाग्निरूपां।
पाशं खड्गं चतुर्भिर्वरकमलकरैः खेटकच्जकडु.शच्ज।।
मातंगीमावहन्तीमभिमतफलदां मोदिनीं चिन्तयामि।

–इत्यादि ध्यान से मातंगी का स्परूप स्पष्ट है।

भगवती मातंगी नवीं महाविद्या हैं। इनके शिव 'मतंग' हैं। ये 'विद्या' संज्ञक 'मोहरात्रि' हैं।

इनका स्वरूप चतुर्भुज हैं। ये अपनी भुजाओं में क्रमशः पाश, खड्ग, खेरक एवं अंकुश धारण लिए रहती है। इनके तीन नेत्रा हैं। इनका शरीर परम तेजस्वी, नीलकमल की कान्ति जैसा, श्यामवर्ण है। राक्षस–समूह रूपी बन के लिए दावग्नि के समान भगवती मातंगी रत्नसिंहासन पर स्थित रहती हैं तथा देवतागण उनकी सेवा करते रहते हैं। ये प्रदीप्त ललाट वाली देवी भक्तों को अभीष्ट, अभिमत फल देने वाली हैं।

मातंगी गायत्री

"ॐ मातंग्यै च विद्महे उच्छिष्ट चाण्डाल्यै च धीमहि तन्नों देवी प्रचोदयात्।"

भगवती मातंगी का मन्त्र–साधन करने से गृहस्थ सुख एवं पति–पत्नी सुख की उपलब्धि होती है। यदि किसी कन्या के विवाह में विघ्न उपस्थित हो रहा हो, अथवा वांछित–स्थान पर सम्बन्ध न हो पा रहा हो तो भगवती मातंगी के मन्त्र प्रयोग से सफलता

मिलती है। पुत्र लाभ एवं अन्य प्रकार के भौतिक–सुखों की उपलब्धि के लिए भी मातंगी–मन्त्र का साधन प्रभावकारी सिद्ध होता है।

मातंगी द्वात्रिंश दशाक्षर मन्त्र–प्रयोग

भगवती मातंगी का 32 अक्षरों वाला मन्त्र तथा उसकी प्रयोग–विधि के सम्बन्ध में निम्नानुसार समझें–

"ॐॐ ह्रीं ऐ श्रीं नमो भगवति उच्छिष्ट चाण्डालि श्रीमातंगेश्वरी सर्वजनवंशकरि स्वाहा।"

इस मन्त्र का विधान इस प्रकार है–

विनियोगः

अस्य मन्त्रस्य मतड़गऋषि रनुष्टुप्छन्दो मातंगी देवताममाभीष्ट सिद्धयर्थे जपे विनियोगः।

ऋष्यादि न्यास :

ॐ मतड़ग ऋषये नमः – शिरसि।
अनुष्टुप् छन्दसे नमः–मुखे।
मातंगी देवतायै नमो–हृदि।
विनियोगाय नमः–सर्वांगे।

(इति ऋष्यादि न्यासः)

करन्यासः

ॐ ह्रीं ऐ श्रीं– अंगुष्ठाभ्यां नमः।
नमो भगवति –तर्जनीभ्यां नमः।
उच्छिष्ट चाण्डालि–मध्यमाभ्यां नमः।
श्रीमातंगेश्वरी–अनामिकाभ्यां नमः।
सर्वजनवशंकरी–कनिष्ठिकाभ्यां नमः।
स्वाह्वा–करतलकर पृष्ठाभ्यां नमः।

(इति करन्यासः)

हृदयादि षडड़गन्यासः

ॐ ह्रीं ऐं श्रीं–हृदयाय नमः।
नमोभगवति–शिरसे स्वाहा।
उच्छिष्ट चाण्डालि–शिखायै वषट्।
श्रीमातड़गेश्वरी–कवचाय हुम्।

सर्वजनवशंकरी–नेत्रत्रयाय वौषट्।

(इति हृदयादि न्यासः)

उक्त विधि से न्यास करने के बाद– निम्नानुसार ध्यान करें–

ध्यान–मन्त्रः

ॐ घनश्यामलाङ्गी स्थितां रत्न पीठे
शुकस्योदितं शृण्वतीं रक्तवस्त्राम्।
सुरापानमत्तां सरोजस्थितां श्री
भजे वल्लकीं वादयन्तीं मतङ्गीम्।।

पीठ–पूजाः

उक्त प्रकार से ध्यान करने के बाद पीठ आदि पर रचित भद्र मण्डल में मण्डूकादि परतत्त्वान्त पीठ–देवताओं को स्थापित करके–

"ॐ मं मण्डूकादि परतत्त्वान्त पीठदेवताभ्यो नमः।"

इस मन्त्र से पीठ–देवताओं की पूजा करके नव–पीठ शक्तियों का निम्नानुसार पूजन करें–

पूर्वादि कम से आठों दिशाओं में–

ॐ विभूत्यै मातंग्यै नमः।
ॐ उन्नत्यै मातंग्यै नमः।
ॐ कान्त्यै मातंग्यै नमः।
ॐ सृष्ट्यै मातंग्यैनमः।
ॐ कीर्त्यै मातंग्यैनमः।
ॐ सन्नत्यै मातंग्यैनमः।
ॐ व्युष्ट्यै मात्रांग्यैनमः।
ॐ उत्कृष्ट्यै मातंग्यैनमः।

मध्यम में –

ॐ ऋद्धयै मातंग्यैनमः।

(मातंगी यंत्र)

इसके पश्चात् स्वर्णादि से निर्मित मूर्ति अथवा यन्त्र को ताम्रपात्र में रखकर सर्वप्रथम घृत द्वारा उसका अभ्यड़ग (मालिश) करें, तदुपरान्त उस पर दूध तथा जल की धारा छोड़े, फिर स्वच्छ वस्त्र से पौंछकर।

"ॐ ह्रीं सर्वशक्ति कमलासनाय नमः।

इस यन्त्र द्वारा पुष्पादि का आसन दें, पीठ के मध्य में रख, उसमें प्राण–प्रतिष्ठा करके, ध्यान करें तथा मूल–मन्त्र से मूर्ति की कल्पना करके, पाद्यादि से प्रारम्भ कर पुष्पांजलि–दान पर्यन्त उपचारों से पूजा करके, देवी की आज्ञा लें, 'आवरण–पूजा' आरम्भ करें।

आवरण–पूजाः–

हाथ में पुष्पांजलि लेकर सर्वप्रथम–

"ॐ संविन्मये परे देवि परामृत रसप्रिये।
अनुज्ञां देहि मातंगि परिवारार्चनाय में।।"

यह मन्त्र पढ़ कर पुष्पांजलि दें, फिर विशेष अर्घ्य से बिन्दु डालकर

"पूजितास्तर्पिताः सन्तु"

कहें। इस प्रकार आज्ञा लेकर 'आवरण–पूजा' करें।

पहले त्रिकोण में–

ॐ ह्रीं ऐं श्रीं रत्यै मातंग्यै नमः
रति श्रीपादुकां पूजयामि तर्पयामि नमः।।1।।
ॐ ह्रीं ऐं श्रीं प्रीत्यै मातंग्यै नमः
प्रीति श्रीपादुकां पूजयामि तर्पयामि नमः।।2।।
ॐ ह्रीं ऐं श्रीं मनोभवायै मातंग्यै नमः
मनोभवा श्रीपादुकां पूजयामि तर्पयामि नमः।।3।।

उक्त विधि से पूजन करने के बाद पुष्पांजलि लेकर, मूलमन्त्र का उच्चारण करके–

"अभीष्ट सिद्धि में देहि शरणागत वत्सले।
भक्त्या समर्पये तुभ्यं प्रथमावरणार्चन्।।"

यह कहते हुए, पुष्पांजलि छोड़ विशेष अर्घ्य बिन्दु छिड़क कर।

"पूजिता स्तर्पिताः सन्तु"

कहकर पुष्प चढ़ायें।

इसके बाद षट्कोण–केसरों में आग्नेय आदि चार तथा मध्य दिशाओं में निम्नलिखित मन्त्रों द्वारा प्रथमावरण की भाँति पूजा करके पुष्पांजलि प्रदान करें–

ॐ ह्रीं ऐं श्रीं ह्रदयाय नमः।
ह्रदय श्रीपादुकां पूजयामि तर्पयामि नमः।
नमो भगवति शिरसे स्वाहा
शिरः श्रीपादुका पूजयामि तर्पयामि नमः।

उच्छिष्ट चाण्डालि शिखायै वषट् पूजयामि तर्पयामि नमः।

शिखाः श्रीपादुका पूजयामि तर्पयामि नमः।

श्रीमातङ्गेश्वरी कवचाय हुम्

कवच श्रीपादुकां पूजयामि तर्पयामि नमः।

सर्वजन वशङ्करि नेत्र त्रयाय वौषट्

नेत्रत्रय श्रीपादुकां पूजयामि तर्पयामि नमः।

स्वाहा ऽ स्त्राय फट्

अस्त्र श्रीपादुकां पूजयामि तर्पयामि नमः।

उक्त मंत्रों से षडङ्गों की पूजा करके पुष्पांजलि दें।

इसके बाद पूज्य और पूजक के अन्तराल को पूर्वदिशामान कर तदनुसार अन्य दिशाओं की कल्पना करके प्राची क्रम से, निम्नलिखित मन्त्रों द्वारा आठ शक्तिसरें की पूजा करें–

ॐ ह्रीं ऐं श्रीं ब्राह्मै मातंग्यै नमः

ब्राह्मी श्रीपादुकां पूजयामि तर्पयामि नमः।

ॐ ह्रीं ऐं श्रीं माहेश्वर्य्यै मातंग्यै नमः।

माहेश्वरी श्रीपादुकां पूजयामि तर्पयामि नमः।

ॐ ह्रीं ऐं श्रीं कौमार्यै मातंग्यै नमः

कौमारी श्रीपादुकां पूजयामि तर्पयामि नमः।

ॐ ह्रीं ऐं श्रीं वैष्ण्व्यै मातंग्यै नमः

वैष्णवी श्रीपादुकां पूजयामि तर्पयामि नमः।

ॐ ह्रीं ऐं श्रीं बाराह्यै मातंग्यै नमः

बाराही श्रीपादुकां पूजयामि तर्पयामि नमः।

ॐ ह्रीं ऐं श्रीं ऐन्द्राण्यै मातंग्यै नमः

इन्द्राणी श्रीपादुकां पूजयामि तर्पयामि नमः।

ॐ ह्रीं ऐं श्रीं चामुण्डायै मातंग्यै नमः

चामुण्डायै श्रीपादुकां पूजयामि तर्पयामि नमः।

ॐ ह्रीं ऐं श्रीं महालक्ष्म्यै मातंग्यै नमः

महालक्ष्मी श्रीपादुकां पूजयामि तर्पयामि नमः।

उक्त मन्त्रों द्वारा आठ शक्तियों की पूजा करने के बाद पूर्ववत् पुष्पांजलि प्रदान करें।

इसके पश्चात् दूसरे आठ दलों में प्राची क्रम से निम्नलिखित मन्त्रों द्वारा आठ भैरवों की पूजा करें–

ॐ ह्रीं ऐं श्रीं असिताङ्ग भैरवाय मातंग्यै नमः।

असिताङ्ग श्रीपादुकां पूजयामि तर्पयामि नमः।

ॐ ह्रीं ऐं श्रीं रूरू भैरवाय मातंग्यै नमः।

रूरू श्रीपादुकां पूजयामि तर्पयामि नमः।

ॐ ह्रीं ऐं श्रीं चण्ड भैरवाय मातंग्यै नमः।

चण्ड भैरव श्रीपादुकां पूजयामि तर्पयामि नमः।

ॐ ह्रीं ऐं श्रीं कोध भैरवाय मातंग्यै नमः।

कोध भैरव श्रीपादुकां पूजयामि तर्पयामि नमः।

ॐ ह्रीं ऐं श्रीं उन्मत्त भैरवाय मातंग्यै नमः।

उन्मत्त भैरव श्रीपादुकां पूजयामि तर्पयामि नमः।

ॐ ह्रीं ऐं श्रीं कपाल भैरवाय मातंग्यै नमः।

कपाल श्रीपादुकां पूजयामि तर्पयामि नमः।

ॐ ह्रीं ऐं श्रीं भीषण भैरवाय मातंग्यै नमः।

भीषण भैरव श्रीपादुकां पूजयामि तर्पयामि नमः।

ॐ ह्रीं ऐं श्रीं संहार भैरवाय मातंग्यै नमः।

संहार भैरव श्रीपादुकां पूजयामि तर्पयामि नमः।

उक्त मन्त्रों से अष्ट–भैरवों का पूजन करने के उपरान्त पूर्ववत् पुष्पांजलि दें।

इसके बाद सोलह दलों में प्राची–क्रम से –

ॐ ह्रीं ऐं श्रीं वामायै मातंग्यै नमः।

वामा श्रीपादुकां पूजयामि तर्पयामि नमः।

ॐ ह्रीं ऐं श्रीं ज्येष्ठायै मातंग्यै नमः।

ज्येष्ठा श्रीपादुकां पूजयामि तर्पयामि नमः।

ॐ ह्रीं ऐं श्रीं रौद्रयै मातंग्यै नमः।

रौद्री श्रीपादुकां पूजयामि तर्पयामि नमः।

ॐ ह्रीं ऐं श्रीं शान्त्यै मातंग्यै नमः।

शान्ति श्रीपादुकां पूजयामि तर्पयामि नमः।

ॐ ह्रीं ऐं श्रीं श्रद्धायै मातंग्यै नमः।

श्रद्धा श्रीपादुकां पूजयामि तर्पयामि नमः।

ॐ ह्रीं ऐं श्रीं माहेश्वर्य्मातंग्यै नमः।

माहेश्वरी श्रीपादुकां पूजयामि तर्पयामि नमः।

ॐ ह्रीं ऐं श्रीं कियायै मातंग्यै नमः।

किया श्रीपादुकां पूजयामि तर्पयामि नमः।

ॐ ह्रीं ऐं श्रीं लक्ष्म्यै मातंग्यै नमः।

लक्ष्मी श्रीपादुकां पूजयामि तर्पयामि नमः।

ॐ ह्रीं ऐं श्रीं सृष्ट्यै मातंग्यै नमः।

सृष्टि श्रीपादुकां पूजयामि तर्पयामि नमः।

ॐ ह्रीं ऐं श्रीं मोहिन्यै मातंग्यै नमः।

मोहिनी श्रीपादुकां पूजयामि तर्पयामि नमः।

ॐ ह्रीं ऐं श्रीं प्रमथायै मातंग्यै नमः।

प्रमथा श्रीपादुकां पूजयामि तर्पयामि नमः।

ॐ ह्रीं ऐं श्रीं श्वासिन्यै मातंग्यै नमः।

श्वासिनी श्रीपादुकां पूजयामि तर्पयामि नमः।

ॐ ह्रीं ऐं श्रीं विद्युल्लतायै मातंग्यै नमः।

विद्युल्लता श्रीपादुकां पूजयामि तर्पयामि नमः।

ॐ ह्रीं ऐं श्रीं सुन्दर्य्यै मातंग्यै नमः।

सुन्दरी श्रीपादुकां पूजयामि तर्पयामि नमः।

ॐ ह्रीं ऐं श्रीं नन्दायै मातंग्यै नमः।

नन्दा श्रीपादुकां पूजयामि तर्पयामि नमः।

ॐ ह्रीं ऐं श्रीं नन्दबुद्ध्यै मातंग्यै नमः।

नन्दबुद्धि श्रीपादुकां पूजयामि तर्पयामि नमः।

उक्त मन्त्रों द्वारा पूजन करने के बाद पूर्ववत् पुष्पांजलि प्रदान करें।

इसके बाद भूपुर के भीतर चारों दिशाओं में प्राची—क्रम से

ॐ ह्रीं ऐं श्रीं मातंग्यै मातंग्यै नमः।

मातंगी श्रीपादुकां पूजयामि तर्पयामि नमः।

ॐ ह्रीं ऐं श्रीं महामातंग्यै मातंग्यै नमः।

महामातंगी श्रीपादुकां पूजयामि तर्पयामि नमः।

ॐ ह्रीं ऐं श्रीं महालक्ष्म्यै मातंग्यै नमः।

महालक्ष्मी श्रीपादुकां पूजयामि तर्पयामि नमः।

ॐ ह्रीं ऐं श्रीं सिद्धये मातंग्यै नमः।

सिद्धि श्रीपादुकां पूजयामि तर्पयामि नमः।

फिर आग्नेय आदि विदिशाओं में—

ॐ ह्रीं ऐं श्रीं विघ्नेशाय मातंग्यै नमः।

विघ्नेश श्रीपादुकां पूजयामि तर्पयामि नमः।

ॐ ह्रीं ऐं श्रीं दुर्गायै मातंग्यै नमः।

दुर्गा श्रीपादुकां पूजयामि तर्पयामि नमः।

ॐ ह्रीं ऐं श्रीं बटुकाय मातंग्यै नमः।

बटुक श्रीपादुकां पूजयामि तर्पयामि नमः।

ॐ ह्रीं ऐं श्रीं क्षेत्रपालाय मातंग्यै नमः।

क्षेत्रपाल श्रीपादुकां पूजयामि तर्पयामि नमः।

उक्त मन्त्रों आठ द्वारपालों की पूजा करके पूर्ववत पुष्पांजलि प्रदान करें।

इसके पश्चात् भूपुर से बाहर पूर्वादि क्रम से इन्द्रादि दश दिक्पालों तथा उनके वज्र

आदि आयुधों की पूर्ववत पूजा कर, पुष्पांजलि दें। दिक्पाल तथा उनके आयुधों के पूजन मन्त्र निम्नानुसार है। दिक्पालों के मन्त्र–

ॐ ह्रीं ऐं श्रीं इन्द्राय मातंग्यै नमः।
इन्द्र श्रीपादुकां पूजयामि तर्पयामि नमः।
ॐ ह्रीं ऐं श्रीं रं अग्नये मातंग्यै नमः।
अग्नि श्रीपादुकां पूजयामि तर्पयामि नमः।
ॐ ह्रीं ऐं श्रीं म यमाय मातंग्यै नमः।
यम श्रीपादुकां पूजयामि तर्पयामि नमः।
ॐ ह्रीं ऐं श्रीं क्षं निर्ऋतये मातंग्यै नमः।
निर्ऋत श्रीपादुकां पूजयामि तर्पयामि नमः।
ॐ ह्रीं ऐं श्रीं वरूणाय मातंग्यै नमः।
वरूण श्रीपादुकां पूजयामि तर्पयामि नमः।
ॐ ह्रीं ऐं श्रीं यं वायवे मातंग्यै नमः।
वायु श्रीपादुकां पूजयामि तर्पयामि नमः।
ॐ ह्रीं ऐं श्रीं कुं कुवेराय मातंग्यै नमः।
कुबेर श्रीपादुकां पूजयामि तर्पयामि नमः।
ॐ ह्रीं ऐं श्रीं हं ईशानाय मातंग्यै नमः।
ईशान श्रीपादुकां पूजयामि तर्पयामि नमः।

इन्द्र और ईशान के मध्य–

ॐ ह्रीं ऐं श्रीं आं ब्रह्मणे मातंग्यै नमः।

वरूण और निर्ऋति के मध्य–

ब्रह्म श्रीपादुकां पूजयामि तर्पयामि नमः।
ॐ ह्रीं ऐं श्रीं ॐ ह्रीं अनन्ताय मातंग्यै नमः।
अनन्त श्रीपादुकां पूजयामि तर्पयामि नमः।

आयुधों के मन्त्र–

ॐ ह्रीं ऐं श्रीं वं वज्राय मातंग्यै नमः।
वज्र श्रीपादुकां पूजयामि तर्पयामि नमः।
ॐ ह्रीं ऐं श्रीं शं शक्तये मातंग्यै नमः।
शक्ति श्रीपादुकां पूजयामि तर्पयामि नमः।
ॐ ह्रीं ऐं श्रीं दं दण्डाय मातंग्यै नमः।
दण्ड श्रीपादुकां पूजयामि तर्पयामि नमः।
ॐ ह्रीं ऐं श्रीं खं खड़गाय मातंग्यै नमः।
खड़ग श्रीपादुकां पूजयामि तर्पयामि नमः।
ॐ ह्रीं ऐं श्रीं पं पाशाय मातंग्यै नमः।

पाश श्रीपादुकां पूजयामि तर्पयामि नमः।

ॐ ह्रीं ऐं श्रीं अं अंकुशाय मातंग्यै नमः।

अंकुश श्रीपादुकां पूजयामि तर्पयामि नमः।

ॐ ह्रीं ऐं श्रीं गं गदायै मातंग्यै नमः।

गदा श्रीपादुकां पूजयामि तर्पयामि नमः।

ॐ ह्रीं ऐं श्रीं त्रि त्रिशूलाय मातंग्यै नमः।

त्रिशूल श्रीपादुकां पूजयामि तर्पयामि नमः।

ॐ ह्रीं ऐं श्रीं पं पद्माय मातंग्यै नमः।

पद्म श्रीपादुकां पूजयामि तर्पयामि नमः।

ॐ ह्रीं ऐं श्रीं चं चकाय मातंग्यै नमः।

चक श्रीपादुकां पूजयामि तर्पयामि नमः।

इसके बाद पूर्ववत् पुष्पांजलि देकर, धूपादि से लेकर नमस्कार पर्यन्त सभी कृत्य करें।

पुरश्चरणः

इस मन्त्र का पुरश्चरण 10,000 (दस हजार) जप है अर्थात् पूजनादि के बाद दस हजार की संख्या मैं मन्त्र जप करना चाहिए। फिर मधु से युक्त महुए के फूलों द्वारा जप का दशांश (1000 आहुतियाँ) होम करें।

फिर होम का दशांश)100) तर्पण, तर्पण का दशांश (10) मार्जन तथा मार्जन का दशांश (1) अथवा मार्जन तुल्य (10) ब्राह्मण–भोजन कराये। इस विधि से मन्त्र सिद्ध हो जाता है।

मन्त्र के सिद्ध हो जाने पर प्रयोग को सिद्ध करना चाहिए।

प्रयोग विधि–

किसी भी प्रयोग को आरम्भ करने से पूर्व 10 हजार अथवा 1 हजार की संख्या में मूलमन्त्र का जप करके मधुयुक्त महुए के फूलों से होम करें। फिर पीठ–पूजादि कृत्य करके कामनानुसार निम्नलिखित प्रयोग–विधियों का उपयोग करना चाहिए–

1. मल्लिका के फूलों से होम करने पर योग का लाभ होता है।
2. बेल के फूलों के होम से राज्य की प्राप्ति होती है।
3. पलाश के पत्तों अथवा फूलों के होम से लोग वश में होते हैं।
4. गिलोय के टुकड़ों से होम करने पर रोग–नाश होता है।
5. नीम के टुकड़ों तथा चावलों से होम करने पर धन का लाभ होता है।
6. नीम के तैल से सिक्त नमक की डलियों से होम करने पर शत्रु–नाश होता है तथा अन्नाहार की वृद्धि होती है।
7. हल्दी के चूर्ण युक्त नमक से होम करने पर मनुष्यों का स्तम्भन होता है।

9. 'गन्धाष्टक' अर्थात् लाल चंदन, कपूर, जटामांसे, केसर, गोरोचन, चन्दन, अगर और कपूर–इनसे होम करने पर सब लोग वश में हो जाते है। इस गंधाष्टक को पीस कर, उसे 100 बार मन्त्र–जप से अभिमन्त्रित करें, फिर उसका तिलक ललाट पर लगाये तो जात जगत् प्रिय हो जाता है।

10. मधु–सिक्त नमक द्वारा निर्मित पुतली के दाँयें पाँव की ओर से 108 बार रात्रि के समय खैर की अग्नि से होम करने से वशीकरण–सिद्धि प्राप्त होती है।

11. साठों के चावल के आटे से पुतली बनाकर खाने से स्त्री को वश में करने की सिद्धि प्राप्त होती है।

12. कृष्ण पक्ष की रात्रि में शंख को कौए के पेट में डालकर, नीले धागे से लपेट दें, फिर उसे चिता की अग्नि में जलादें। तदुपरांत उसकी भस्म को 1000 बार मन्त्र, जप से अभिमन्त्रित करें। यह अभिमन्त्रित भस्म साधक जिसे देता है, वह उसका दास हो जाता है।

मातंगी कवच

श्री देव्युवाचः

साधु साधु महादेव कथयस्व सुरेश्वर।
मातंगीकवचं दिव्यं सर्वसिद्धिकरं नृणाम्।।1।।

श्री ईश्वर उवाचः

शृणु देवि प्रवक्ष्यामि मातंगीकवचं शुभम्।
गोपनीयम् महादेवि मौनी जापं सामाचरेत्।।2।।

विनियोगः

**अस्य श्रीमातंगीकवचस्य दक्षिणामूर्तिॠषिर्विराट्छन्दो।
मातंगी देवता चतुर्वर्गसिद्धये पाठे विनियोगः।
ॐ शिरो मातंगिनी पातु भुवनेशी तु चक्षुषी।
तोडला कर्णयुगलं त्रिपुरा वदनं मम।।3।।
पातु कण्ठे महामाया हृदि माहेश्वरी तथा।
त्रिपुष्पा पाशर्वयोः पातु गुदे कामेश्वरी मम।।4।।
ऊरुद्वये तथा चण्डी जंघयोश्च करप्रिया।
महामाया पादयुरमें सर्वांगेषु कुलेश्वरी।।5।।
अंग प्रत्यंगकं चैव सदा रक्षतु वैष्णवी।
ब्रह्मरन्ध्रे सदा रक्षेन्मातंगीनाम संस्थिता।।6।।**

रक्षेन्नित्यं ललाटे सा महापिशाचिनीति च।
नेत्रयोः सुमुखी रक्षेद्देवी रक्षतु नासिकाम्।।7।।
महापिशाचिनी पायान्मुखे रक्षतु सर्वदा।
लज्जा रक्षतु मां दन्तांचोष्ठौ संमार्जनीकरा।।8।।
चिबुके कण्ठदेशे च ठकारत्रितयं पुनः।
सविसर्ग महादेवि हृदयं पातु सर्वदा।।9।।
नाभिं रक्षतु मां लोला कलिकावतु लोचने।
उदरे पातु चामुण्डा लिंगे कात्यायनी तथा।।10।।
उग्रतारा गुदे पातु पादौ रक्षतु चाम्बिका।
भुजौ रक्षतु शर्वाणी हृदयं चण्डभूषणा।।11।।
जिह्वायां मातृका रक्षेत्पूर्वे रक्षतु पुष्टिका।
विजया दक्षिणे पातु मेघा रक्षतु वारुणे।।12।।
नैर्ऋत्यां सुदया रक्षेद्वायव्यां पातु लक्ष्मणा।
ऐशान्यां रक्षेन्मां देवी मातंगी शुभकारिणी।।13।।
रक्षेत्सुरेशी चाग्नेये बगला पातु चोत्तरे।
ऊर्ध्वं पातु महादेवि देवानां हितकारिणी।।14।।
पाताले पातु मां नित्यं वशिनी विश्वरूपिणी।
प्रणवं च तमोमाया कामवीजं च कूर्चकम्।।15।।
मातंगिनी ङे.युतास्त्रं वह्निजाया वधिर्मनुः।
सार्द्धैकादशवर्णा सा सर्वत्र पातु मां सदा।।16।।
इति ते कथितं देवि गुह्याद्गुह्यतरं परम्।
त्रैलौक्यमंगलं नाम कवचं देवदुर्लभम्।।17।।
य इदं प्रपठेन्नित्यं जायते संपदालयम्।
परमैश्वर्यमतुलं प्राप्नुयान्नात्र संशयः।।18।।
गुरुमभ्यर्च्य विधिवत् कवचं प्रपठेद्यदि।
ऐश्वर्य सुकवित्वं च वाक्सिद्धिं लभते ध्रुवम्।।19।।
नित्यं तस्य तु मातंगी महिला मंगलं चरेत्।
ब्रह्मा विष्णुश्च रुद्रश्च ये देवाः सुरसत्तमाः।।20।।
ब्रह्मराक्षसवेताला ग्रहाद्या भूतजातयः।
तं दृष्ट्वा साधकं देवि लज्जायुक्ता भवन्ति ते।।21।।
कवचं धारयेद्यस्तु सर्वासिद्धि लभेद्ध्रुवम्।
राजानोऽपि च दासत्वं षट्कर्माणि च साधयेत्।।22।।
सिद्धो भवति सर्वत्र किमन्यैर्बहुभाषितैः।
इदं कवचमज्ञात्वा मातंगी यो भजेन्नरः।।23।।

अल्पायुनिर्द्धिनो मूर्खो भवन्येव न संशयः।
गुरौ भक्तिः सदा कार्या कवचे च दृढा मतिः।।24।।
तस्मै मातंगिनी देवी सर्वसिद्धिं प्रयच्छति।।25।।

श्री मातंगी स्तोत्र

ईश्वर उवाचः

आराध्य मातश्चरणाम्बुजे ते ब्रह्मादयो विस्तृतकीर्तिमापः।
अन्ये परं वा विभवं मुनीन्द्रा परां श्रियं भक्तिभरेण चान्ये।।1।।
नमामि देवी नवचन्द्रमौलेर्मातंगिनीं चन्द्रकलावतैसाम्।
आम्नायप्राप्तिप्रतिपादितार्थ प्रबोधयन्तीं प्रियमादरेण।।2।।
विनम्रदेवासुरमौलिरत्नैर्नीराजितं ते चरणारविन्दम्।
भजन्ति ये देवि महीपतीनां ब्रजन्ति ते सम्पदमादरेण।।3।।
कृतार्थयन्तीं पदवीं पदाभ्यामास्फालयन्तीं कृतवल्लकीं ताम्।
मातंगिनीं सद्धृदयान्धिनोमि लीलांशुकां शुद्धनितम्बबिम्बाम्।।4।।
तालीदलेनार्पित कर्णभूषां माध्वीमदोद्घूर्णितनेत्रपद्माम्।
घनस्तनीं शम्भुवधूं नमामि तडिल्लताकान्तिमनर्घ्यभूषाम्।।5।।
चिरेण लक्ष्यं नवलोमराज्या स्मरामि भक्त्या जगतामधीशे।
वलित्रयाढयं तव मध्यमम्ब नीलोत्पलांशुश्रियमावहन्त्याः।।6।।
कान्त्या कटाक्षैः कमलाकराणां कदम्बमालांचितकेशपाशाम्।
मातंगकन्यां हृदि भावयामि ध्यायेयमारक्तकपोलबिम्बाम्।।7।।
बिम्बाधरन्यस्तललामवश्यमालीललीलाकमायताक्षम्।
मन्दस्मितं ते वदनं महेशि स्तुत्यानया शंकरधर्मपत्निम्।।8।।
मातंगिनी वागधिदेवतां तां स्तुवन्ति ये भक्तियुता मनुष्याः।
परां श्रियं नित्यमुपाश्रयन्ति परत्र कैलासतले वसन्ति।।9।।
उद्यद्भनुमरीचिवीचिविलसद्वासो वसानां परां,
गौरीं संगतिपानकर्परकरामानन्दकन्दोद्भवाम्।
गुंजाहारचलद्विहारचलद्विहारहृदयामापीनतुंगस्तनीं,
मत्तस्मेरमुखीं नमामि सुमुखीं शावासनांसेदुषीम्।।10।।

श्री मातंगी सहस्रनामस्तोत्रम्

ईश्वर उवाचः

शृणु देवि प्रवक्ष्यामि साम्प्रतं तत्वतः परम्।
नाम्नां सहस्रं परमं सुमुख्याः सिद्धयेहितम्।।1।।
सहस्रनामपाठी यः सर्वत्र विजयी भवेत्।
पराभवो न तस्यास्ति सभायां वा महारणे।।2।।
यथा तुष्टा भवेद्‌वी सुमुखी चास्य पाठतः।
तथा भवति देवेशि साधकः शिव एव सः।।3।।
अश्वमेधसहस्राणि वाजपेयस्य कोटयः।
सकृत्पाठेन जायन्ते प्रसन्ना सुमुखी भवेत्।।4।।
मातंगीऽस्य ऋषिश्छन्दोऽनुष्टुप् देवी समीरिता।
सुमुखी विनियोगः स्यात् सर्वसम्पत्तिहेतवे।।5।।
एवं ध्यात्वा पठेदेतद्यदीच्छेत्सिद्धिमात्मनः।।6।।

अथ ध्यानम्ः

देवीं षोडशवार्षिकीं शवगतां माध्वीरसाघूर्णितां,
श्यामांगीमरुणाम्बरां पृथुकुचां गुंजावलीशीभिताम्।
हस्ताभ्यां दधतीं कपालममलं तीक्षणं तथा कर्त्रिकां,
ध्यायेन्मानसपंकजे भगवतीमुच्छिष्टचाण्डालिनीम्।।1।।
ॐ सुमुखी शेमुषी सेव्या सुरसा शशिशेखरा।
समानास्या साधनी च समस्तसुरसम्मुखी।।2।।
सर्वसम्पत्तिजननी सम्पदा सिन्धुसेविनी।
शंम्भुसोमन्तिनी सौम्या समाराध्या सुधारसा।।3।।
सारंगासवलीवेला लावण्यवनमालिनी।
वनजाक्षी वनचरी वनी वनविनोदिनी।।4।।
वेगिनी वेगदा वेगा बगलास्था बलाधिका।
काली कालप्रिया केली कामला कालकामिनी।।5।।
कमला कमलस्था च कमलस्था कलावती।
कुलीता कुटिला कान्ता कोकिला कलभाषिणी।।6।।
कीरा केलिकरा काली कपालिन्यपि कालिका।
केशिनी च कशावर्ता कौशाम्भी केशवप्रिया।।7।।
काली काशी महाकालसंकाशा केशदायिनी।
कुण्डला च कुलस्था च कुण्डलांगदमण्डिता।।8।।

कुण्डपद्मा कुमुदिनी कुमुदप्रीतिवर्द्धिनी।
कुण्डप्रिया कुण्डरुचिः कुरंगनयनाकुला।।9।।
कुन्दबिम्बालिनदिनो कुसुम्भकुसुमाकरा।
कांचीकनकशोभाढया क्वणत्किंकणिकाकटिः।।10।।
कठोरकरणा काष्ठा कौमुदी कण्डवत्यपि।
कपर्दिर्दनी कपटिनी कठिनी कलकण्डिनी।।11।।
कीरहस्ता कुमारी च कुरूढकुसुमप्रिया।
कुंजरस्था कुंजरता कुम्भी कुम्भस्तनी कला।।12।।
कुम्भिकांगा करभोरूः कदलीकुशशायिनी।
कुपिता कोटरस्था च कंकाली कन्दलालया।।13।।
कपालवासिनी केशी कम्पमान शिरारुहा।
कादम्बरी कदम्बस्था कुंकुमप्रेमधारिणी।।14।।
कुटुम्बिनी कृपायुक्ता क्रतुः क्रतुकरप्रिया।
कात्यायनी कृत्तिका च कार्तिकी कुशवर्तिनी।।15।।
कामपत्नी कामदात्री कामेशी कामवन्दिता।
कामरूपा कामरतिः कामाख्या ज्ञानमोहिनी।।16।।
खंगिनी खेचरी खंजा खंजरीटेक्षणा खगा।
खरगा खरनादा च खरस्था खेलनप्रिया।।17।।
खरांशुः खेलिनी खट्वा खरा खट्वांगधारिणी।
खरखण्डिन्यपि ख्यातिः खण्डिता खण्डनप्रिया।।18।।
खण्डप्रिया खण्डखाद्या खण्डसिन्धुश्च खण्डिनी।
गंगा गोदावरी गौरी गौतम्यपि च गोमती।।19।।
गंगा गया गगनगा गारुडी गरुडध्वजा।
गीता गीतप्रिया गेया गुणप्रातिर्गुरुर्गिरी।।20।।
गोर्गौरी गण्डसदना गोकुला गोप्रतारिणी।
गोप्ता गोविन्दिनी गूढा यूढविग्रस्तगुंजिनी।।21।।
गजगा गोपिनी गोपी गोक्षा जयप्रिया गणा।
गिरिभूपालदुहिता गोगा गोकुलवासिनी।।22।।
घनस्तनी घनरुचिर्घनोरुर्घननिस्स्वना।
धुंकारिणी घुक्षकरी घूघूकपरिवारिता।।23।।
घण्टानादप्रिया घण्टा घोटा घोटकवाहिनी।
घोररूपा च घोरा च घृतप्रीतिर्घृतांजनी।।24।।
घृताची घृतवृष्टिश्च घण्टाघटघटावृता।
घटस्था घटना धातकरी घातनिवारिणी।।25।।

चंचरीकी चकोरी च चामुण्डा चीरधारिणी।
चातुरी चपला चंचुश्चिता चिन्तामणिस्थिता।।26।।
चातुर्वर्ण्यमयी चंचुश्चोराचार्या चमत्कृतिः।
चक्रवर्तिवधूश्चित्रा चक्रांगी चक्रमोदिनी।।27।।
चेतश्वरी चित्तवृत्तिश्चेतना चेतनप्रिया।
चापिनी चम्पकप्रीतिश्चण्डा चण्डालवासिनी।।28।।
चिरंजी विनी तच्चिता चिंचामूलनिवासिनी।
छुरिका छत्रमध्यस्थां छिन्दा छिन्द करी छिदा।।29।।
छुच्छुन्दरी छलप्रीतिश्छुच्छन्दरिनिभस्वना।
छलिनी छत्रदा छिन्ना छिण्टिच्छेदकरी छटा।।30।।
छद्मिनी छान्दसी छाया छरुच्छन्दकरीत्यपि।
जयदाजयदा जाती जायिनी जामला जतुः।।31।।
जम्बूप्रिया जीवनस्था जंगमा जंगमप्रिया।
जपापुष्पप्रिया जप्या जगज्जीवा जगज्जनिः।।32।।
जगज्जन्तुप्रधाना च जगज्जीवपरा जवा।
जातिप्रिया जीवनस्था जीमूतसदृशीरुचिः।।33।।
जन्या जनहिता जाया जन्मभूर्ज्जम्भसी जभूः।।34।।
जयदा जगदावासा जायिनी ज्वरकृच्छ्रजित्।
जपा च जपती जप्या जपार्हा जायिनी जना।।35।।
जालन्धरमयी जानुर्जालौका जाप्यमूषणा।
जगज्जीवमयी जीवा जरत्कारुर्जनप्रिया।।36।।
जगतीजननिरता जगच्छोभाकरी जवा।
जगतीत्राणकृज्जंघा जातीफलविनोदिनी।।37।।
जातीपुष्पप्रिया ज्वाला जातिहा जातिरूपिणी।
जीमूतवाहनरुचिर्जीमूता जीर्णवस्त्रकृत्।।38।।
जीर्णवस्त्रधरा जीर्णा ज्वलती जालनाशिनी।
जगत्क्षोभकरी जातिर्जगत्क्षोभविनाशिनी।।39।।
जनापवादा जीवा च जननी गृहवासिनी।
जनानुरागा जानुस्था जलवासा जलार्तिकृत्।।40।।
जलजा जलवेला च जलचक्रनिवासिनी।
जलमुक्ता जलारोहा जलजा जलजेक्षणा।।41।।
जलप्रिया जलौका च जलशोभावती तथा।
जलविस्फूर्जितवपुर्ज्वलत्पावकशोभिनी।।42।।
झिंझा झिल्लमयी झिंझाझणत्कारकरी जया।
झंझी झंपकरी झंपा झंपत्रासनिवारिणी।।43।।

टंकारस्था टंककरी टंकारकरणांहसा।
टंकारोट्टकृतष्ठीवा डिण्डीरवसनावृता।।44।।
डाकिनी डामरी चैव डिण्डिमध्वनिनादिनी।
डकारनिस्स्व नरुचिस्तपिनी तापिनी तथा।।45।।
तरुणी तुन्दिला तुन्दा तामसी च तमः प्रिया।
ताम्रा ताम्रवती तन्तुस्तुन्दिलातुलसंभवा।।46।।
तुलाकोटिसुवेगा च तुल्यकामा तुलाश्रया।
तुदनी तुननी तुम्बा तुल्यकाला तुलाश्रवा।।47।।
तुमुला तुलजा तुल्या तुलादानकरी तथा।
तुल्यवेगा तुल्यगतिस्तुलाकोटिनिनादिनी।।48।।
ताम्रौष्ठा ताम्रपर्णी च तमः संक्षोभकारिणी।
त्वरिता ज्वरहा तीरा तारकेशीं तमालिनी।।49।।
तमोदानवती तामतालस्थानवती तमी।
तामसी च तमिस्रा च तीव्रा तीव्रपराक्रमा।।50।।
तटस्था तिलतैलाक्ता तरुणी तपनद्युतिः।
तिलोत्तमा च तिलकृत्तारकाधीशशेखरा।।51।।
र्तिलपुष्पप्रिया तारा तारकेशी कुटुम्बिनी।
स्थाणुपत्नी स्थिरकरी स्थूलसम्पद्विवर्द्धिनी।।52।।
स्थितिः स्थैर्यस्थविष्ठा च स्थपतिः स्थूलविग्रहा।
स्थूलस्थलवती स्थाली स्थलसंग विवर्द्धिनी।।53।।
दण्डिनी दन्तिनी दामा दरिद्रा दीनवत्सला।
देवी देववधूद्दिर्दत्या दामिनी देवभूषणा।
दयादमवती दीनवत्सला दाडिमस्तनी।।54।।
देवमूर्तिकरा दैत्या दारिणी देवतानता।
दोलाक्रीडा दयालुश्च दम्पती देवतामयी।
दशादीपस्थिता दोषा दोषहा दोषकारिणी।।55।।
दुर्गा दुर्गार्तिशमनी दुर्गम्या दुर्गवासिनी।
दुर्गन्धनाशिनी दुःस्था दुःखप्रशमकारिणी।।56।।
दुर्गन्धा दुन्दुभिध्वान्ता दूरस्था दूरवासिनी।
वरदा वरदात्री च दुर्व्याधदयिता दमी।।57।।
धुरन्धरा धुरीणा च धौरेयी धनदायिनी।
धीरारवा धरित्रो च धौरेयी धनदायिनी।
धीरारवा धरित्रो च धर्मदा धीरमानसा।।58।।
धनुर्द्धरा च धमनी धमनीधूर्तविग्रहा।
धूम्रवर्णा धूमला धूम्राशा धूममादिनी।।59।।

नन्दिनी नन्दिनी नन्दा नन्दिनी नन्दबालिका।
नवीना नर्मदा नर्मनेमिर्नियमनिस्स्वना।।60।।
निर्मला निगमाधारा निम्नगा नग्नकामिनी।
नीला निरत्ना निर्वाण निर्लोभा निर्गुणा नतिः।।61।।
नीलग्रीवा निरीहा च निरंजनजनानवा।
निर्गुण्डिका च निर्गुण्डा निर्नासा नासिकाभिधा।।62।।
पताकिनी पताका च पत्रप्रीतिः पयस्विनी।
पीना पीनस्तनी पत्नी पवनाशा निशामयी।।63।।
परा परपरा काली पारकृत्यभुजप्रिया।
पवनस्था च पवना पवनप्रीतिवर्द्धिनी।।64।।
पशुवृद्धिकरी पुष्पपोषिका पुष्टिवर्द्धिनी।
पुष्पिणी पुस्तकरा पूर्णिमाऽतलवासिनी।।65।।
पेशी पाशकरी पाशा पांशुहा पांशुला पशुः।
पटुः पराशा परशुधारिणी पाशिनी तथा।।66।।
पापघ्नी पतिपत्नी च पतिता पतितापनी।
पिशाची च पिशाचेशी पिशिताशनतोषिणी।।67।।
पानदा पानपात्री च पानदानकरोद्यता।
पेया प्रसिद्धा पीयूषा पूर्णा पूर्णमनोरथा।।68।।
पतंगाभा पतां च पौनःपुन्यमिवापरा।
पंकिला पंकमग्ना च पानीया पंजरस्थिता।।69।।
पंचमी पंचयज्ञा च पंचता पंचमप्रिया।
पिचुमन्दा पुण्डरीका पिकी पिंगललोचना।।70।।
प्रियंगुमंजरी पिण्डी पण्डिता पाण्डुरप्रभा।
प्रेतासना पियालस्था पाण्डुघ्नी पीनसापहा।।71।।
फलिनी फलदात्री च फलश्रीः फलभूषणा।
फूत्कारकारिणी स्फारी फुल्ला फुल्लाम्बुजानना।।72।।
स्फुलिंगहा स्फीतमतिः स्फीतकीर्तिकरी तथा।
बलमाया बलारतिर्बलिनी बलबर्द्धिनी।।73।।
वेणुवाद्याा वनचरी विरंचिजनयित्र्यपि।
विद्याप्रदा महाविद्या बोधिनी बोधदायिनी।।74।।
बुद्धमाता च बुद्धा च बनमालावती वरा।
वरदा वारुणी वीणा वीणावादनतत्परा।।75।।
विनोदिनी विनोदस्या वैष्णवी विष्णुवल्लभा।
वैद्या वैद्याचिकित्सा च विवशा विश्व विश्रता।।76।।

विद्यौघविह्वला वेला वित्तदा विगतज्वरा।
विरावा विवरीकारा बिम्बोष्ठो बिम्बवत्सला।।77।।
विन्ध्यस्था वरवन्द्या च वीरस्थानवरा च वित्।
वेदान्तवेद्या विजया विजयी विंजयप्रदा।।78।।
विरोगिवन्दिनी वन्ध्या वन्द्यवन्धनिवारिणी।
भगिनी भगमाला च भवानी भवनाशिनी।।79।।
भीमा भीमानना भीमा भंगुरा भीमदर्शना।
भिल्ली भिल्लधरा भोरुर्भरुण्डा भीर्भयावहा।।80।।
भगसर्पिण्यपि भगा भगरूपा भगालया।
भगासना भगाभोगा भेरीझंकाररंजिता।।81।।
भीषणा भीषणारावाभगवत्यहिभूषणा।
भारद्वाजा भोगदात्री भूतिघ्नी भूतिभूषणा।।82।।
भूमिदा भूमिदात्री च भूपतिर्वरदायिनी।
भ्रमरी भ्रामरी भाला भूपालकुलसंस्थिता।।83।।
माता मनोहरा माया मानिनी मोहिनी मही।
महालक्ष्मीर्मवक्षीबा मदिरा मदिरालया।।84।।
मदोद्धता मतंगस्था माधवी मधुमद्दिनी।
मोदा मोदकरी मेधा मेध्या मध्याधिपस्थिता।।85।।
मद्यपा भांसलोमस्था मोदिनी मैथुनोद्यता।
मूर्द्धावती महामाया मायामहिममन्दिरा।।86।।
महामाला महाविद्या महामारी महेश्वरी।
महादेववधूर्मान्या मथुरा मेरुमण्डिता।।87।।
मेदस्विनी मिलिन्दाक्षी महिषासुरमद्दिनी।
मण्डस्था च मगस्था च मदिरारागगर्विता।।88।।
मोक्षदा मुण्डमाला च माला मालाविलासिनी।
मातंगिनी च मातंगी मातंगतनयापि च।।89।।
मधुस्रवा मधुरसा बन्धूककुसुमप्रिया।
यामिनी यामिनीनाथभूषा यावकरंजिता।।90।।
यवांकुरप्रिया यामा यवनी यवनार्द्दिनी।
यमघ्नी यमकल्पा च यजमानस्वरूपिणी।।91।।
यज्ञा यज्ञयजुर्यक्षी यशोनिष्कम्पकारिणी।
यक्षिणी यक्षजननी यशादायासधारिणी।।92।।
यशस्सूत्रप्रदायामा यज्ञकर्मकरीत्यपि।
यशस्विनी यकारस्था यूपस्तम्भनिवासिनी।।93।।

रंजिता राजपत्नी च रमा रेखा रवीरणा।
रजोवती रजश्चित्रा रंजनी रजनीपतिः।।94।।
रोगिणी रजनी राज्ञो राज्यदा राज्यवर्द्धिनी।
राजन्वती राजनीतिस्तथा रजतवासिनी।।95।।
रमणी रमणीया च रामा रामावती रतिः।
रेतोरती रतोत्साहा रोगघ्नी रोगकारिणी।।96।।
रंगा रंगवती रागा रागज्ञा रागकृद्दया।
रामिका रजकी रेवा रजनी रंगलोचना।।97।।
रक्तचर्मधरा रंगी रंगस्था रंगवाहिनी।
रमा रम्भाफलप्रीति रम्भोरू राधवप्रिया।।98।।
रंगा रंगागंमधुरा रोदसी च महारवा।
रोगकृद्रोगहन्त्री च रोगभृद्रोगस्राविणी।।99।।
बन्दी बन्दिस्तुता बन्धुर्बन्धूककुसुमाधरा।
वन्दिता वन्द्यमाना च वैद्रावी वेदविद्विधा।।100।।
विकोपा विकपाला च विकस्था विंकवत्सला।
वेदिर्विलग्नलग्ना च विधिविंकरी विधा।।101।।
शंखिनी शंखवलया शंखमालावती शमी।
शंखपात्राशिनी शंखस्वना शंखगला शशी।।102।।
शबरी शाम्बरी शम्भुः शुम्भकेशा शरासिनी।
शवा श्येनवती श्यामा श्यामांगी श्यामलोचना।।103।।
श्मशानस्थाश्मशाना च श्मशानस्थानभूषणा।
शमदा शमहन्त्री च शंखिनी शंखरोषणा।।104।।
शान्तिः शान्तिप्रदा शेषा शेषाख्या शेषशायिनी।
शेमुषीशोषिणी शेषा शौर्या शौर्यशरा शरी।।105।।
शापदा शापहा शापा शापपन्था सदाशिवा।
भृंगिणी भृंगिपलभुक् शंकरी शांकरी शिवा।।106।।
शवस्था शवभुक् शान्ता शवकर्णा शवोदरी।
शाविनी शवशिन्शा श्रीः शवाच शवशायिनी।।107।।
शवकुण्डलिनी शैवा शीकरा शिशिराशना।
शवकांची शवश्रीका शवमाला शवाकृतिः।।108।।
स्रवन्ती संकुचा शक्तिश्शन्तनुश्शवदायिनी।
सिन्धुः सरस्वती सिन्धुस्सुन्दरी सुन्दरानना।।109।।
साधुः सिद्धिप्रदात्री च सिद्धा सिद्धसरस्वती।
सन्ततिस्मम्पदासम्विच्छांकिसम्पत्तिदायिनी।।110।।

सपत्नी सरसा सारा सारस्वतकरी सुधा।
सुरा समांसाशना च समाराध्या समस्तदा।।111।।
समधीस्सामदा सीमा सम्मोहा समदर्शना।
सामतिस्सामदा सीमा सावित्री सविधा सती।।112।।
सवना सवनासारा सवरा सावरा समी।
सिमरा सतता साधवी सध्रीची ससहायिनी।।113।।
हंसी हंसगतिर्हंसी हंसोज्जवलनिचोलयुक्।
हलिनी हालिनी हाला हलश्रीर्हरवल्लभा।।114।।
हला हलवती ह्योषा हेला हर्षविवर्द्धिनी।
हंतिर्हता हया हाहाहताऽहंतातिकारिणी।।115।।
हंकारी हंकृतिर्हंका हीहीहाहाहिता हिता।
हीतिर्हेमप्रदा हारा राविणी हरिसम्मता।।116।।
होरा होत्री होलिका च होमा होमहर्विर्हविः।
हारिणी हरिणीरेत्रा हिमाचलनिवासिनी।।117।।
लम्बोदरी लम्बकर्णा लम्बिका लम्बविग्रहा।
लीला लीलावती लोला ललना ललिता लता।।118।।
ललामलोचना लोम्या लोलाक्षी सत्कुलालया।
लपत्नी लपती लम्या लोपामुद्रा ललन्तिका।।119।।
लतिका लंघिनी लंघा लालिमा लघुमध्यमा।
लघीयसी लघूदर्या लूता लूताविनाशिनी।।120।।
लोमशा लोमलम्बी च लुलन्ती च लुलुम्पती।
लुलायस्था बलहरी लंकापुरपुरन्दरा।।121।।
लक्ष्मीर्लक्ष्मीप्रदाऽलम्या लाक्षाक्षी लुलितप्रभा।
क्षणाक्षणक्षुक्षुक्षीणा क्षमा क्षान्तिः क्षमावती।।122।।
क्षमा क्षामोदरी क्षेम्या क्षोभमृत्क्षत्रियांगना।
क्षया क्षयकरी क्षीरा क्षीरदा क्षीरसागरा।।123।।
क्षेमंकरी क्षयकरी क्षयकृत्क्षयदा क्षतिः।
क्षुद्रिका क्षुद्रिकी क्षुद्रा क्षुत्क्षामा क्षीणपातका।।124।।
मातुः सहस्रनामेदं सुमुख्याः सिद्धिदायकम्।
यः पठेत्प्रयतो नित्यं स एव स्यान्महेश्वरः।।125।।
अनाचारात्पठेन्नित्यं दरिद्रो धनवान्भवेत्।
मूकः स्याद्वाक्पतिद्र्देवि रोगी नीरोगतो ब्रजेत्।।126।।
पुत्रार्थी पुत्रमाप्नोति त्रिषु लोकेषु विश्रुतम्।
वन्ध्यापि सूते सत्पुत्रं विदुषस्सदृशं गुरोः।।127।।

सत्यं च बहुधा भूयादूगावश्च बहुदुरधदा।
राजानः पादनम्रा स्युस्तस्य हासा इव स्फुटाः।।128।।
अरयस्संक्षयं यान्ति मनसा संस्मृता अपि।
दर्शनादेव जायन्ते नरा नार्योपि तद्वशाः।।129।।
कर्ता हर्ता स्वयंवीरो जायते नात्र संशयः।
ययं कामयते कामं ततं प्राप्नोति निश्चितम्।।130।।
दुरितं न च तस्यास्ति नास्ति शोकः कथंचन।
चतुष्पथेऽर्द्धरात्रे च यः पठेत्साधकोत्तमः।।131।।
एकाकी निर्भयो वीरो दशवारं स्तवोत्तमम्।
मनसा चिन्तित। कार्य तस्य सिद्धय्न्न संशयः।।132।।
विना सहस्रनाम्नां यो जपेन्मन्त्रं कदाचन।
न सिद्धिर्जायते तस्य कल्पकोटिशतैरपि।।133।।
कुजवारे श्मशाने वा मध्याह्वे यो जपेत्सदा।
कृतकृत्यस्स जायेत कर्ता हर्ता नृणामिह।।134।।
रोतर्तोर्द्धनिशायां यः पठेदासनसंस्थितः।
सद्यो नीरोगतामेति यदि स्यान्निर्भयस्तदा।।135।।
अर्द्ध रावे श्मशाने व शनिवारे जपेन्मनुम्।
अष्टोत्तरसहस्रं तु दशवारं जपेत्ततः।।136।।
सहस्रनाम चैतद्धि तदा याति स्वयं शिवा।
महापवनरूपेण घोरगोमायुनादिनी।।137।।
ततो यदि न भीतिः स्यात्तदा देहीति वाग्भवेत्।
तदा पशुबलि दद्यात्स्वयं गृह्णाति चण्डिका।।138।।
यथेष्टं च वरं दत्वा प्रयाति सुमुखी शिवा।
रोचनागुरुकस्तूरीकपूँरैश्च सचन्दनैः।।139।।
कुंकुमेन दिने श्रेष्ठे लिखित्वा भूर्जपत्रके।
शुभनक्षत्रयोगे च कृतमारुतसंत्क्रियः।।140।।
कृत्वा सम्पातविधि धारयेद्दक्षिणे करे।
सहस्रनाम स्वर्णस्थ कण्ठे वा विजितेन्द्रियः।।141।।
तदा यं प्रणमेन्मन्त्री क्रुद्धस्य म्रियते नरः।
दुष्टश्वापदजन्तूनां न भीः कुत्रापि जायते।।142।।
बालकानामियं रक्षा गर्भिणीनामपि प्रिये।
मोहनस्तम्भनाकर्षमाणोच्चाटनानि च।।143।।
यन्त्रधारणतो नूनं जायन्ते साधकस्य तु।
नीलवस्त्रे विलिख्यैतत्तध्वजे स्थापयेद्यदि।।144।।

तदा नष्टा भवत्येव प्रचण्डाप्यरिवाहिनी।
एतज्जप्तं महाभस्म ललाटे यदि धादयेत्।।145।।
तद्विलोकन एव स्युः प्राणिनस्तस्य किंकराः।
राजपत्न्योपि विवशाः किमन्याः पुरयोषितः।।146।।
एतज्जप्तं पिबेत्तोयं मासेन स्यान्महाकविः।
पण्डितश्च महावादी जायते नात्र संशयः।।147।।
अयुतं च पठेत्स्तोत्रं पुरश्चरणसिद्धये।
दशांशं कमलैर्हुत्वा त्रिमध्वाक्तैर्विधानतः।।148।।
स्वयमायाति कमला वाण्या सह तदालये।
मन्त्रो निःकीलतामेति सुमुखी सुमुखी भवेत्।।149।।
अनन्तं च भवेत्पुण्यमपुण्यं च क्षयं ब्रजेत्।
पुष्करादिषु तीर्थेषु स्नानतो यत्फलं भवेत्।।150।।
तत्फलं लभते जन्तुः सुमुख्याः सतोत्रपाठतः।
एतदुक्तं रहस्यं ते स्वसर्वस्वं वरानने।।151।।
न प्रकाश्यं त्वया देवि यदि सिद्धि त्वमिच्छसि।
प्रकाशनादसिद्धिस्स्यात्कुपिता सुमुखी भवेत्।।152।।
नातः परतरं लोके सिद्धिदं प्राणिनामिह।।153।।
वन्दे श्रीसुमुखीं प्रसन्नवदनां पूर्णेन्दुबिम्बाननां,
सिन्दूरांकितमसतकां मधुमदोल्लोलोच्चमुक्तावलीम्।
श्यामां कज्जलिकाकरां करगतं चाध्यापयन्तीं शुकं,
गुंजापुंजविभूषणां सकरुणामामुक्तवेणीलताम्।।154।।

श्री मातंगी हृदयम्

एकदा कौतुकाविष्टा भैरवं भूतसेवितम्।
भैरवी परिपप्रच्छ सर्वभूतहिते रता।।1।।

श्री भैरव्युवाचः

भगवन्सर्वधर्मज्ञ भूतवात्सल्यभावन।
अहं तु वेत्तुमिच्छामि सर्वभूतोपकारम्।।2।।
केन मन्त्रेण जप्तेन स्तोत्रेण पठितेन च।
सर्वथा श्रेयसाम्प्राप्तिर्भूतानां भूतिमिच्छताम्।।3।।

श्रीभैरव उवाचः

शृणु देवि तव स्नेहात्प्रायो गोप्यमपि प्रिये।
कथयिष्यामि तत्सर्व सुखम्पकरं शुभम्।।4।।
पठतां शृण्वतां नित्यं सर्वसम्पत्तिदायकम्।
विद्यैश्चर्यसुखावाप्तिमंगलप्रदमुत्तमम्।।5।।
मातंगया हृदयं स्तोत्रं दुःखदारिंद्रय्मंजनम्।
मंगलं मंगलानां च अस्ति सर्वसुखप्रदम्।।6।।

विनियोगः

ॐ अस्य श्रीमातंगीहृदयस्तोत्रमन्त्रस्य दक्षिणामूर्तिर्ऋषिर्विराट्छन्दो मातंगी देवता ह्रीं बीजं हूं शक्तिः क्लीं कीलकं सर्ववांछितार्थसिद्धये पाठे विनियोगः।

ऋष्यादिन्यासः

ॐ दक्षिणामूर्तिऋषये नमः शिरसि। ॐ विराट्छन्दसे नमः मुखे।
ॐ मातंगीदेवतायै नमः हृदि। ॐ ह्रीं बीजाय नमः गुह्ये। ॐ हूं शक्ये नमः पादयोः।
ॐ क्लीं कीलकाय नामो नाभौ। ॐ विनियोगाय नमः सर्वांगे।
इति ऋष्यादिन्यासः।

हृदयादिषडंगन्यासः

ॐ ह्रीं हृदयाय नमः। ॐ क्लीं शिरसे स्वाहा। ॐ हूं शिखायै वषट्। ॐ ह्रीं नेत्रत्रयाय वौषट्। ॐ क्लीं कवचाय हुम्। ॐ हूं अस्त्राय फट्। इति हृदयादिषडंगन्यासः।

करन्यासः

ॐ ह्रीं अंगुष्ठाभ्यां नमः। ॐ क्लीं तर्जनीभ्यां नमः। ॐ हूँ मध्यमाभ्यां नमः।
ॐ ह्रीं अनामिकाभ्यां नमः। ॐ क्लीं कनिष्ठिकाभ्यां नमः।
ॐ हूँ करतलकरपृष्ठाभ्यां नमः। इति करन्यासः।

अथ ध्यानम्

ॐ श्यामां शुभ्रांशुभालां त्रिकमलनयनां रत्नसिंहासनस्थां
भक्ताभीष्टप्रदात्रीं सुरनिकरकरसेव्यकंजाघ्रियुग्माम्।
नीलाम्भोजां शुकान्ति निशिचरनिकरारण्यदावाग्निरूपां
पाशं खंगचतुर्भिर्वकमलकरैःखेटकंचांकुशंच।
(मातंगीमावहन्तीमभिमतफलदां मोदिनीं चिन्तयामि)।।7।।
नमस्ते मांतग्यै मृदुमुदिततन्वै तनुमतां,
परश्रेयोदायै कमलचरणध्यानमनसाम्।
सदा संसेव्यायै सदसि विबुधैर्दिर्दव्यधिषणै–

दर्दयार्द्रायै देव्यै दुरितदलनोद्दण्डमनसे ।।8।।
परं मातस्ते यो जपति मनुमव्यग्रहृदयः,
कवित्वं कल्पानां कलयति सुकल्पः प्रति पदम्।
अपि प्रायो रम्यामृतमयपदा तस्य ललिता,
नटींमन्या वाणी नटति नसनायां चपलिता ।।9।।
तब ध्यायन्तो ये वपुरनुजपन्ति प्रवलितं,
सदा मन्त्रं मातर्न हि भवति तेषां परिभवः।
कदम्बानां मालाः शिरसि तव युंजन्ति सदये,
भवन्ति प्रायस्ते युवतिजनयूथस्ववशगाः ।।10।।
सरोजैस्साहस्रै स्सरसिजपदद्वन्द्वमपि च ये,
सहस्रं नामोक्त्वा तदपि तव डेन्तं मनुमितम्।
पृथङ्.नाम्ना तेनायुतकलितमर्चन्ति खलु ते,
सदा देवव्रातप्रणमितपदांभोजयुगलाः ।।11।।
तब प्रीत्यै मातदर्ददति बलिमाधाय बलिना
समत्स्यं मांसं वा सुरुचिरसितं राजरुचितम्।
सुपुण्या मे स्वान्तस्तवचरणमोदैकरसिका
अहो भाग्यं तेषा त्रिभुवनमलं वश्यमखिलम् ।।12।।
लसल्लोल श्रोताभरण किरण कान्ति कलितं
मितस्मित्यापन्न प्रतिभितममन्नं विकरितम्।
मुखाम्भोजं मातस्तव परिलुष्द्भ्रूमधुकरं
रमा ये ध्यायन्ति त्ययति न हि तेषां सुभवनम् ।।13।।
परः श्रीमातंग्या जयति हृदयाख्यास्सुमनसा
मयं सेव्यस्सद्यो भिमत फलदश्चाति ललितः।
नरा ये शृण्वन्ति स्तवमपि पठन्तीममनिशं
नं तेषा दुःप्रापयं जगति मदलभ्यं दिविषदाम् ।।14।।
धनार्थी धनमाप्नोति दारार्थी सुन्दरी प्रियाम्।
सुतार्थी लभते पुत्रं स्तवस्यास्य प्रकीर्तनात् ।।15।।
विद्यार्थी लभते विद्यां विविधां विभवप्रदाम्।
जयार्थी पठनादस्य ज़यं प्राप्नोति निश्चियतम् ।।16।।
नष्ट राज्यो लभेद्राज्यं सर्वसम्पत्समाश्रितम्।
कुबेरसमसम्पत्तिः स भवेद् घृदयं पठन् ।।17।।
किमत्रबहुनोक्सेन यद्यदिच्छति मानवः।
मातंगी हृदयस्तोत्र पाठात्तत्सर्वमाप्नुयात् ।।18।।

❑❑❑

कमला की तांत्रिक साधनाएं

धूमावती और कमला में प्रतिस्पर्धा है। वह ज्येष्ठा थी, यह कनिष्ठा है। वह अवरोहिणी थी, यह रोहिणी है। वह आसूरी थी, यह दिव्या है। वह दुरिद्रा थी, यह लक्ष्मी है। रोहिएी नक्षत्र के ठीक षड्भान्तर पर (180 अशं पर) ज्येष्ठा है। जिसका रोहिणी नक्षत्र में जन्म होता है, वह समृद्ध होता है। इसी का निरूपण करते हुए ऋषि कहते हैं–

कान्त्या काच्ञ्नसन्निभां हिमगिरिप्रख्यौश्चतुर्भिर्गजै
र्हस्तोत्क्षिप्तहिरण्यामृतघटैरासिच्यमानां श्रियम्।
बिभ्रणां वरमब्जयुग्ममभयं हस्तैः किरीटोज्ज्वलां
क्षौमाबद्धनितम्बबिम्बवलितां वन्देऽरविन्दस्थिताम्।।

कमला बीज मन्त्र प्रयोग

शारदा तिलक में श्री लक्ष्मी का एकाक्षर बीज मन्त्र इस प्रकार बताया गया है–

'श्रीं'

उक्त मन्त्र के विनियोग, न्यास, ध्यान तथा आवरण–पूजा विधि आदि निम्नानुसार है–

विनियोग

अस्य मन्त्रस्य भृगुर्ऋषिः। निवृच्छन्दः।
श्री लक्ष्मीर्देवता मम धनाप्तये जपे विनियोगः।

ऋष्यादि न्यास

भृगुऋषयै नमः शिरसि।
निवृच्छन्दसै नमः मुखे।
श्री लक्ष्मी देवतायै नमः हृदि।
विनियोग नमः सर्वाङ्ग।

करन्यास

ॐ श्रां अंगुष्ठाभ्यां नमः।
ॐ श्रीं तर्जनीभ्यां नमः।
ॐ श्रूं मध्यमाभ्यां नमः।
ॐ श्रौं अनामिकाभ्यां नमः।
ॐ श्रौं कनिष्ठिकाभ्यां नमः।
ॐ करतलकर पृष्ठाभ्यां नमः।

हृदयादि षडंगन्यासः

ॐ श्रां हृदयाय नमः।
ॐ श्रीं शिरसे स्वाहा।
ॐ श्रूं शिखायै वषट्।
ॐ श्रैं कवचाय हुम्।
ॐ श्रौं नेत्रत्रयाय वौषट्।
ॐ श्रः अस्त्राय फट्।

अथध्यानम्

ॐ कान्त्याकाञ्चन सन्निभा हिमगिरि
प्रख्यैश्चतुर्भिर्गजै
र्हस्तोत्क्षिप्तहिरण्मयामृतघटै
रासिच्यमाना श्रियम्।
बिभ्राणां वरमब्जयुग्मभयं
हस्तैः किरीटोज्ज्वलां
क्षौमाबद्धनितम्बबिम्बलसितां
वंदे ऽ रविन्दस्थिताम्।।

पीठ–पूजा

इस प्रकार ध्यान करके सर्वतोभद्र मण्डल में मण्डूकादि परतत्वान्त पीठदेवताओं को स्थापित करके–

"ॐ मं मण्डूकादि परतत्वान्त पीठ देवताभ्यो नमः।"

इस मन्त्र से पीठ–देवताओं की पूजा करके, पूर्व आदि आठ दिशाओं में निम्नलिखित नवपीठ शक्तियों की पूजा करें–

ॐ विभूत्यै नमः।

ॐ उन्मन्यै नमः।
ॐ कान्त्यै नमः।
ॐ सृष्टयै नमः।
ॐ कीर्त्यै नमः।
ॐ सन्मत्यै नमः।
ॐ पुष्टययै नमः।
ॐ उत्कृष्ट्यै नमः।

पीठ मध्ये

ॐ ऋद्धयै नमः।

उक्त मन्त्रों द्वारा पीठ शक्तियों का पूजन करने के बाद स्वणार्दि से निर्मित यन्त्र में अग्न्युत्तारण पूर्वक–

"श्रीं कमलासनाय नमः।"

इस मन्त्र से पुष्पाद्यासन देकर, पीठ के मध्य संस्थापित कर, उसमें प्राण–प्रतिष्ठा करके, मूलमन्त्र से मूर्ति की कल्पना करके, आवाहन आदि से पुष्पांजलिदान पर्यन्त उपचारों से पूजा कर, देवी की आज्ञा ले, निम्नानुसार आवरण पूजा करें।

लक्ष्मी के एकाक्षर बीजयन्त्र के पूजन–यन्त्र का स्वरूप नीचे प्रदर्शित है–

(कमला पूजन यन्त्र)

आवरण पूजा

सर्वप्रथम षटकोण की केसरों में निम्नानुसार मन्त्र बोलते हुए पूजन करें–

अग्नि कोण में–

ॐ श्रां हृदयाय नमः।

नैर्ऋत्य कोण में–

ॐ श्रीं शिरसे स्वाहा।

वायव्य कोण में–

ॐ श्रूं शिखायै वषट्।

ईशान कोण में–

ॐ श्रैं कवचाय हुम्।

पूज्य तथा पूजक के मध्य में–

ॐ श्रौं नेत्रत्रयाय वौषट्।

देवी के पश्चिम में–

ॐ श्रः अस्त्राय फट्।

इसके बाद पुष्पांजलि लेकर मूल मन्त्र का उच्चारण करके–

"ॐ अभीष्ट सिद्धि मे देहि शरणागत वत्सले।
भक्त्या समर्पये तुभ्यं प्रथमावरणार्चनम्।।"

इसे पढकर पुष्पांजलि दे तथा "पूजिता स्तर्पिताः सन्तु।" यह कहें।

द्वादश देवता पूजन–

इसके बाद पूज्य तथा पूजन के अन्तराल में प्राचोदिशा मान कर तदनानुसार चारों दिशाओं तथा उप दिशाओं में द्वादश देवताओं का निम्नानुसार पूर्व में–

ॐ वासुदेवाय नमः।
वासुदेव श्री पादुकां पूजयामि तर्पयामि नमः।

दक्षिण में–

ॐ संकर्षणाय नमः।
संकर्षण श्री पादुकां पूजयामि।

पश्चिम में–

ॐ प्रद्युम्नाय नमः।
प्रद्युम्न श्री पादुकां पूजयामि।

उत्तर में–

ॐ अनिरूद्धाय नमः।
अनिरूद्ध श्री पादुकां पूजयामि।

अग्निकोण में–

ॐ दमकाय नमः।
दमक श्री पादुका पूजयामि।

निर्ऋति कोण में–

ॐ सलिलाय नमः।
सलिल श्रीपादुकां पूजयामि।

वायव्य कोण में

ॐ गुग्गुलाय नमः।
गुग्गुल श्री पादुकां पूजयामि।

ईशान्य में–

ॐ कुरूंटकाय नमः।
कुरूटंक श्री पादुकां पूजयामि।

देवी के दक्षिण में

ॐ शंखनिधये नमः।
शंखनिधि श्री पादुकां पूजयामि।
ॐ वसुधायै नमः।
वसुधा श्री पादुकां पूजयामि।

देवी के वाम भाग में–

ॐ पद्मनिश्रये नमः।
पद्मनिधि श्री पादुकां पूजयामि।
ॐ वसुमत्यै नमः
वसुमति श्री पादुकां पूजयामि।

उक्त विधि से द्वादश देवताओं की पूजा कर, पुष्पाजंलि दे मूल मन्त्र का उच्चारण करके–

**"ॐ अभीष्टसिद्धिं मे देहि शरणागत वत्सले।
भवत्या समर्पये तुभ्यं द्वितीयावरणार्चनम्।।**

इसे पढकर पुष्पाजंलि दें तथा– "**पूजितास्तर्पिता सन्तु।**" यह कहे।

अष्ट देवी पूजन

इसके बाद पत्राओं में पूर्वादि क्रम से निम्नलिखित मंत्रों से अष्ट देवियों का पूजन करें।

ॐ बलाक्यै नमः।
बलाकी श्री पादुकां पूजयामि तर्पयामि नमः।
बलाकी श्री पादुकां पूजयामि तर्पयामि नमः।
ॐ विमलायै नमः।
विमला श्री पादुकां पूजयामि।
ॐ कमलायै नमः।
कमला श्री पादुकां पूजयामि।
ॐ वनमालिकायै नमः।
वनमालिका श्री पादुकां पूजयामि।
ॐ विभीषिकायै नमः।

विभीषिका श्री पादुकां पूजयामि।
ॐ मालिकायै नमः।
मालिका श्री पादुकां पूजयामि।
ॐ शांकार्यै नमः।
शांकारी श्री पादुकां पूजयामि।
ॐ वसुमालिकायै नमः।
वसुमालिका श्री पादुकां पूजयामि।

उक्त विधि से अष्ट देवियों की पूजा कर पुष्पाजंलि से, मूलमन्त्र का उच्चारण करके—

ॐ अभीष्ट सिद्धि देहि शरणागत वत्सले।
भक्त्या समर्पये तुभ्यं तृतीयावरणार्चनम्।।

इसे पढकर पुष्पांजलि दें तथा— "**पूजितास्तर्पिता सन्तु।**" यह कहें।

दशदिक्पाल पूजन—

इसके बाद भूपुर के भीतर पूर्णादि क्रम से निम्नलिखित मन्त्रों से दश दिक्पालों का पूजन करें—

ॐ लं इन्द्राय नमः।
ॐ रं अग्नये नमः।
ॐ मं यमाय नमः।
ॐ क्षं निर्ऋत्ये यनमः।
ॐ वं वरूणाम नमः।
ॐ यं वायवे नमः।
ॐ कुं कुबेराय नमः।
ॐ हं ईशानाय नमः।

ईशान एवं पूर्व के मध्य में—

ॐ आं ब्रह्मणे नमः।

निर्ऋति एवं पश्चिम के मध्य में

ॐ ह्री अनन्ताय नमः।

अस्त्र पूजन

फिर भूपुर के बाहर निम्नलिखित मन्त्रों से दिक्पालों के अस्त्र का पूजन करें —

ॐ वं वज्राय नमः।
ॐ शं शक्तये नमः।
ॐ दं दण्डाय नमः।

ॐ बं खंगाय नमः।
ॐ पां पाशाय नमः।
ॐ अं अंकुशाय नमः।
ॐ गं गदायै नमः।
ॐ त्रिं त्रिशुलाय नमः।
ॐ पं पद्माय नमः।
ॐ चं चक्राय नमः।

उक्त विधि से आवरण पूजा करके, धूपदान से लेकर नारीजन–पर्यन्त पूजा करके मन्त्र–जप करें।

पुरश्चरण–

इस मन्त्र का प्ररश्चरण 12,00,000 (बारह लाख) जप है। फिर 12,000 (बारह हजार) कमल पुष्पों को मधु, घृत तथा शर्करा से युक्त करके हवन करें। हवन का दशांश तर्पण, तर्पण का दशांश मार्जन तथा मार्जन का दशांश ब्राह्मण भोजन कराना चाहिए। इससे मन्त्र सिद्ध हो जाता है।

प्रयोग साधन–

पूर्वोक्त विधि से मन्त्र के सिद्ध हो जाने पर, प्रयोगो को सिद्ध करना चाहिए। प्रयोग साधन विधियां निम्नलिखित है–

1. जो साधक पूर्वोक्त विधि से बारह लाख मन्त्र–जप तथा घृत–मधु शर्करा मुक्त बारह लाख कमल पुष्पों से हवन करके विधिपूर्वक देवी की उपासना करता है, उंसको धन–धान्य की समृद्धि प्राप्त होती है तथा वह यश समन्वित लक्ष्मी प्राप्त करता है।
2. जो साधक वक्ष प्रमाण जल में खडा होकर इस मन्त्र का तीन लाख की संख्या में जप करता है, उसे वांछित धन प्राप्त होता है।
3. जो साधक अशोक की समिधायों से प्रदीप्त अग्नि में घृत सिक्त चावलों में होम करता है, वह तीनों लोको को वश में कर लेता है।
4. जो इन्द्रियजयी राजपुत्र मदार की समिधाओं से प्रदीप्त शुद्ध अग्नि में चावल से दस लाख होम करता है, वह चिरन्तन राज्य भी प्राप्त करता है।
5. जो साधक खैर की समिधा से प्रदीप्त अग्नि से मधु, घृत तथा शर्करा से युक्त चावलों से होम करता है, वह राजा को शीघ्र वश में कर लेता है तथा उसकी सम्पत्ति बढती है।
6. जो साधक बेल की छाया में बैठकर, बेल–मिश्रित हविष्य का आहार करता हुआ, दो वर्ष तक बेल अथवा कमल से होम करता है, उसे भगवती महालक्ष्मी के दर्शन प्राप्त होते है।
7. जो साधक घृत युक्त खीर तथा घृत युक्त हविष्य से दस लाख आहुतियां देता

है, वह लक्ष्मी को प्राप्त करता है।

8. जो साधक मधु, घृत तथा शर्करा सिक्त लालकमलों द्वारा आदरपूर्वक होम करता है, उसे लक्ष्मी कभी नहीं छोंडती तथा सम्पूर्ण संसार उसके वश में हो जाता है।

श्री कमला स्तोत्र

ओंकाररूपिणी देवि विशुद्धसत्वरूपिणी।
देवानां जननी त्वं हि प्रसन्ना भव सुन्दरी।।
तन्मात्रंजैव भूतानि तव वक्षः स्थलं स्मृतम्।
त्वमेव वेदगम्या तु प्रसन्ना भव सुन्दरि।।
देवदानवगन्धर्वयक्षराक्षसकिन्नरैः।
स्तूयसे त्वं सदा लक्ष्मि प्रसन्ना भव सुन्दरि।।
लोकातीता द्वैतातीता समस्तभूतवेष्टिता।
विद्वज्जनकीर्तिता च प्रसन्ना भव सुन्दरि।।
परिपूर्णा सदा लक्ष्मि त्रात्री तु शरणार्थिषु।
विश्वाद्या विश्वकर्त्री च प्रसन्ना भव सुन्दरि।।
ब्रह्मरूपा च सावित्री त्वद्दीप्त्या भासते जगत्।
विश्वरूपा वरेण्या च प्रसन्ना भव सुन्दरि।।
क्षित्यप्तेजो मरुद्व्योमपंचभूतस्वरूपिणी।
बन्धादेः कारणं त्वं हि प्रसन्ना भव सुन्दरि।।
महेशे त्वं हेमवती कमला केशवेऽपि च।
ब्रह्मणः प्रेयसी त्वं हि प्रसन्ना भव सुन्दरि।।
चण्डी दुर्गा कालिका च कौशिकी सिद्धिरूपिणी।
योगिनी योगगम्या च प्रसन्ना भव सुन्दरि।।
बाल्ये च बालिका त्वं हि यौवने युवतीति च।
स्थविरे वृद्धरूपा च प्रसन्ना भव सुन्दरि।।
गुणमयी गुणातींता आद्या विद्या सनातनी।
महत्तत्वादिसंयुक्ता प्रसन्ना भव सुन्दरि।।
तपस्विनी तपःसिद्धि स्वर्गसिद्धिस्तदर्थिषु।
चिन्मयी प्रकृतिस्त्वं तु प्रसन्ना भव सुन्दरि।।
त्वमादिर्जगतां देवि त्वमेव स्थितिकारणम्।
त्वमन्ते निधनस्थानं स्वेच्छाचारा त्वमेव हि।।
चराचराणां भूतानां वहिरन्तस्त्वमेव हि।
व्याप्यव्यापकरूपेण त्वं भासि भक्तवत्सले।।
त्वन्मायया हृतज्ञाना नष्टात्मानो विचेतसः।

गतागतं प्रपद्यन्ते पापपुण्यवशात्सदा।।
तावन्सत्यं जगद्भाति शुक्तिकारजतं यथा।
यावन्न ज्ञायते ज्ञानं चेतसा नान्वगामिनी।।
त्वज्ज्ञानात्तु सदा युक्तः पुत्रदारगृहादिषु।
रमन्ते विषयान्सर्व्वानन्ते दुःखप्रदान् ध्रुवम्।।
त्वदाज्ञया तु देवेशि गगने सूर्यमण्डलम्।
चन्द्रश्च भ्रमते नित्यं प्रसन्ना भव सुन्दरि।।
ब्रह्मेशविष्णुजननी ब्रह्मख्या ब्रह्मसंश्रया।
व्यक्ताव्यक्ता च देवेशि प्रसन्ना भव सुन्दरि।।
लचला सर्वगा त्वं हि मायातीता महेश्वरि।
शिवात्मा शश्वता नित्या प्रसन्ना भव सुन्दरि।।
सर्वकायनियन्त्री च सर्वभूतेश्वरेश्वरी।
अनन्ता निष्कला त्वं हि प्रसन्ना भव सुन्दरि।।
सर्वेश्वरी सर्ववन्द्या अचिन्त्या परमात्मिका।
भुंक्तमुक्तिप्रदा त्वं हि प्रसन्ना भव सुन्दरि।।
ब्रह्माणी ब्रह्मलोके त्वं वैकुण्ठे सर्वसंगला।
इन्द्राणी अमरावत्यामम्बिका वरुणालये।।
यमालये कालरूपा कुबेरभवने शुभा।
महानन्दाग्निकोणे च प्रसन्ना भव सुन्दरि।।
नैर्ऋत्यां रक्तदन्ता त्वं वायव्यां मृगवाहिनी।
पाताले वैष्णवीरूपा प्रसन्ना भव सुन्दरि।।
सुरसा त्वं मणिद्वीपे ऐशान्यां शूलधारिणी।
भद्रकाली च लंकायां प्रसन्ना भव सुन्दरि।।
रामेश्वरी सेतुबन्धं सिंहले देवमोहिनी।
विमला त्वं च श्रीक्षेत्रे प्रसन्ना भव सुन्दरि।।
कालिका त्वं कालिघट्टे कामाख्या नीलपर्वते।
विरजा ओड्रदेशे त्वं प्रसन्ना भव सुन्दरि।।
वाराणस्यामन्नपूर्णा अयोध्यायां महेश्वरी।
गयासुरी गयाधाम्नि प्रसन्ना भव सुन्दरि।।
भद्रकाली कुरुक्षेत्रे त्वंच कात्यायनी व्रजे।
महामाया द्वारकायां प्रसन्ना भव सुन्दरि।।
क्षुधा त्वं सर्वजीवानां वेला च सागरस्य हि।
महेश्वरी मथुरायां प्रसन्ना भव सुन्दरि।।
रामस्य जानकी त्वंच शिवस्य मनमोहिनी।
दक्षस्य दुहिता चैव प्रसन्ना भव सुन्दरि।।
विष्णुभक्तिप्रदा त्वं च कंसासुरविनाशिनी।

रावणनाशिनी चैव प्रसन्ना भव सुन्दरि।।
लक्ष्मीस्तोत्रमिदं पुण्यं यः पठेद्भक्तिसंयुतः।
सर्वज्वरभयं नश्येत्सर्वव्याधिनिवारणम्।।
इदं स्तोत्रं महापुण्यमापदुद्धारकारणम्।
त्रिसंध्यमेकसन्ध्यं वा यः पठेत्सततः नरः।।
मुच्यते सर्वपापेभ्यो तथा तु सर्वसंकटात्।
मुच्यते नात्र सन्देहो भुवि स्वर्गे रसातले।।
समस्तं च तथा चैकं यः पठेद्भक्तितत्परः।
स सर्वदुष्करं तीर्त्वा लभते परमां गतिम्।।
सुखदं मोक्षदं स्तोत्रं यः पठेद्भक्तिसंयुतः।
स तु कोटितीर्थफलं प्राप्नोति नात्र संशयः।।
एका देवी तु कमला यस्मिंस्तुष्टा भवेत्सदा।
तस्याऽसाध्यं तु देवेशि नास्ति किंचिज्जगत्त्रये।।
पठनादपि स्तोत्रस्य किं न सिद्ध्यति भूतले।
तस्मात्स्तोत्रवरं प्रोक्तं सत्यं सत्यं हि पार्वति।।

श्री कमला कवचम्

अथ वक्ष्ये महेशानि कवचं सर्वकामदम्।
यस्य विज्ञानमात्रेण भवेत्साक्षात्सदाशिवः।।1।।
नार्चनं तस्य देवेशि मन्त्रमात्रं जपेन्नरः।
स भवेत्पार्वतीपुत्रः सर्वशास्त्रविशारदः।।2।।
विद्यार्थिनां सदा सेव्या धनदात्रीविशेषतः।
धनार्थिभिः सदा सेव्या कमला विष्णुवल्लभा।।3।।

विनियोगः

अस्याश्चतुरक्षरी विष्णुवल्लभायाः कवचस्य श्री भगवान शिव ऋषिरनुष्टुप्छन्दो वाग्भवी शक्तिर्देवता वाग्भवं बीजं लज्जा रमा कीलकं कामबीजात्मकं कवचं मम सुपाण्डित्य–कवित्व–सर्वसिद्धिसमृद्धये पाठे विनियोगः।

ऐंकारो मस्तके पातु वाग्भवी सर्वसिद्धिदा।
ह्रीं पातु चक्षुषोर्मध्ये चक्षुर्युग्मे च शांकरी।।4।।
जिह्वायां मुखवृत्ते च कर्णयोर्दन्तयोर्नसि।
ओष्ठाधरे दन्तपंक्तौ तालुमूले हनौः पुनः।।5।।
पातु मां विष्णुवनिता लक्ष्मीः श्रीवर्णरूपिणी।।6।।

कर्णयुग्मे भुजद्वन्द्वे स्तनद्वन्द्वे च पार्वती।
हृदये मणिबन्धे च ग्रीवायां पार्श्वयोः पुनः।।7।।
पृष्टदेशे तथा गुह्ये वामे च दक्षिणे तथा।
उपस्थे च नितम्बे च नाभौ जंघाद्वये पुनः।।8।।
जानुचक्रें पदद्वद्वे घुटिकेंगुलिमूलके।
स्वधातुप्राणशक्त्यात्मसीमन्ते मस्तके पुनः।।9।।
विजया पातु भवने जया पातु सदा मम।
सर्वांगे पातु कामेशी महादेवी सरस्वती।।10।।
तुष्टिः पातु महामाया उत्कृष्टिः सर्वदावऽतु।
ऋद्धिः पातु महादेवी सर्वत्र शम्भुवल्लभा।।11।।
वाग्भवी सर्वदा पातु पातु मां हरगेहिनी।
रमा पातु महादेवी पातु माया स्वराट् स्वयं।।12।।
सर्वांगे पातु मां लक्ष्मीर्विष्णुमाया सुरेश्वरी।
शिवदूती सदा पातु सुन्दरी पातु सर्वदा।।13।।
शैरवी पातु सर्वत्र भेरुण्डा सर्वदावऽतु।
त्वरिता पातु मां नित्यमुग्रतारा सदावऽतु।।14।।
पातु मां कालिका नित्यं कालरात्रिः सदावऽतु।
नवदुर्गा सदा पान्तु कामाक्षी सर्वदावऽतु।।15।।
योगिन्यः सर्वदा पान्तु मुद्राः पान्तु सदा मम।
मात्रो पान्तु सदा देव्यश्चक्रस्था योगिनीगणाः।।16।।
सर्वत्र सर्वकार्येषु सर्वकर्मसु सर्वदा।
पातु मां देवदेवी च लक्ष्मीः सर्वसमृद्धिदा।।17।।
इति ते कथितं दिव्यं कवचं सर्वसिद्धये।
यत्र तत्र न वक्तव्यं यदीच्छेदात्मनो हितम्।।18।।
शठाय भक्तिहीनाय निन्दकाय महेश्वरी।
न्यूनांगे चातिरिक्तांगे दर्शयेन्न कदाचन।।19।।
न स्तवं दर्शयेद्दिव्यं सन्दर्श्य शिवहा भवेत्।
कुलीनाय महेच्छाय दुर्गाभक्तिपराय च।।20।।
वैष्णवाय विशुद्धाय दद्यात्कवचमुत्तमम्।
निजशिष्याय शांताय धनिने ज्ञानिने तथा।।21।।
दद्यात् कवचमित्युक्तं सर्वतन्त्रसमन्वितम्।
शनौ मंगलवारे च रक्तचन्दनकैस्तथा।।22।।
यावकेन लिखेन्मन्त्रं सर्वतन्त्रसमन्वितम्।
विलिख्य कवचं दिव्यं स्वयम्भुकुसुमैः शुभैः।।23।।
स्वशुक्रः परशुक्रैर्वा नानागन्धसमन्वितैः।
गोरोचना कुंकुमेन रक्तचन्दनकेन वा।।24।।

सुतिथौ शुभयोगे वा श्रवणायां रवेर्दिने।
अश्विन्यां कृत्तिकायां वा फाल्गुन्यां वा मघासु च।।25।।
पूर्वभाद्रपदायोगे स्वात्यां मंगलवासरे।
विलखेत्प्रपठेत्स्तोत्रं शुभयोगे सुरालये।।26।।
आयुष्मत्प्रीतियोगे च ब्रह्मयोगे विशेषतः।
इन्द्रयोगे शुभे योगे शुक्रयोगे तथैव च।।27।।
कौलके बालके चैव वणिजे चैव सत्तमः।
शूल्यारे श्मशाने च विजने च विशेषतः।।28।।
कुमारी पूजयित्वादौ यजेद्देवीं सनातनीम्।
मत्स्यैर्मासैः शाकसूर्पः पूजयेत्परदेवताम्।।29।।
घृताद्यैः सोपकरणैः पुष्पधूपैर्विशेषतः।
ब्राह्मणान् भोजयित्वा च पूजयेत्परमेश्वरीं।।30।।
अखेटकमुपाख्यानं तत्र कुर्यादिदनत्रयम्।
तदाधरेन्महाविद्यां शंकरेण प्रभाषिताम्।।31।।
मारणद्वैषणादीनि लभते नात्र संशयः।
स भवेत्पार्वतीपुत्रः सर्वशास्त्रपुरस्कृतः।।32।।
गुरुद्देवो हरः साक्षात्पत्नी तस्य हरप्रिया।
अभेदेन भजेद्यस्तु तस्य सिद्धिरदूरतः।।33।।
पठति य इह मर्त्यो नित्यमार्द्रान्तरात्मा
जपफलमनुमेयं लप्स्यते यद्विधेयम्।
स भवति पदमुच्चैः सम्पदां पादनम्र–
क्षितिपमुकुटलक्ष्मीर्लक्षणानां चिराय।।34।।

श्रीमहालक्ष्मी हृदयम्

विनियोगः

आद्यादि श्री महालक्ष्मीहृदयमालामन्त्रस्य भार्गव ऋषिः आद्यादि श्रीमहालक्ष्मी देवता, अनुष्टुबादिनाछन्दासि, श्रीं बीजम्, ह्रीं शक्तिः, ऐं कीलकम्, आद्यादिमहालक्ष्मीप्रसादसिध्यर्थ जपे विनियोगः।

न्यासः

ॐ भार्गव ऋषये नमः शिरसि। अनुष्टुबादिनानाछन्देभ्यो नमः मुखे। आद्यादिममहालक्ष्म्यै देवतायै नमो हृदये। श्रीं बीजाय नमः गुह्ये। ह्रीं शक्तये नमः पादयोः। ऐं कीलकाय नमः नाभौ। ॐ विनियोगाय नमः सर्वांगेषु।

कर–न्यासः

ॐ श्रीं अंगुष्ठाभ्यां नमः। ॐ ह्रीं तर्जनीभ्यां नमः। ॐ ऐं मध्यमाभ्यां नमः। ॐ श्रीं अनामिकाभ्यां नमः। ॐ ह्रीं कनिष्ठिकाभ्यां नमः। ॐ ऐं करतलकरपृष्ठाभ्यां नमः।

षडंगन्यासः

ॐ श्रीं हृदयाय नमः। ॐ ह्रीं शिरसे स्वाहा। ॐ ऐं शिखयै वषट्। ॐ श्रीं कवचाय हुँ। ॐ ह्रीं नेत्रत्रयाय वौषट्। ॐ ऐं अस्त्राय फट्।

'ॐ श्रीं ह्रीं ऐं' इति दिग्बन्धः।

ध्यानम्ः

हस्तद्वयेन कमले धारयन्ती स्वलीलया।
हारनूपुरसंयुक्तां लक्ष्मीं देवीं विचिन्तये।।

सम्पूज्य प्रार्थयेत्ः

शंकचक्रगदाहस्ते शुभ्रवर्णे सुवासिनि।
मम देहि वरं लक्ष्मि सर्वसिद्धिप्रदायिनि।।
'ॐ श्रीं ह्रीं ऐं महालक्ष्म्यं कमलधारिण्यै सिहवाहिन्यै स्वाहा'
इति मन्त्रं जपित्वा स्तोत्रं पठेत्।

यथा–

वन्दे लक्ष्मीं परिशिवमयीं शुद्धजांबूनदाभां।
तेजोरूपां कनकवसनां सर्वभूषोज्जवलांगी।।
बीजापूरं कनककलशं हेमपद्मं दधाना–
माद्यांशक्ति सकलजननीं विष्णुवामांकसंस्थाम्।।1।।
श्रीमत्सौभाग्यजननीं स्तौमि लक्ष्मीं सनातनीं।
सर्वकामफलावाप्ति साधनैकसुखावहां।।2।।
स्मरामि नित्यं देवेशि त्वया प्रेरितमानसः।
त्वदाज्ञां शिरसा धृत्वा भजामि परमेश्वरीं।।3।।
समस्तसम्पत्सुखदां महाश्रियं,
समस्तसौभाग्यकरीं महाश्रियम्।
भजाम्यहं ज्ञानकरीं महाश्रियम्।।4।।
विज्ञानसम्पत्सुखदां सनातनीं,
विचित्रवाग्भूतिकरीं मनोहराम्।
अनन्तसामोदसुखप्रदायिनीं,
नमाम्यहं भूतिकरीं हरिप्रियाम्।।5।।
समस्तभूतान्तरसंस्थिता त्वं,

समस्तभोक्त्रीश्वरि विश्वरूपे।
तन्नास्ति यत्वद्व्यतिरिक्तवस्तु,
त्वत्पादपद्मं प्रणमाम्यहं श्री।।6।।
दारिद्र्यदुःखौघतमोपहन्त्रि,
त्वत्पादपद्मं मयि सन्निधत्स्व।
दीनार्तिविच्छेदनहेतुभूतैः
कृपा कटाक्षैरभिषिंच मां श्रीं।।7।।
अम्बं प्रसीद करुणासुधयार्द्रदृष्ट्या,
मां त्वत्कृपा–द्रविण गेहमिमं कुरुष्व।
आलोकय प्रणतहृद्गतशोकहन्त्रि,
त्वत्पादपद्युगलं प्रणमाम्यहं श्रीः।।8।।
शान्त्यै नमोऽस्तु कमनीयगुणाश्रयायै।
क्षान्त्यै नमोऽस्तु दुरितक्षयकारणायै,
धात्र्यै नमोऽस्तु धनधान्य समृद्धिदायै।।9।।
शक्त्यै नमोऽस्तु शशिशेखरसंस्तुतायै,
रत्यै नमोऽस्तु रजनीकरसोदरायै।
भक्त्यै नमोऽस्तु भवसागरतारकायै,
मत्यै नमोऽस्तु मधुसूदनवल्लभायै।।10।।
लक्ष्म्यै नमोऽस्तु शुभलक्षणलक्षितायै,
सिद्ध्यै नमोऽस्तु शिवसिद्धपूजितायै।
धृत्यै नमोऽस्त्वमितदुर्गतिभंजनायै,
गत्यै नमोऽस्तु वरसद्गतिदायकायै।।11।।
देव्यै नमोऽस्तु दिवि देवगणार्चितायै,
भूत्यै नमोऽस्तु भुवनार्तिविनाशनायै।
दात्र्यै नमोऽस्तु धरणीधरवल्लभायै,
पुष्ट्यै नमोऽस्तु पुरुषोत्तमवल्लभायै।।12।।
सुतीव्र–दारिद्र्य–विदुखा–हन्त्र्यै,
नमोऽस्तु ते सर्वभयापहन्त्र्यै।
श्रीविष्णुवक्षःस्थलसंस्थितायै,
नमो नमस्सर्वविभूतिदायै।।13।।
जयतु जयतु लक्ष्मीर्लक्षणालकृतांगी,
जयतु जयतु पद्मा पद्मा पद्मसद्माभिवन्द्या।
जयतु जयतु विद्या विष्णुवामांकसंस्था,
जयतु जयतु सम्यक्सर्वसम्पत्करी श्रीः।।14।।
जयतु जयतु देवी देवसंघाभिपूज्या,
जयतु जयतु भद्रा भार्गवी भाग्यरूपा।

जयतु जयतु नित्या निर्मलज्ञानवेद्या,
जयतु जयतु सत्या सर्वभूतान्तररस्था।।15।।
जयतु जयतु रम्या रत्नगर्भानतरस्था,
जयतु जयतु शुद्धा शुद्धजम्बूनदाभा।
जयतु जयतु कान्ता कान्तिमद्भासितांगी,
जयतु जयतु शान्ता शीघ्रमागच्छ सौम्ये।।16।।
यस्याः कलाद्याः कमलोद्भवाद्या,
रुद्राश्च शक्रप्रमुखाश्च देवाः।
जीवन्ति सर्वा अपि शक्तयस्ताः,
प्रभुत्वमाप्ताः परमायुषस्ते।।17।।
लिलेख निटिले विधिर्ममलिपिं विसृज्यानतरं,
विलिखितव्यमेतदिति तत्फलप्राप्तये।
तदन्तरफले स्फुटं कमलवासिनी श्रीरमां,
समर्पय समुद्रिकां सकलभाग्यसंसूचिकाम्।।18।।
कलया ते यथा देवि जीवंति सचराचराः।
तथा सम्पत्करे लक्ष्मि सर्वदा सम्प्रसीद मे।।19।।
यथा विष्णुर्ध्रुवे नित्यं स्वकलां सन्न्यवेशयत्।
तथैव स्वकलां लक्ष्मि मयि सम्यक् समर्पय।।20।।
सर्वसौख्यप्रदे देवि भक्तानामभयप्रदे।
अचलां कुरु यत्नेन कलां मयि निवेशिताम्।।21।।
मुदास्तां मद्भाले परमपदलक्ष्मीः स्फुटकला।
सदा वैकुण्ठश्रीर्निवसतु कला मे नयनयोः।।
वसेत्सत्ये लोके मम वचसि लक्ष्मीवरकला।
श्रियश्श्वेतद्वीपे निवसतु कला मे स्वकरयोः।।22।।
तावन्नित्यं ममांगेषु क्षीराब्धौ श्रीकला वसेत्।
सूर्याचन्द्रमसौ यावद्यावल्लक्ष्मीपतिः श्रिया।।23।।
सर्वमंगलसम्पूर्णा सर्वैश्वर्यसमन्विता।
आद्यादिश्रीमहालक्ष्मि त्वत्कला मयि तिष्ठतु।।24।।
अज्ञानतिमिरं हन्तुं शुद्धज्ञानप्रकाशिका।
सर्वैश्वर्यप्रदामेस्तु त्वत्कला मयि संस्थिता।।25।।
अलक्ष्मीं हरतुःक्षिप्रं तमः सूर्यप्रभा यथा।
वितनोतु मम श्रेयस्त्वत्कला मयि संस्थिता।।26।।
ऐश्वर्य–मंगलोत्पत्तिस्त्वत्कलायां निधीयते।
मयि तस्मात्कृतार्थोऽस्मि पात्रमस्मि स्थितेस्तव।।27।।
भवदावेशभाग्यार्हो भाग्यवानस्मि भार्गवि।
त्वत्प्रसादात्पवित्रोऽहं लोकमातर्नमोस्तु ते।।28।।

पुनासि मां त्वं कलयैवयस्मादतः समागच्छ ममाग्रतस्त्वम्।
परम्पदं श्रीर्भवसुप्रसन्ना मय्यच्युतेन प्रविशादिलक्ष्मि।।29।।
श्रीवैकुण्ठस्थिते लक्ष्मि समागच्छ ममाग्रतः।
नारायणेन यह मां कृपादृष्ट्याऽवलोकय।।30।।
सत्यलोकस्थिते लक्ष्मि त्वं ममागच्छ सन्निधिम्।
वासुदेवेन सहिता प्रसीद वरदा भव।।31।।
श्वेतद्वीपस्थिते लक्ष्मि शीघ्रमागच्छ सुव्रते।
विष्णुना सहिते देवि जगन्मातः प्रसीद मे।।32।।
क्षीराम्बुधिस्थिते लक्ष्मि समागच्छ समाधवे।
त्वत्कृपादृष्टिसुधया सततं मां विलोकय।।33।।
रत्नगर्भस्थिते लक्ष्मि परिपूर्णहिरण्मये।
समागच्छ समागच्छ स्थित्वाऽऽशु पुरतो मम।।34।।
स्थिरा भव महालक्ष्मि निश्चला भव निर्मले।
प्रसन्ने कमले देवि प्रसन्नहृदया भव।।35।।
श्रीधरे श्रीमहाभूते त्वदन्तःस्थं महानिधिम्।
शीघ्रमुदूधृत्य परतः प्रदर्शय समर्पय।।36।।
वसुन्धरे श्रीवसुधे वसुदोग्घ्रि कृपामयि।
त्वत्कुक्षिगतसर्वस्वं शीघ्रं मे सम्प्रदर्शय।।37।।
विष्णुप्रिये रत्नगर्भे समस्तफलदे शिवे।
त्वदूगर्भगतहेमादीन् सम्प्रदर्शय दर्शय।।38।।
रसातलगते लक्ष्मि शीघ्रमागच्छ मे पुरः।
न जाने परमं रूपं मातर्मे संप्रदर्शय।।39।।
अविर्भव मनोवेगाच्छीघ्रमागच्छ मे पुरः।
मा वत्स भैरिहेत्युक्त्वा कामं गौरिव रक्ष माम्।।40।।
देवि शीघ्रं समागच्छ धरणीगर्भसंस्थिते।
मातस्त्वदूभृत्योऽहं मृगये त्वां कुतूहलात्।।41।।
उत्तिष्ठ जागृहि त्वंमे समुत्तिष्ठ सुजागृहि।
अक्षयान् हेमकलशान् सुवर्णेन सुपूरितान्।।42।।
निक्षेपान् मे समाकृष्य समुद्धृत्य ममाग्रतः।
समुन्नतानना भूत्वा समाधेहि धरान्तरात्।।43।।
मत्सन्निधिं समागच्छ मदाहितकृपारसात्।
प्रसीद श्रेयसान्दोग्घ्रि लक्ष्मि मे नयनाग्रतः।।44।।
अत्रोपविश लक्ष्मि त्वं स्थिरा भव हिरण्ययि।
सुस्थिरा भव समप्रीत्या प्रसीद वरदा भव।।45।।
आनीय त्वं तथा देवि निधीन् मे संप्रदर्शय।
अद्य क्षणेन सहसा दत्वा संरक्ष मां सदा।।46।।

मयि तिष्ठ तथा नित्यं यथेन्द्रादिषु तिष्ठसि।
अभयं कुरु मे देवि महालक्ष्मि नमोऽस्तु ते।।47।।
समागच्छ महालक्ष्मि शुद्धजाम्बूनदप्रभे।
प्रसीद पुरतः स्थित्वा प्रणतं मां विलोकय।।48।।
लक्ष्मि भवं गता भासि यत्र यत्र हिरण्मयी।
तत्र तत्र स्थिता त्वं मे तव रूपं प्रदर्शय।।49।।
क्रीडते बहुधा भूमौ परिपूर्णहिदंण्मये।
मम मूर्द्धनि ते हस्तविलम्बितमर्पय।।50।।
फलद्भाग्योदये लक्ष्मि समस्तपुरवासिनि।
प्रसीद मे महालक्ष्मि परिपूर्णमनोरथे।।51।।
अयोध्यादिषु सर्वेषु नगरेषु समास्थिते।
वैभवेर्विविधैर्युक्ता समागच्छ बलान्विते।।52।।
समागच्छ समागच्छ ममाग्रे भव सुस्थिरा।
करुणारसनिष्पन्द नेत्रद्वय–विलासनी।।53।।
सन्निधत्स्व महालक्ष्मि त्वत्पाणिं मम मस्तके।
करुणासुधया मां त्वमभिषिंच स्थिरीकुरु।।54।।
सर्वराजगृहे लक्ष्मि समागच्छ मुदान्विते।
स्थित्वाशं पुरतो मेऽद्य प्रसादेनाभयं कुरु।।55।।
सादरं मस्तके हस्तं मम त्वं कृपयार्पय।
सर्वराजगृहे लक्ष्मि त्वत्कला मयि तिष्ठतु।।56।।
आद्यादि श्रीमहालक्ष्मि विष्णुवामांकसंस्थिते।
प्रत्यक्षं कुरु मे रूपं रक्ष मां शरणागतम्।।57।।
प्रसीद मे महालक्ष्मि सुप्रसीद महाशिवे।
अचला भव सम्प्रीत्या सुस्थिरा भव मद्गृहे।।58।।
यावत्तिष्ठन्ति वेदाश्च यावत्वन्नाम तिष्ठति।
यावद्विष्णुश्च यावत्वं तावत्कुरु कृपां मयि।।59।।
चान्द्री कला यथा शुक्ले वर्द्धते सा दिने दिने।
तथा दया ते मय्येव वर्द्धतामभिवर्द्धताम्।।60।।
यथा वैकुण्ठनगरे यथा वै क्षीरसागरे।
तथा मद्भवने तिष्ठ स्थिरं श्रीविष्णुना सह।।61।।
योगिनां हृदयं नित्यं यथा तिष्ठसि विष्णुना।
तथा मद्भवने तिष्ठ स्थिरं श्री विष्णुना सह।।62।।
नारायस्य हृदये भवती यथास्ते नारायणोपि तव हृत्कमले यथाऽस्ते।
नारायणस्त्वमपि नित्यमुभौ तथैव तौ तिष्ठतां हृदि ममापि दयावति श्रीः।।63।।
विज्ञानवृद्धि हृदये कुरु श्रीः सौभाग्यवृद्धिं कुरु मे गृहे श्रीः। दया सुवृद्धिं
कुरुतां मयि श्रीः सुवर्णवृद्धि कुरु मे गृहे श्रीः।।64।।

न मां त्यजेथाः श्रितकल्पवल्लि सद्भक्तचिन्तामणिकामधेनी। विश्वस्य
मातर्भव सुप्रसन्ना गृहे कलत्रेषु च पुत्रवर्गे।।65।।
आद्यादि माये त्वमजाण्डबीजं त्वमेव साकार–निराकृति स्त्वम्।
त्वया धृताश्चाब्जभवाण्डसंघान् चित्रं चरित्रं तव देवि विष्णोः।।66।।
ब्रह्मरुद्रादयो देवा वेदाश्चापि न शक्नुयुः।
महिमानं तव स्तोतुं मन्दोऽहं शक्नुयां कथम्।।67।।
अम्ब त्वद्वत्सवाक्यानि सूक्ता सूक्तानि यानि च।
तानि स्वीकरु सर्वज्ञे दयालुत्वेन सादरम्।।68।।
भवतीं शरणं गत्वा कृतार्थाः स्युः पुरातनाः।
इति संचिन्त्य मनसा त्वामहं शरणं ब्रजे।।69।।
अनन्ता नित्यसुक्षिनस्त्वद्भक्तास्त्वत्परायणाः।
इति वेदप्रमाणाद्धि देवि त्वां शरण ब्रजे।।70।।
तव प्रतिज्ञा मद्भक्ता न नश्यन्तीत्यपि क्वचित्।
इति संचिन्त्य संचिन्त्य प्राणान्सन्धारयाम्यहम्।।71।।
त्वदधीनस्त्वहं मातस्त्वत्कृपा मयि विद्यते।
यावत्सम्पूर्णकामः स्यात्तावद्देहि दयानिधे।।72।।
क्षणमात्रं न शक्नोमि जीवितुं त्वत्कृपां विना।
न जीन्वन्तीह जलजा जलं त्यक्त्वा जलग्रहाः।।73।।
यथाहि पुत्र वात्सल्याज्जननी प्रस्नुतस्तनी।
वत्सं त्वरितमागत्य सम्प्रीर्णयति वत्सला।।74।।
यदि स्यान्तव पुत्रोऽहम् माता त्वं यदि मामकी।
दया पयोधरस्तन्य सुधाभिरभिषिंच माम्।।75।।
मृग्यो न गुणलेशोऽपि मयि दोषैकमन्दिरे।
पांसूनां वृष्टिविन्दूनां दोषाणांच नमेमितिः।।76।।
पापिनामहमेवान्यो दयालूनान् त्वमग्रणीः।
दयनीयो मदन्योऽस्ति तव कोऽत्र जगत्त्रये।।77।।
विधिनाहन्न सृष्टश्चेन्न स्यात्तव दयालुता।
आमयो वा न सृष्टश्चेदौषधस्य वृथोदयः।।78।।
कृपा मदग्रजा किं ते अहं किं वा तदग्रजः।
विचार्य देहि मे वित्तं तव देवि दयानिधे।।79।।
माता पिता त्वं गुरु सद्गतिः श्रीस्त्वमेव संजीवनहेतुभूता।
अन्यन्न मन्ये जगदेकनाथे त्वमेव सर्व मम देवि सत्ये।।80।।
आद्यादिललक्ष्मीर्भव सुप्रसन्ना विशुद्धविज्ञानसुखैकदोग्घ्री।
अज्ञानहन्त्री त्रिगुणातिरिक्ता प्रज्ञाननेत्री भव सुप्रसन्ना।।81।।
अशेषवाग् जाड्यमलाप हन्त्री नवन्नवं स्पष्ट सुवाक् प्रदायिनी।
ममेह जिह्वाग सुरंग नर्त्तकी भव प्रसन्ना वदने च मे श्रीः।।82।।

समस्तसम्पत्सु विराजमाना, समस्ततेजश्चयभासमाना।
विष्णुप्रिये त्वम् भव दीप्यमाना, वाग्देवता मे नयने प्रसन्ना।।83।।
सर्व प्रदर्शे सकलार्थदे त्वं प्रभा सुलावण्य दया प्रदोग्ध्री।
सुवर्णदे त्वं सुमुखी भव श्रीर्हिरण्मयी मे नयने प्रसन्ना।।84।।
सर्वार्थदा सर्वजगत्प्रसूतिः सर्वेश्वरी सर्वभयाप हन्त्री। सर्वोन्नता
त्वं सुमुखी भव श्रीर्हिरण्यमयी मे नयने प्रसन्ना।।86।।
देवि प्रसीद दयनीयतमाय मह्यं देवाधिनाथ भव देवगणाभिवन्द्ये।
मातस्तथैव भव सन्निहिता दृशोर्मे पत्या समं मम मुखे भव सुप्रसन्ना।।87।।
मा वत्सभैरभयदानकरोऽर्पितस्ते मौलौ ममेति मम दीनदयानु कम्पे।
मातः समर्पय मुदा करुणाकटाक्षं मांगल्यबीजमिह नः सृज जन्प्रमातः।।88।।
कटाक्ष इह कामधुक्तव मनस्तु चिन्तामणिः करः सुरतरुः सदा
नवनिधिस्त्वमेवेन्दिरे। भवेत्तव दयारसी मम रसायनं चान्वहं मुखं तव
कलानिधिर्विविध वांछितार्थप्रदय्।।98।।
यथा रसस्पर्शनतोऽयसोपि सुवर्णता स्यात्कमले तथा ते।
कटाक्षसंस्पर्शनतो जनानाममंगलानामपि मंगल त्वम्।।90।।
देहीति नास्तीति वचः प्रवेशादूभीतो रमे त्वां शरणं प्रपद्ये।
अतः सदाऽस्मिन्न भयप्रदा त्वं सहैव पत्या मयि सन्निधेहि।।91।।
कल्पद्रुमेण मणिना सहिता सुरम्या श्रीस्ते कलामयि रसेन रसानेन।
आस्तां यतो मम च दृक् शिरपाणिपादस्पृष्टाः सुवर्णवपुषः स्थिरजंगमाः
स्युः।।92।।
आद्यादिविष्णोः स्थिरधर्मपत्नी त्वमेव पत्या मयि सन्निधेहि।
आद्यादिलक्ष्मि त्वदनुग्रहेण पदे पदे मे निधिदर्शनं स्यात्।।93।।
आद्यादि लक्ष्मीहृदयं पठेद्यः स राज्यलक्ष्मीमचलां तनोति।
महादरिद्राऽपि भवेद्धनाढयस्तदन्वये श्रीः स्थिरतां प्रयाति।।94।।
यस्य स्मरणमात्रेण तुष्टा स्याद् विष्णुवल्लभा।
तस्याभीष्टं ददात्याशु तं पालयति पुत्रवत्।।95।।
इदं रहस्यं हृदयं सर्वकामफलप्रदम्।
जपः पंचसहस्रं तु पुरश्चरणमुच्यते।।96।।
त्रिकालमेककालं वा नरो भक्ति–समन्वितः।
यः पठेच्छृणुयाद्वापि स याति परमां श्रियम्।।97।।
महालक्ष्मीं समुद्दिश्य निशि भार्गववासरे।
इदं श्रीहृदयं जप्त्वा पंचवारं धनी भवेत्।।98।।
अनेन हृदयेनान्नं गर्भिण्या अभिमन्त्रितम्।
ददाति तत्कुले पुत्रो जायते श्रीपतिः स्वयम्।।99।।
नरेण वाऽथवा नार्यया लक्ष्मीहृदयमन्त्रिते।
जले पीते च तद्वंशे मन्दभाग्यो न जायते।।100।।

य आश्विने मासि च शुक्लपक्षे रमोत्सवे सन्निहितेसु भक्त्या।
पठेत्तथैकोत्तरवावृद्ध्या लभेत्स सौवर्णमयीं सुवृष्टिम्।।101।।
य एकभक्तोन्वहमेकवर्ष विशुद्धधीः सप्ततिवारजापी।
स मन्दभाग्योपि रमाकटाक्षाद् भवेत् सहस्राक्षशताधिकश्रीः।।102।।
श्रीशांघ्रिभक्तिं हरिदासदास्यं प्रसन्नमन्त्रार्थदृढैकनिष्ठाम्।
गुरोः स्मृतिं निर्मलबोधबुद्धिं प्रदेहि मातः परमं पदं श्रीः।।103।।
पृथ्वीपतित्वं पुरुषोत्तमत्वं विभूतिवासं विविधार्थसिद्धिम्।
सम्पूर्णकीर्तिं बहुवर्षभोगं प्रदेहि मे लक्ष्मि पुनः पुनस्त्वम्।।104।।
वादार्थसिद्धिं बहुलोकवश्यं वयः स्थिरत्वं ललनासुभोगं।
पौत्रादिलब्धिं सकलार्थसिद्धिं प्रदेहि मे भार्गवि जन्मजन्मनि।।105।।
सुवर्णवृद्धि कुरु मे गृहे श्रीर्विभूतिवृद्धि कुरु मे गृहे श्रीः।
शिरोबीजं–ॐ यं हं कं लं पं श्रीं।
ध्यायेल्लक्ष्मी प्रहसितमुखीं कोटिबालार्कभासां।
विद्युद्वर्णाम्बरवरधरां भूषणाढयां सुशोभाम्।।106।।
बीजापूरं सरसिजयुगलं बिभ्रतीं स्वर्णपात्रं।
भर्त्रायुक्तां मुहुरभयदां मह्यमष्यच्युतश्रीः।।107।।
गुह्यातिगुह्यगोप्त्री त्वं गृहाणास्मत्कृत जपम्।
सिद्धिर्भवतु मे देवि त्वत्प्रसादान्मयि स्थिरा।।108।।

श्रीलक्ष्मीसहस्रनामस्तोत्रम्

ॐ तामाह्वयामि सुभगां लक्ष्मीं त्रैलोक्यपूजिताम्।
एह्येति देवि पद्माक्षि पद्माकरकृतालये।।1।।
आगच्छागच्छ वरदे पश्य मां स्वेन चक्षुषा।
आयाह्यायाहि धर्मार्थकाममोक्षमये शुभे।।2।।
एवंविधैः स्तुतिपदैः सत्यैस्सत्यार्थसंस्तुता।
कनीयसी महाभागा चन्द्रेण परमात्मना।।3।।
निशाकरश्च सा देवी भ्रातरौ द्वौ पयोनिधेः।
उत्पन्नमात्रौ तावास्तां शिवकेशवसंश्रितौ।।4।।
सनत्कुमारस्तमृषिं समाभाष्य पुरातनम्।
प्रोक्तावानितिहासं तु लक्ष्मयाः स्तोत्रमनुत्तमम्।।5।।
अथेदृशान्महाघोराद्दारिद्र्यान्नरकात्कथम्।
मुक्तिर्भवति लोकेऽस्मिन् दारिद्र्यं याति भस्मताम्।।6।।

सनत्कुमार उवाचः

पूर्व कृतयुगे ब्रह्मा भगवान् सर्वलोककृत्।

सृष्टिंनानाविधां कृत्वा पश्चाच्चिन्तामुपेयिवान् ।।7।।
किमाहाराः प्रजास्त्वेताः सम्भविष्यन्ति भूतले।
तथैव चासान्दारिद्र्यात्कथमुत्तरणं भवेत् ।।8।।
दारिद्र्यान्मरणं श्रेयस्त्विति संचिन्त्य चेतसि।
क्षीरोदस्योत्तरे कूले जगाम कलोद्भवः ।।9।।
तत्र तीव्रं तपस्तप्त्वा कदाचित्परमेश्वरम्।
ददर्श पुण्डरीकाक्षं वासुदेवं जगद्गुरुम् ।।10।।
सर्वज्ञं सर्वशक्तिनां सर्वावासं सनातनम्।
सर्वेश्वरं वासुदेवं विष्णुं लक्ष्मीपतिं प्रभुम् ।।11।।
सोमकोटिप्रतीकाशं क्षीरोदविमले जले।
अनन्तभोगशयनं विश्रान्तं श्रीनिकेतनम् ।।12।।
कोटिसूर्यप्रतीकाशं महायोगेश्वरेश्वरम्।
योगनिद्रारतं श्रीशं सर्वावास सुरेश्वरम् ।।13।।
जगदुत्पत्तिसंहारस्थितिकारणकारणम्।
लक्ष्म्यादिशक्तिकरणं जातमण्डलण्डितम् ।।14।।
आयुधैद्र्देहवद्भिश्च चक्रद्यैः परिवारितम्।
दुर्निरीक्ष्यं सुरैः सिद्धैर्महायोनिशतैरपि ।।15।।
आधारं सर्वशक्तिनां परं तेजः सुदुस्सहम्।
प्रबुद्धं देवमोशानं दृष्ट्रा कमलसम्भवः ।।16।।
शिरस्यंजलिमाधाय स्तोत्रं पूर्वमुवाच ह।
मनोवांछित सिद्धि त्वं पूरयस्य महेश्वर ।।17।।
जितं ते पुण्डरीकाक्ष नमस्ते विश्वभावन।
नमस्तेऽस्तु हृषीकेश महापुरुषपूर्वज ।।18।।
सर्वेश्वर जयानन्द सर्वावास परात्पर।
प्रसीद मम भक्तस्य छिधि सन्देहजं तमः ।।19।।
एवं स्तुतः स भगवान् ब्राह्मणाऽव्यक्तजन्मना।
प्रसादाभिमुखः प्राह हरिर्विश्रान्तलोचनः ।।20।।

श्री भगवानुवाचः

हिरण्यगर्भ तुष्टोऽभिवांछितम्।
तद्वक्ष्यामि न सन्देहो भक्तोसि मम सुव्रत ।।21।।
केशवाद्वचनं श्रुत्वा करुणाविष्टचेतनः।
प्रत्युवाच महाबुद्धिर्भगवन्तं जनादर्दनम् ।।22।।
चतुर्विधं भवस्यास्य भूतसर्गस्य केशव।
परित्राणाय मे ब्रूहि रहस्यं परमादभतम् ।।23।।

दारिद्र्यशमनं धन्यं मनोज्ञ पावनं परम्।
सर्वेश्वर महाबुद्धे स्वरूपं भैरवं महत्।।24।।
श्रियः सर्वातिशायिन्यास्तथा ज्ञानं च शाश्वतम्।
नामानि चैव मुख्यानि यानि गौणानि चाच्युतः।।25।।
त्वद्वक्त्रकमलोत्थानि श्रोतुमिच्छामि तत्वतः।
इति तस्य वचः श्रुत्वा प्रतिवाक्यमुवाच सः।।26।।

श्रीभगवानुवाचः

महाविभूतिसंयुक्ता षाडगुण्यवपुरुषः प्रभोः।
भगवद्वासुदेवस्य नित्यं चैषाऽनपायिनी।।27।।
एकैव वर्त्ततेऽभिन्ना ज्योत्स्नेव हिमदीधितेः।
सर्वशक्त्यात्मिका चैव विश्वं व्याप्य व्यवस्थिता।।28।।
सर्वैश्वर्यगुणोपेता नित्यशुद्धस्वरूपिणी।
प्राणशक्तिः परा ह्येषा सर्वेषां प्राणिनां भुवि।।29।।
शक्तीनां चैव सर्वासां योनिभूता परा कला।
अहं तस्याः परं नाम्नां सहस्रमिदमुत्तमम्।।30।।
शृणुष्वावहितो भूत्वा परमैश्वर्यभूतिदम्।
देव्याख्यास्मृतिमात्रेण दारिद्र्यं याति भसमताम्।।31।।
श्रीः पद्मा प्रकृतिः सत्वा शान्ता चिच्छक्तिरव्यया।
केवला निष्फला शुद्धा व्यापिनी व्योमविग्रहा।।32।।
व्योमपद्मकृताधारा परा व्योमा मतोद्भवा।
निर्व्योमा व्योममध्यस्था पंचव्योमपदाश्रिता।।33।।
अच्युता व्योमनिलया परमानन्दरूपिणी।
नित्यशुद्धा नित्यतृप्ता निर्विकारा निरींक्षणा।।34।।
ज्ञानशक्तिः कर्तृशक्तिर्भोक्तृशक्तिः शिखावहा।
स्नेहाभाषा निरानन्दा विभूतिर्विमला चला।।35।।
अनन्ता वैष्णवी व्यक्ता विश्वानन्दा विकाशिनी।
शक्तिर्विभिन्नसर्वार्तिः समुद्रपरितोषिणी।।36।।
मूर्तिः सनातनी हाद्दीं निस्तरंगा निरामया।
ज्ञानज्ञेया ज्ञानगम्या ज्ञानज्ञेयविकासिनी।।37।।
स्वच्छन्दशक्तिर्गहना निष्कम्पाऽर्चिः सुनिर्मला।
स्वरूपा सर्वगाऽपारा बृंहिणी सुगुणोर्जिता।।38।।
अकलंका निराधारा निस्संकल्पा निराश्रया।
असंकीर्णा सुशान्ता च शाश्वती भासुरी स्थिरा।।39।।
अनौपम्या निविकल्पा निर्यन्त्रा यन्त्रवाहिनी।
अभेद्या भेदिनी भिन्ना भारती वैखरी खगा।।40।।

अग्राह्या ग्राहिका गूढा गम्भीरा विश्वगोपिनी।
अनिर्देश्याऽप्रतिहता निर्बीजा पावनी परा।।41।।
अप्रतर्क्याऽपरिमिता भवभ्रान्तिविनाशिनी।
एका द्विरूपा त्रिविधा अंसख्याता सुरेश्वंरी।।42।।
सुप्रतिष्ठा महाधात्री स्थितिर्वृद्धिध्रुवा गतिः।
इश्वरी महिमा ऋद्धिः प्रमोदा उज्जवलोद्यमा।।43।।
अक्षया वर्द्धमाना च सुप्रकाशा विहंगमा।
नीरजा जननी नित्या जया रोचिष्मती शुभा।।44।।
तपोनुदा च ज्वाला च सुदीप्तिश्वांशुमालिनी।
अप्रमेया त्रिधा सूक्ष्मा परा निर्वाणदायिनी।।45।।
अवदाता सुशुद्वा च अमोघाख्या परम्परा।
सन्धानकी शुद्धविद्या सर्वभूतमहेश्वरी।।46।।
लक्ष्मीस्तुष्टिर्महाधीरा शान्तिरपूरणेन वा।
अनुग्रहाशक्तिराद्या जगज्ज्येष्ठा जगद्विधिः।।47।।
सत्या प्रह्वा क्रियायोग्या ह्यपर्णाह्लादिनी शिवा।
सम्पूर्णाह्लादिनी शुद्धा ज्योतिष्मत्यमतावहा।।48।।
कला कलकरहिता विशालोद्दीपनी रतिः।
सम्बोधिनी हारिणी च प्रभावा भवभूतिदा।।50।।
अमृतस्यन्दिनी जीवा जननी खण्डिका स्थिरा।
धूमा कलावती पूर्णा भासुरा सुमती रसा।।51।।
शुद्धा ध्वनिः सृतिः सृष्टिर्विकृतिः कृष्टिरेव च।
प्रापणी प्राणदा प्रह्वा विश्वा पाण्डुरवासिनी।।52।।
अवनिर्वज्रनलिका चित्रा ब्रह्मण्डवासिनी।
अनन्तरूपाऽनन्तात्माऽनन्तस्थाऽनन्तसम्भवा।।53।।
महाशक्तिः प्राणशक्तिः प्राणदात्री रतिम्भरा।
महासमूहा निखिला इच्छाधारा सुखावहा।।54।।
प्रत्यक्षलक्ष्मीर्निष्कम्पा प्ररोहाबुद्धि गोचरा।
नानादेहा महावर्ता बहुदेहविकासिनी।।55।।
सहस्राणी प्रधाना च न्यायवस्तुप्रकाशिका।
सर्वाभिलाषपूर्णेच्छा सर्वा सर्वार्थभाषिणी।।56।।
नानास्वस्पचिद्धात्री शब्दपूर्वा पुरातना।
व्याक्ताऽव्यक्ता जीवकेशा सर्वेच्छापरिपूरिता।।57।।
संकल्पसिद्धा सांख्येया तत्वगर्भा धरावहा।
भूतरूपा चित्स्वरूपा त्रिगुणा गुणगर्विता।।58।।
प्रजापतीश्वरी रौद्री सर्वाधारा सुखावहा।
कल्याणवाहिका कल्या कलिकल्मषनाशिनी।।59।।

निरूपोद्भिन्नसन्ताना सुयन्त्रा त्रिगुणालया।
महामाया योगमाया महायोगेश्वरी प्रिया।।60।।
महास्त्री विमला कीर्तिर्जया लक्ष्मीर्निरंजना।
प्रकृतिर्भगवन्माया शक्तिर्निद्रा यशस्करी।।61।।
चिन्ता बुद्धिर्यशः प्रज्ञा शान्तिराप्तातिवर्द्धिनी।
प्रद्युम्नमाता साध्वी च सुखसौभाग्यसिद्धिदा।।62।।
काष्ठा निष्ठा प्रतिष्ठा चज्येष्ठा श्रेष्ठा जयावहा।
सर्वातिशायिनी प्रीतिर्विश्वशक्तिर्महाबला।।63।।
वरिष्ठा विजया वीरा जयन्ती विजयप्रदा।
हृद्गृहा गोपिनी गुह्या गणगन्धर्वसेविता।।64।।
योगीश्वरी योगमाया योगिनी योगसिद्धि।
महायोगेश्वरवृता योगा योगेश्वरप्रिया।।65।।
ब्रह्मेन्द्ररुनमिता सुरासुरवरप्रदा।
त्रिवर्त्मगा त्रिलोकस्था त्रिविक्रमपदोद्भवा।।66।।
सुतारा तारिणी तारा दुर्गा सन्तारिणी परा।
सुतारिणी तारयन्ती भूरितारेश्वरप्रभा।।67।।
गुह्यविद्या यज्ञविद्या महाविद्यासुशोभिता।
अध्यात्मविद्या विघ्नेशी पद्स्था परमेष्ठिनी।।68।।
आन्वीक्षिकी त्रयी वार्त्ता दण्डनीतिर्नयात्मिका।
गौरी वागीश्वरी गोप्त्री गायत्री कमलोद्भवा।।69।।
विश्वम्भरा विश्वरूपा विश्वमाता वसुप्रदा।
सिद्धिः स्वाहास्वधा स्वस्ति सुधा सर्वार्थसाधिनी।।70।।
इच्छा सृष्टिर्द्युतिर्भूतिः कीर्तिः श्रद्धा दया मतिः।
श्रुतिर्मेधा धृतिर्ह्रीःश्रीर्विद्या विबुधवन्दिता।।71।।
अनसूया धृणा नीतिर्निर्वृतिः कामधुक्करा।
प्रतिज्ञासन्ततिर्भूतिर्द्यौः प्रज्ञा विश्वमानिनी।।72।।
स्मृतिर्वाग्विश्वजननी पश्यन्ती मध्यमा समा।
सन्ध्या मेधा प्रभा भीमा सर्वाकारा सरस्वती।।73।।
कांक्षा माया महामाया मोहिनी माधवप्रिया।
सौम्याभोगा महाभोगा भोगिनी भोगदायिनी।।74।।
सुधौतकनकप्रख्या सुवर्णकमलासना।
हिरण्यगर्भा सुश्रोणी हारिणी रमणी रमा।।75।।
चन्द्रा हिरण्मयी ज्योत्स्ना रम्या शोभा शुभावहा।
त्रैलोक्यमण्डना नारी नरेश्वरवरार्चिता।।76।।
त्रैलोक्यसुन्दरी रामा महाविभववाहिनी।
पद्मस्था पद्मनिलया पद्ममालाविभूषिता।।77।।

पद्मयुग्मधरा कान्ता दिव्याभरणभूषिता।
विचित्ररत्नमुकुटा विचित्राम्बरभूषणा।।78।।
विचित्रमाल्यगनधाढया विचित्रायुधवाहना।
महानारायणी देवी वैष्णवी वीरवन्दिता।।79।।
कालसंकर्षिणी घोरा तत्वसंकर्षिणी कला।
जगत्सम्पूरणी विश्वा महा वभवभूषणा।।80।।
वारुणी वरदा व्याख्या घण्टाकर्णविराजिता।
नृसिंह भैरवी ब्राह्मी भास्करी व्योमचारिणी।।81।।
ऐन्द्री कामधनुः सृष्टिः कामयोनिर्महाप्रभा।
दृष्टा काम्या विश्वशक्तिर्बीजगत्यात्मदर्शना।।82।।
गरुडारूढ़हृदया चान्द्री श्रीर्मधुरानना।
महोग्ररूपा वाराही नारसिंही हतासुरा।।83।।
युगान्तहुतभुग्ज्वाला कराला पिंगला कला।
त्रैलोक्यभूषणा भीमा श्यामा त्रैलोक्यमोहिनी।।84।।
महोत्कटा महारक्ता महाण्डा महासना।
महोत्कटा महारक्ता महाचण्डा महासना।
शंखिनी लेखिनी स्वस्था लिखिता खेचेश्वरी।।85।।
भद्रकाली चैव वीरा कौमारी भवमालिनी।
कल्याणी कामधुग्ज्वालामुखी चोत्पलमालिका।।86।।
वालिका धनदा सूर्या हृदयोत्पलमालिका।
अजिता वर्षिणी रीतिर्भरुण्डा गरुडासना।।87।।
वैश्वानरी महामाया महाकाली विभीषणा।
महामन्दारविभवा शिवानन्दा रतिप्रिया।।88।।
उद्रीतिः पद्ममालाच धर्मवेगा विभावनी।
सत्क्रिया देवसेना च हिरण्यरजताश्रया।।89।।
सहसावर्तमाना च हस्तिनादप्रबोधिनी।
हिरण्यपद्मवर्णा च हरिभद्रा सुदुर्द्धरा।।90।।
सूर्या हिरण्यप्रकटसदृशी हेममालिनी।
पद्मानना नित्यपुष्टा देवमाताऽमृतोद्भवा।।91।।
महाधना च या शृंगी कादर्दमी कम्बुकन्धरा।
आदित्यवर्णा चन्द्रामा गन्धद्वारा दुरासदा।।92।।
वरार्चिता वरारोहा वरेण्या विष्णुवल्लभा।
कल्याणी वरदा वामा वामेशी विन्ध्यवासिनी।।93।।
णोगनिद्रा योगरता देवकी कामरूपिणी।
कंसविद्रावणी दुर्गा कौमारी कौशिकी क्षमा।।94।।

कात्यायनी कालरात्रिर्निशितृप्ता सुदुर्जया।
विरूपाक्षी विशालाक्षी भक्तानां परिरक्षिणो।।95।।
बहुरूपा स्वरूपा च विरूपा रूपवर्जिता।
घण्टानिनादबहुला जीमूतध्वनिनिःस्वना।।96।।
महादेवेन्द्रमथिनी भ्रुकुटीकुटिलानना।
सत्योपयाचिता चैका कौबेरी ब्रह्मचारिणी।।97।।
आर्या यशोदासुतदा धर्मकामार्थमोक्षदा।
दारिद्र्यदुःखशमनी घोरदुर्गार्तिनाशिनी।।98।।
रुक्मिणी रोहिणी सीता सत्यभामा यशस्विनी।
प्रज्ञाधाराऽमिताबुद्धिर्वेद माता यशोवती।।100।।
समाधिर्भावना मैत्री करुणा भक्तवत्सला।
अंतर्वेदी दक्षिणा च ब्रह्मचर्यपरागतिः।।101।।
दीक्षा वीक्षा परीक्षा च समीक्षा वीरवत्सला।
अम्बिका सुरभिः सिद्धा सिद्धविद्याधरर्चिता।।102।।
सुदीप्ता लेलिहाना च कराला शिवपूरका।
विश्वसंहारिणी दीप्तिस्तापनी ताण्डवप्रिया।।103।।
उद्भवा विरजा राज्ञी तापनी बिन्दुमालिनी।
क्षीरधारासुप्रभावा लोकमाता सुवर्चसा।।104।।
हव्यगर्भा चाज्यगर्भा जुह्वतो यज्ञसम्भवा।
आप्यायनी पावनी च दहनी दहनाश्रया।।105।।
मातृका माधवी मुच्या मोक्षलक्ष्मीर्महर्द्धिदा।
सर्वकामप्रदा भद्रा सुभद्रा सर्वमंगला।।106।।
श्वेता सुशुक्लवसना शुक्लमाल्यानुलेपना।
हंसा हीनकरी हंसी हृद्या हृत्कमलालया।।107।।
सितातपत्रा सुश्रोणी पद्मपत्रायते क्षणा।
सावित्री सत्यसंकल्पा कामदा कामकामिनी।।108।।
दर्शनीया दृशा दृश्या स्पृश्या सेव्या वरांगना।
भोगप्रिया भोगवती भोगीन्द्रशयनासना।।109।।
आर्द्रा पुष्करिणी पुण्या पावनी पापसूदनी।
श्रीमती च शुभाकारा परमैश्वर्यभूतिदा।।110।।
अचिन्त्यानन्तविभवा भवभावविभावनी।
निश्रेणिः सर्वदेहस्था सर्वभूतनमस्कृता।।111।।
बला बलाधिका देवी गौमती गोकुलालया।
तोषणी पूर्णचन्द्राभा एकानन्दा शतानना।।112।।
उद्याननगरद्वारहर्म्योपवनवासिनी।
कूष्माण्डीदारुणा चण्डा किराती नन्दनालया।।113।।

कालायना कालगम्या भयदा भयनाशिनी।
सौदामिनी मेघरवा दैत्यदानवमद्दिर्दनी।।114।।
जगन्माता भयकरी भूतधात्री सुदुर्लभा।
काश्यपी शुभदाना च वनमाला शुभा वरा।।115।।
धन्या धन्येश्वरी धन्या रत्नदा वसुवर्द्धिनी।
गान्धर्वी रेवती गंगा शकुनी विमालनना।।116।।
इडा शान्तिकरी चैव तामसी कमलालया।
आज्यपा वज्रकौमारी सोमपा कुसुमाश्रया।।117।।
जगत्प्रिया च सरथा दुर्जया खगवाहना।
मनोभवा कामचारा सिद्धचारणसेविता।।118।।
व्योमलक्ष्मीर्महालक्ष्मीस्तेजोलक्ष्मीःसुजोज्वला।
रसलक्ष्मीर्जगद्योनिर्गन्धलक्ष्मीर्वनाश्रया।।119।।
श्रवणा श्रावणा नेत्रा रसनाप्राणचारिणी।
विरिंचिमाता विभवा वरवारिजवाहना।।120।।
वीर्या वीरेश्वरी वन्द्या विशोका वसुवर्द्धिनी।
अनाहता कुण्डलिनी नलिनी वनवासिनी।।121।।
गान्धारिणीन्द्रनमिता सुरेन्द्रनमिता सत्ती।
सर्वमंगलमांगल्या सर्वकामसमृद्धिदा।।122।।
सर्वानन्दा महानन्दा सत्कीर्तिः सिद्धसेविता।
सिनीवाली कुहू राका अमा चानुमतिर्द्युतिः।।123।।
अरुन्धती वसुमती भार्गवी वास्तु देवता।
मायूरी वज्रवताली वज्रहस्ता वरानना।।124।।
अनघा धरणिर्धीरा धममनी मणिभूषण।।
राजश्रीरूपसहिता ब्रह्मश्रीर्ब्रह्मवन्दिता।।125।।
जयश्रीर्जयदा ज्ञेया सर्गश्रीः स्वर्गतिः सताम्।
सुपुष्पा पुष्पनिलया फलश्रीर्निष्कलप्रिया।।126।।
धनुर्लक्ष्मीस्त्वमिलिता परक्रोधनिवारिणी।
कद्रुर्द्धनायुः कपिला सुरसा सुरमोहिनी।।127।।
महाश्वेता महानीला महामूर्तिर्विषापहा।
सुप्रभा ज्वालिनी दीप्तिस्तृप्तिर्व्याप्तिः प्रभाकरी।।128।।
तेजोवती पद्मबोधा मदलेखारुणावती।
रत्ना रत्नावलीभूता शतधामा शतापहा।।129।।
त्रिगुणा घोषिणी रक्ष्या नद्दिर्दनी घोषवर्जिता।
साध्याऽदितिर्दितिर्देदवी मृगवाहा मृगांकगा।।130।।
चित्रनीलोत्पलगता वृषरत्नाकराश्रया।
हिरण्यरजतद्वन्द्वा शंखभद्रासनस्थिता।।131।।

गोमूत्रगोमयक्षीरदधिसर्पिर्जलाश्रया।
मरीचिश्चीरवसना पूर्णा चन्द्रार्कविष्टरा।।132।।
सुसूक्ष्मा निर्वृतिस्थूला निवृत्तारातिरेव च।
मरीचिज्वालिनी धूम्रा हव्यवाहा हिरण्यदा।।133।।
दायिनी कालिनी सिद्धिः शोषिणी सम्प्रबोधिनी।
भास्वरा संहतिस्तीक्ष्णा प्रचण्डज्वलनोज्जवला।।134।।
सांगा प्रचण्डा दीप्ता च वैद्युतिः सुमहाद्युतिः।
कपिला नीररक्ता च सुषुम्ना विस्फुलिंगिनी।।135।।
अर्चिष्मती रिपुहरा दीर्घा धूमावली जरा।
सम्पूर्णमण्डला पूषा स्रंसिनी सुमनोहरा।।136।।
जया पुष्टिकरी च्छाया मानसा हृदयोज्ज्वला।
सुवर्णकारिणी श्रेष्ठा मृतसंजीवनी रणे।।137।।
विशल्यकरणी शुभ्रा सन्धिनी परमौषधिः।
ब्रह्मिष्ठा ब्रह्मसहिता ऐन्दवी रत्नसम्भवा।।138।।
विद्युत्प्रभा बिन्दुमती त्रिस्वभावगुणाम्बिका।
नित्योदिता नित्यदृष्टा नित्यकामकरीषिणी।।139।।
पद्मांका वज्रजिह्वा व वक्रदण्डा विभासिनी।
विदेहपूजिता कन्या माया विजयवाहिनी।।140।।
मानिनी मंगला मान्या मानिनी मानदायिनी।
विश्वेश्वरी गणवती मण्डला मण्डलेश्वरी।।141।।
हरिप्रिया भौमसुता मनोज्ञा मतिदायिनी।
प्रत्यगिरा सोमगुप्ता मनोभिज्ञा वदन्मतिः।।142।।
यसोधरा रत्नमाला कृष्णा त्रैलोक्यबन्धिनी।
अमृताधारिणी हर्षा विनता वल्लकी शची।।143।।
संकल्पा भामिनी मिश्रा कादम्बर्यामृता प्रभा।
आगता निर्गता वज्रा सुहिता सहिताऽक्षता।।144।।
सर्वार्थसाधनकरी धानुर्द्धारणिकामला।
करुणाधारसम्भूता कमलाक्षी शशिप्रिया।।145।।
सौम्यरूपा महादीप्ता महाज्वाला विकासिनी।
माला कांचनमाला च सद्वज्रा कनकप्रभा।।146।।
प्रक्रियापरमा भोक्त्री क्षोभिका च सुखोदया।
विजृम्भणा च वज्राख्या शृंखला कमलेक्षणा।।147।।
जयंकरी मधुमती हरिता शशिनी शिवा।
मूलप्रकृतिरीशानी योगमाता मनोजवा।।148।।
धर्मोदया भानुमती सर्वाभासा सुखावहा।
धुरन्धरा च बाला च धर्मसेव्या तथागता।।149।।

सुकुमारा सौम्यमुखी सौम्यसम्बोधनोत्तमा।
सुमुखी सर्वमोभद्रा गुह्य शक्तिर्गुहालया।।150।।
हलायुधा च कावीरा सर्वशास्त्रसुधारिणी।
व्यौमशक्तिर्महादेहा व्योमगा मग्नमन्मयी।।151।।
गंगा वितस्ता यमुना चन्द्रभागा सरस्वती।
तिलोत्तमोर्वशी रम्भ स्वामिनी सुरसुन्दरी।।152।।
बाग:प्रहरणा बाला बिम्बोष्ठी चारुहा सिनी।
ककुदि्मनी चारुपृष्ठा दृष्टादृष्टफलप्रदा।।153।।
काम्यचरी च काम्या च कामाचारविहारिणी।
हिमशैलेन्द्रसंकाशा गजेन्द्रवरवाहना।।154।।
अशेषसुखसौभाग्यंसम्पदां योनिरुत्तमा।
सर्वोत्कृष्टा सर्वमयी सर्वा सर्वैश्वरप्रिया।।155।।
सर्वागयोनिः साऽव्यक्ता सम्प्रधानेश्वरेश्वरी।
विष्णुवक्षःस्थलगता किमतः परमुच्यते।।156।।
परा निर्महिमा देवी हरिवक्षःस्थला श्रया।
सा देवी पापहन्त्री च सन्निध्यं कुरुतान्मम।।157।।
इति नाम्नां सहस्रं तु लक्ष्म्याः प्रोक्तं शुीावहम्।
परावरेण भेदेन मुख्यगौणेन भागतः।।158।।
यश्चैतत्कीर्तयेन्नित्यं शृणुयाद्वापि पद्मज।
शुचिः समाहितो भूत्वा भक्तिश्रद्धासमन्वितः।।159।।
श्रीनिवासं समभ्यर्च्य पुष्पधूपानुलेपनैः।
भोगैश्च मधुपर्काद्यैर्यथाशक्ति जगद्गुरुम्।।160।।
तत्पार्श्वस्थांश्रियं देवीं सम्पूज्य श्रीधर प्रियाम्।
ततो नामसहस्रैण तोषयेत्परमेश्वरीम्।।161।।
नानारत्नावलीस्तोत्रमिदं यः सततं पठेत्।
प्रसादाभिमुखी लक्ष्मीः सर्व तस्मै प्रयच्छति।।162।।
यस्या लक्ष्म्याश्च सम्भूताः शक्तयोविश्वगाः सदा।
कारणत्वं न तिंष्ठन्ति जगत्यस्मिंश्चाराचरे।।163।।
तस्मांत्प्रीता जगन्माता श्रीर्यस्याच्युतवल्लभा।
सुप्रीता शक्तयस्तस्य सिद्धिमिष्टां दिशन्ति हि।।164।।
एक एव जगत्स्वामी शक्तिमानच्युतः प्रभुः।
तदंशशक्तिमन्ताऽन्ये ब्रह्मेशानादयो यथा।।165।।
तथैवैका परा शक्तिःश्रीस्तस्य करुणाश्रया।
ज्ञानादिषड्गुण्यमयी या प्रोक्ता प्रकृतिः परा।।166।।
एकैकशक्तिःश्रीस्तस्या द्वितीयात्मनि वर्त्तते।
परा परेशी सर्वेशी सर्वाकारा सनातनी।।167।।

अनन्तनामधेया च शक्तिचक्रस्य नायिका।
जगच्चराचरमिदं सर्वं व्याप्य व्यवस्थिता।।168।।
तस्मादेकैव परमा श्रीर्ज्ञेया विश्वरूपिणी।
सौम्या सौमयेन रूपेण संस्थिता नटजीववत्।।169।।
योयो जगति पुंभावः स विष्णु रिति निश्चयः।
याया तु नारीभावस्था तत्र लक्ष्मीर्व्यवस्थिता।।170।।
प्रकृतेः पुरुषाच्चान्यस्तृतीयो नैव विद्यते।
अथ किं बहुनोक्तेन नरनारीमयो हरिः।।171।।
अनेकभेदभिन्नस्तु क्रियते परमेश्वरः।
महाविभतिं दयितां ये स्तुवन्त्ययुतप्रियाम्।।172।।
ते प्राप्नुवन्ति परमां लक्ष्मी संशुद्धचेतसः।
पद्मयोनिरिदं प्राप्य पठंस्तोत्रमिदं क्रमात्।।173।।
दिव्यमष्टगुणैश्वर्यं तत्प्रसादाच्च लब्धवान्।
सकामानांच फलदामकामानांच मोक्षदाम्।।174।।
पुस्तकाख्यां भयत्रात्रीं सितवस्त्रां त्रिलोचनाम्।
महापद्मनिषण्णां तां लक्ष्मीमजरतां नमः।।175।।
करयुगलगृहीत पूर्णकुम्भं दधाना,
क्वचिद्मलगतस्था शंखपद्माक्षपाणिः।
क्वचिदपि सृणिपाशं विभ्रती हेमकान्तिः।।176।।

❑❑❑